非物质文化遗产与文化创意产业融合发展研究

龙措吉 ◎著

重庆出版集团 重庆出版社

图书在版编目(CIP)数据

非物质文化遗产与文化创意产业融合发展研究/龙措吉著.—重庆:重庆出版社,2023.1
ISBN 978-7-229-17449-1

Ⅰ.①非… Ⅱ.①龙… Ⅲ.①非物质文化遗产—研究—中国②文化产业—产业发展—研究—中国 Ⅳ.①G122

中国版本图书馆CIP数据核字(2022)第250115号

非物质文化遗产与文化创意产业融合发展研究
FEIWUZHI WENHUA YICHAN YU WENHUA CHUANGYI CHANYE RONGHE FAZHAN YANJIU
龙措吉 著

责任编辑:钟丽娟
责任校对:杨 婧
封面设计:白白古拉其

重庆出版集团 出版
重庆出版社

重庆市南岸区南滨路162号1幢 邮编:400061 http://www.cqph.com
北京四海锦诚印刷技术有限公司印刷
重庆出版集团图书发行有限公司发行
E-MAIL:fxchu@cqph.com 邮购电话:023-61520646
全国新华书店经销

开本:787mm×1092mm 1/16 印张:12.75 字数:295千字
2023年6月第1版 2023年6月第1次印刷
ISBN 978-7-229-17449-1
定价:58.00元

如有印装质量问题,请向本集团图书发行有限公司调换:023-61520678

版权所有 侵权必究

前 言

非物质文化遗产是整个人类历史中的沉淀，而文化创意产业能够融入非物质文化资源，提取其中的精华并且赋予到相关的活动当中，通过创作、复制、创新等手段，能够实现非物质文化遗产的经济效应。非物质文化遗产经济效应的产生能够极大地提高非物质文化遗产的关注性，引起越来越多的人对非物质文化遗产关注，实现对非物质文化遗产的传承。在当前文化产业的组成当中，文化创意产业占有相当重要的部分，而非物质文化遗产作为中华民族几千年的融合与浓缩，对外界传播具有十分的必要性，因此两者的融合成了当前文化产业的必然发展。

鉴于此，笔者撰写了《非物质文化遗产与文化创意产业融合发展研究》一书，本书共七章，分别为非物质文化遗产的基础知识、非物质文化遗产传承与保护、文化创意产业及理论构建、文化创意产业运行与发展探究、非物质文化遗产与文化创意产业融合思考、非物质文化遗产与文化创意产品设计、非物质文化遗产下的唐卡艺术发展研究。

本书既有非物质文化遗产的基础知识又有文化创意产业的相关知识，更有非物质文化遗产与文化创意产业融合发展的内容，旨在促进非遗文化传承发展的同时实现一定的经济效益，帮助非遗文化更好的受到关注与传承，不断地将人类的思想文化、手艺精华传承下去，促进文化创业的发展。全书力求内容广泛，积极探究非物质文化遗产与文化创意产业融合发展与实践。全书注重实践性、针对性、实用性、有效性。

笔者在撰写本书的过程中，得到了许多专家学者的帮助和指导，在此表示诚挚的谢意。由于笔者水平有限，加之时间仓促，书中所涉及的内容难免有疏漏之处，希望各位读者多提宝贵意见，以便笔者进一步修改，使之更加完善。

目 录

第一章 非物质文化遗产的基础知识……………………………………… 1
　第一节 非物质文化遗产的概念界定………………………………………1
　第二节 非物质文化遗产的特点分析………………………………………2
　第三节 非物质文化遗产的价值体现………………………………………6
　第四节 非物质文化遗产的类别划分……………………………………… 30

第二章 非物质文化遗产传承与保护…………………………………… 35
　第一节 非物质文化遗产的传承主体……………………………………… 35
　第二节 非物质文化遗产保护的理念……………………………………… 39
　第三节 非物质文化遗产保护的原则……………………………………… 42
　第四节 非物质文化遗产的保护对策……………………………………… 48

第三章 文化创意产业及理论构建……………………………………… 58
　第一节 文化创意产业概述………………………………………………… 58
　第二节 文化创意产业的基本性质………………………………………… 96
　第三节 文化创意产业的特征表现………………………………………… 98
　第四节 文化创意产业的相关理论………………………………………… 104

第四章 文化创意产业运行与发展探究………………………………… 107
　第一节 文化创意产业的运行机制………………………………………… 107
　第二节 文化创意产业的发展模式………………………………………… 110
　第三节 文化创意产业的可持续发展……………………………………… 122
　第四节 文化创意产业的跨界融合发展…………………………………… 131

第五章　非物质文化遗产与文化创意产业融合思考 …………………… 141
第一节　非遗与文化创意产业融合发展的必要性 ………………… 141
第二节　非遗与文化创意高效结合的商业模式 …………………… 143
第三节　非遗与文化创意产业融合发展的有效路径 ……………… 145

第六章　非物质文化遗产与文化创意产品设计 ………………………… 148
第一节　文化创意产品认知 ………………………………………… 148
第二节　非物质文化遗产创意产品设计的原则 …………………… 157
第三节　非物质文化遗产创意产品设计的方法 …………………… 162
第四节　非物质文化遗产创意产品的发展对策 …………………… 168

第七章　非物质文化遗产下的唐卡艺术发展研究 ……………………… 174
第一节　唐卡绘画及其文化内涵阐释 ……………………………… 174
第二节　唐卡绘画艺术的审美特征表现 …………………………… 177
第三节　西藏唐卡产业发展的策略探讨 …………………………… 184
第四节　唐卡文化艺术的传承与保护 ……………………………… 186

参考文献 ………………………………………………………………… 193

第一章　非物质文化遗产的基础知识

第一节　非物质文化遗产的概念界定

"非物质文化遗产"的概念作为一个学术术语，是一个普遍适用于一切非物质文化遗产现象的一般概念，是对所有非物质文化遗产现象的共性进行概念上的高度抽象、概括的理论结晶。"非物质文化遗产"概念的形成，不但在人类文化遗产现象中确立了一个新的领域、新的学科类别，扩大和丰富了人类文化遗产所涵盖的版图，而且为非物质文化遗产这一新的理论研究领域和新的科学研究对象确立了最普遍、最一般的概念基础，为非物质文化遗产学的学科探讨确立了共同的话语基点和谈论场域。可以说，"非物质文化遗产"这一抽象、普遍的概念，是非物质文化遗产理论研究的第一块基石。"非物质文化遗产"指各族人民世代相传的、与群众生活密切相关的各种传统文化表现形式（如民俗活动、表演艺术、传统知识和技能以及与之相关的器具、实物、手工制品等）和文化空间。[①]

尽管我们可以在理论上抽象地概括出普遍适用于任何非物质文化遗产现象的一般概念，但是，现实中实际存在着的非物质文化遗产现象，却都是个别具体、有血有肉、样态各异的。在现实中，并不存在某种抽象的、一般的非物质文化遗产。而"非物质文化遗产"作为一个一般概念，是对包括中华民族创造的全部非物质文化遗产在内的整个人类非物质文化遗产现象的共性进行抽象概括的产物。在这种抽象概括中，自然需要舍弃掉各种个别具体的非物质文化遗产各自的独特性和具体表现形态，从而达到一种最高的抽象，最一般、最普遍的概括。因为只有这样，才能使"非物质文化遗产"这样一个概念能够涵盖所有的非物质文化遗产现象而无所遗漏。然而，我们在具体的非物质文化遗产的实地考察、研究、传承和保护的实践中，接触到的往往都是一个个鲜活生动、个别具体的

---

① 曹芹．浅析中国世界遗产的类别［J］．四川文物，2006（1）：90．

非物质文化遗产现象。正像在一切科学研究活动中包括自然科学和人文社会科学活动都会遇到的那样，在非物质文化遗产的理论研究中，同样会遇到一个"一般与个别"亦即"普遍与特殊"的问题。具体地说，便是"非物质文化遗产"的一般概念与它的个别、具体的现实存在之间的关系问题。

在不同的国家，被纳入非物质文化遗产的项目并不完全相同，因为每个国家的民族、历史、文化乃至国情都不甚相同。因此，每个国家对于非物质文化遗产的具体分类并非完全一致。但是，联合国在综合了各国的非物质文化遗产情况之后，由联合国教科文组织颁布的《保护非物质文化遗产公约》中，对于非物质文化遗产的分类几乎涵盖了世界各国的基本情况，而中国的学者们提出的非物质文化遗产的分类，几乎是以这部公约所确立的体系为基础进行确立的。

第二节 非物质文化遗产的特点分析

非物质文化遗产种类繁多、内容复杂，为了进一步加深对它的认识，我们需要了解其特点。作为综合性的文化遗产类型，非物质文化遗产有它的基本特点。但作为具体的各种不同的遗产项目，则是各有侧重。需要说明的是，对于各种具体的非物质文化遗产项目而言，它们一般不会同时呈现出如下所有的特点，而大都是各有侧重的。

一、非物质文化遗产的传承性

从历时性来看，非物质文化遗产的传承主要是依靠世代相传保留下来，而且，往往是口传心授，一旦停止了传承活动，也就意味着消失。在一个家族内，传承人的选择和确定主要着眼于与被选择者的亲密关及系对其保密性的认可。通常，以语言的教育、亲自传授等方式，使这些技能、技艺、技巧由前辈那里流传到下一代，正是这种传承才使非物质文化遗产的保存和延续有了可能。而这些非物质文化遗产也成为历史的活的见证。假使没有了这些传承活动，就不存在这些动态的表现活动，也就更谈不上非物质文化遗产了。例如，藏族史诗《格萨尔》，它与蒙古族的《江格尔》、柯尔克孜族的《玛纳斯》并称为三部英雄史诗，被誉为"东方伊利亚特"。《格萨尔》是迄今为止世界上最长的一部英雄史诗，至今仍被传唱。这部史诗全面而形象地反映了藏族社会从原始氏族社会向封建社会转变的历史过程，我们由此可以了解古代藏族社会的政治、经济、文化、历史和生活等情况，及其独特的文化——心理结构、文化价值、审美取向、日常生活、民风民俗。这部史诗完全是依靠民间的传承才得以流传和保存，正因为如此，才需要我们赶快去抢救、整理，从而使它能够完整地保存下来，使其为全面而科学地认识藏族的历史和整个中华民族的历史发挥独特的作用。

二、非物质文化遗产的独特性

非物质文化遗产一般是作为艺术或文化的表达形式而存在的，体现了特定民族、国家或地域内的人民独特的创造力，或表现为物质的成果，或表现为具体的行为方式、礼仪、习俗，这些都具有各自的独特性、唯一性和不可再生性。而且，它们间接体现出来的思想、情感、意识、价值观也都有其独特性，是难以被模仿和再生的。例如，剪纸艺术既是我国民间美术中特有的一种艺术样式，也是民间流行的一种表达理想、情感的手段，其独特性足以令世人叹为观止。就民间剪纸艺术而言，剪纸艺术有很普遍的用途，或用于制衣的绣花图样，或用于日常的装饰，或用于节日的庆贺。但剪纸又是一种象征符号，充满了丰富的含义，是中国人特有的祈福和祝福的方式，有独特的审美价值。而非物质文化遗产中蕴含了特定民族的独特的智慧和宝贵的精神财富，是社会得以延续的命脉和源泉。

非物质文化遗产承载着丰富的、独特的民族记忆，而记忆又是容易被忽视和遗忘的，极容易在不知不觉中消失。因而，保护非物质文化遗产也就是保护了独特的文化基因、文化传统和民族记忆。非物质文化遗产是由劳动人民在生产生活实践中直接创造出来的，积淀下来的。它更加真实地反映了生产生活的实际，更加真实地体现了我们民族的特征。非物质文化遗产充分体现了中华民族在历史进程当中逐步形成的优秀文化价值观念和审美理想，凝聚着中华民族深层的文化基因，展现了中华民族充沛的文化创造力。此外，这种独特性还必须与独一无二的创造力相联系。

三、非物质文化遗产的流变性

从共时性来看，非物质文化遗产或通过一方有意识地学习、另一方悉心传授，或通过老百姓之间自发地相互学习等方式得以流传到其他民族、国家和区域，这就导致了非物质文化遗产的传播。这种传播呈现出活态流变的性质，使非物质文化遗产的共有共享成为可能，而且这也是它与物质文化遗产的重要区别之一。通常而言，物质文化遗产的传播通过复制就可以获得，依据设计图纸和建造方案进行复制就可以了。但非物质文化遗产的传播是一种活态流变，是继承与变异、一致与差异的辩证结合。在它的传播过程中，常常与当地的历史、文化和特色相互融合，从而呈现出继承和发展并存的状况。

四、非物质文化遗产的活态性

非物质文化遗产重视人的价值，重视活的、动态的、精神的因素，重视技术、技能的高超、精湛和独创性，重视人的创造力，以及通过非物质文化遗产反映出来的该民族的情感及表达方式，传统文化的根源、智慧、思维方式和世界观、价值观、审美观等这些意义和价值的因素。非物质文化遗产虽然有物质的因素、物质的载体，但其价值并非主要通过物质形态体现出来，它属于人类行为活动的范畴，有的需要借助于行动才能展示出来；有的需要通过某种高超、精湛的技艺才能被呈现和传承下来。非物质文化遗产的表现、传承都需要语言和行为，都是动态的过程。对于具体的非物质文化遗产类型而言，传统音乐、舞蹈、戏剧等表演艺术类型都是在动态的表现中完成的；民俗、节庆等仪式的表现也都是动态的过程；器物、器具的制作技艺也是在动态过程中得以表现的。而且，非物质文化遗产的活态性还表现在非物质文化遗产的价值、存在形态和特性等方面。特定的价值观、生存形态以及变化品格，造就了非物质文化遗产的活态性特性。

五、非物质文化遗产的地域性

通常，非物质文化遗产都是在一定的地域产生的，与该环境息息相关，该地域独特的自然生态环境，文化传统，信仰，生产、生活水平，以及日常生活习惯、习俗都从各个方面决定了其特点和传承。离开了该地域，便失去了其赖以存在的土壤和条件，也就谈不上保护、传承和发展。地域性还派生出其他特性，如群体性、历史积淀性、系统性等。

（1）群体性。从非物质文化遗产项目的传承人来看，有时表现为个体性，但从总体上而言，非物质文化遗产不是单个人的行为，而是集体智慧和集体创造的产物，通常以一定的居住地、社区、民族或国家为单位，并在这样的范围内流传、延续和传播。也许最初是由某个人的偶然的个体行为引发的，但在其创造、完善和传承过程中，主要是集体创造的产物，吸收和积累了许多人的聪明才智、经验、创造力、技艺。尽管有时是通过某一个人、某一个家族流传下来的。

（2）历史积淀性。非物质文化遗产是在漫长的历史过程中形成的，有着极为丰富的经济、社会、历史、文化信息。而且，在传承过程中，又积累了历代传承者的智慧、技艺和创造力，成为人类智慧和创造力的结晶。它们本身不仅包含着丰富的历史文化信息，从中也反映出特定的传承者们的思维、情感、价值观等。例如，曾经成功地申报世界人类口头和非物质遗产代表作的中国古琴艺术，就以其积淀的深厚的文化、历史、情感等信息而著称。古琴是世界上最古老的弹拨乐器之一，有3000多年的悠久历史。古琴艺术以音乐为主要载体，吸收了中国音乐的精华，它与文人雅士的生活、情趣和精神创造联系密切，具有丰富的人文内涵，从多方面体现了中国传统文化精神，对于中国音乐史、美学史、文化史的研究也都有重要的价值。

（3）系统性。非物质文化遗产的系统性指非物质文化遗产既与其"物质的"手段、载体相联系，又与其"活态的"的技艺相联系，还与其存在、传承、延续、发展所必需的环境相联系，这些环境包括自然生态环境、人文生态环境、经济生态环境。事实上，非物质文化遗产的系统性就是实施文化生态区保护的主要依据。例如，流行于中国西部宁夏、青海、甘肃等地的"花儿"以鲜明的乡土色彩和强烈的抒情性著称，作为一种深受回、汉、藏、撒拉[①]等多民族人民喜爱的山歌，，它历史久远，内容丰富，歌词生动，曲调感人，集歌唱、文学、艺术于一身，具有极高的艺术价值、文学价值、文化价值、历史价值。实际上，它主要在"丝绸之路"周围流行，与那里的生产方式、生活方式和大的环境密

[①] 撒拉族是中国信仰伊斯兰教的少数民族之一，民族语言为撒拉语，因自称"撒拉尔"，简称"撒拉"而得名，主要聚居在青海省循化撒拉族自治县、化隆回族自治县甘都乡、甘肃省积石山保安族东乡族撒拉族自治县的大河家。

切相关，对于这样的文化遗产，不但要关注其自身的各个方面，而且要关注其赖以生存的大环境，只有从其系统性出发，才能完整而全面地理解、认识它。

六、非物质文化遗产的综合性

非物质文化遗产是各个时代生活的有机组成部分，它是一定时代、环境、文化和时代精神的产物，必然与当时的社会生活有着千丝万缕的关系。而且，由于它基本上是集体的创造，从而与局限于专业或专家的文化拉开了距离，这就导致了它的综合性，有许多非物质文化遗产常常是与物质文化遗产联系在一起的。其综合性表现在：从其构成因素来讲，非物质文化遗产往往是各种表现形式的综合，如作为非物质文化遗产的戏曲就蕴含了文学、舞蹈、音乐、美术等多种表现方式；从功能来看，非物质文化遗产往往具有认识、欣赏、历史、娱乐、消遣、教育、科学等多种作用。

例如，藏戏艺术有很强的综合性，它是我国较为古老的民族剧种之一，至今仍然流传于西藏、四川、青海、甘肃、云南和贵州等地，以及印度等国，其主要剧目有《文成公主》《诺桑王子》等八大传统剧目。又如，妈祖文化。妈祖文化起源于宋代的福建，它以妈祖信仰为核心，通过神话、传说、故事、音乐、舞蹈、戏曲、叙事歌谣、游戏、祭典、祭仪、民俗、艺术等文化形式表达了其丰富的内容，并依托于建筑、雕刻和其他手工艺等有形的文化形式而存在。而且，妈祖文化所树立的大同理想深入人心，有普世性价值和广泛的影响；它所蕴含的道德感召力和道德说教也对后世产生了很大的、积极的影响；它在促进中华民族精神认同方面起到了不可替代的作用。可以说，妈祖文化是极具综合性的文化，是物质文化遗产与非物质文化遗产交织、综合的产物，是综合各种表现形式的产物。

第三节 非物质文化遗产的价值体现

一、非物质文化遗产价值丰富性的体现

一般而言，非物质文化遗产的价值可以分为两类：一是保存价值；二是保护价值。其中具有保护价值的，同时具有保存价值。如果要对这两种价值进行比较的话，保护价值要明显高于保存价值。这是因为保存价值只具有一般历史文化价值，而保护价值不但具有一般历史文化价值，而且尤其重要的是具有重要历史文化价值。但非物质文化遗产的保护价值又不是孤立的、单一的，它是一个立体的、丰富的价值体系。为了更好地保护传承、深入研究非物质文化遗产，就要明白它有什么重要价值，区分出非物质文化遗产的保存价值和保护价值，以此增强我们对其重要性的认识，提高对其保护、传承、研究的重视程度，并加大保护力度。

事物的功能决定事物的价值，非物质文化遗产也不例外。非物质文化遗产中含有丰富的历史资源、文化资源、审美资源、科学资源、伦理资源、教育资源、经济资源，并相应地具有认识历史、传承文化、进行审美体验、增加科学知识、培养和谐观念、扩大教育范围、创造经济收益等功能，这些多种多样的功能决定了非物质文化遗产具有历史价值、文化价值、精神价值、科学价值、审美价值、和谐价值、教育价值、经济价值等多方面的价值。

价值对人类是十分重要的，一般而言，事物的价值不同于事物的属性，属性是事物本身所客观固有的，不以人的意志为转移的。价值则存在于主体和客体的关系之中，离不开主体和客体的共同作用。价值的实质、意义主要在于它对人的有效性，而不在于它客观的事实存在性。因此，价值的变化根本上取决于价值主体需要的改变、价值观念的改变、价值标准或尺度的改变，而不是价值客体属性的改变。

作为活态历史、文化活化石和多种学科研究的对象，非物质文化遗产具有的多方面重要价值，不是单一、静止的，而是多样、动态、系统的，构成了一个多维、立体的价值体系，其中主要有历史价值、文化价值、精神价值、审美价值、观赏价值、教育价值、认同价值、科学价值、实用价值、经济价值、再生价值、纪念价值、收藏价值等。这些价值既不是完全等值的，也不是互不相干的，而是有深层与表层、历时与共时之分，有非物质文化遗产的基本价值与重要时代价值之分。非物质文化遗产的基本价值，是在各个历史时期、各个地域、各个民族的不同的非物质文化遗产中，都存在并发挥作用的价值；其中又分为非物质文化遗产的历时性基本价值，如历史价值、文化价值、精神价值，以及非物质文化遗产的共时性基本价值，如科学价值、和谐价值、审美价值。非物质文

7

化遗产的重要时代价值，则是指在当今后工业社会、信息社会、消费社会的时代背景下，其重要性越来越显著的非物质文化遗产的教育价值、经济价值。

把历史价值、文化价值、精神价值、科学价值、和谐价值、审美价值看作非物质文化遗产的基本价值，是因为历史价值、文化价值、精神价值是非物质文化遗产价值体系的核心和灵魂，没有这些价值，非物质文化遗产基本上就失去了意义。此外，非物质文化遗产的科学价值是该价值体系的价值规范，它强调了非物质文化遗产应是科学的而非迷信愚昧的；审美价值是价值取向，它强调了非物质文化遗产应是美好的并且能给人美感的；和谐价值是价值目标，它强调了非物质文化遗产应通过促进群体价值认同而带来民族团结、社会和谐，达到人民安居乐业的目标。本书之所以强调并分析非物质文化遗产的教育价值、经济价值，是因为在当今特定的时代环境中，教育价值是非物质文化遗产传承的重要手段，它既认可了非物质文化遗产的丰富内容，同时又通过讲授、学习使其传承下去并得以宣扬传播；经济价值则在充分利用非物质文化遗产中的潜在经济因素的同时，又增强了非物质文化遗产及其传承人自我延续、自我生存的能力，从而使其更好地存续、发展下去。

正视并研究非物质文化遗产的价值及其体系，就是要改变那种认为非物质文化遗产没有什么价值的观念，或者认为非物质文化遗产只是散乱地具有某些零星价值的看法。强调非物质文化遗产价值的丰富性和体系性，就是要引起人们对其价值形态的多样性、价值关系的多维性、价值结构的开放性的关注和重视；就是要提醒人们重视非物质文化遗产价值体系本身的层次化和多向度，以适应其本身的客观实际并满足对其进行科学研究的要求。

总之，非物质文化遗产多种多样的价值构成了一个立体、丰富、动态的价值体系，不能仅仅以某一学科来概括，因为非物质文化遗产是对整个社会、整个人类、整个历史而言的。因此，研究非物质文化遗产的价值及其丰富性、体系性，相应地就需要超脱具体学科的限制，进行立体、综合、全面认识。

二、非物质文化遗产历时性价值的体现

非物质文化遗产是从某一地区、某一民族深厚的传统文化、悠久的历史发展中保存、流传下来的，是认识一个民族、一种文化、一段历史、一方地域的鲜活的方式和手段。因为它们是由特定历史阶段、特定种群民族、特定地域范

围的人民世代沿袭所传承下来的，生动地保留并表现了特定人群的生存状态、生产习俗、生活风貌、伦理观念，并且对当时的社会形态、自然环境、人际关系等多方面的历史发展状况也有所保存和反映；因为它们是在一定历史条件下产生的人类社会的历史遗存，是历史的产物、时代的印迹，有着丰富多彩的历史文化内容；因为它们植根于人类社会生活的特定时空关系中，反映了历代文化传统和文化变迁，年深月久传承下来成了传统和现代真实完整的、活态流动的见证，具有无以替代的历史价值、文化价值和精神价值。

非物质文化遗产包含着丰富的历史文化和精神传承价值，既然称为遗产，就强调了它的历史价值，强调了它是过去时代流传下来的历史财富；名之为文化遗产，就强调了其是丰富的文化资源、巨大的文化财富，有重要的文化价值、精神传承价值。因此，非物质文化遗产对于今人而言，其最重要的价值便是历史价值、文化价值和精神价值，即我们可以从中了解历史，而且是活态的历史；认识人类文明，而且是以鲜活生动的形式，从而很好地发挥其传承民族精神的作用和价值。

非物质文化遗产的历史价值、文化价值、精神价值，构成非物质文化遗产的历时性基本价值，它们既是非物质文化遗产最基本、最普遍的价值，又是其最深层、最核心的价值。因为无论任何民族、任何群体在任何时代的非物质文化遗产，都具有这些作用和价值。

（一）非物质文化遗产历史价值的体现

非物质文化遗产承载着丰富的历史，是过去流传下来的历史财富，我们可以从中活态地认识、了解历史。

无论是何种非物质文化遗产，总有其产生的特定历史条件，总带有特定时代的历史特点，通过这些非物质文化遗产，我们就可以了解到特定历史时期的生产发展水平、社会组织结构和生活方式、人与人之间的相互关系、道德习俗及思想文化。例如，通过对井盐制作过程和工艺的了解，我们可以认识到祖先的聪明才智，认识到他们当时的生产水平和科技发展状况，而通过井盐生产和制作者的技艺传承，以及他们在井盐生产流通中的地位和作用，我们又可以了解当时的社会关系、经济关系，这些都是历史的重要组成内容。

从根源上来说，非物质文化遗产是一种集团或个人的创造，面向该集团并世代流传，它反映了这个团体的期望，是代表这个团体文化和社会个性的恰当的表达形式。由此可见，由于非物质文化遗产是反映了民众集体生活，并长期得以流传的人类文化活动及其成果，因而具有不容忽视的历史价值。应当指出，虽然上述定义是针对当时民族民间文学而言的，考虑到民间文学在某种程度上是非物质文化遗产的重要内容，它的某些特征可适用于非物质文化遗产。就民族民间文学而言，作为非物质文化遗产重要组成部分的民族民间文学，源于历代民众的口头创作，世代在广大民众当中口耳相传，反映着广大民众的生活、思想、情感和文化；其中有相当一部分民间文学作品就是远古神话传说流传至今的宝贵财富，直接渊源于远古时代的神话传说、歌词谣谚。非物质文化遗产中的民俗文化，同样是珍贵的文化遗产、巨大的精神财富，是广大民众天才创造的果实、非凡智慧的结晶，是该民族精神风貌的生动写照，是该民族绵延不绝、生生不息所赖以传承独特文化的精神家园，因而它们都具有丰富的历史价值。

就历史价值而言，非物质文化遗产以其民间的、口传的、质朴的、活态的存在形式，可以弥补官方正史之类史志典籍的不足、遗漏，有助于人们更真实、更全面、更接近本原地去认识已逝的历史及文化。在此意义上，非物质文化遗产可以当之无愧地被称为活态历史。

非物质文化遗产蓄积了不同历史时代的精粹，保留了最浓缩的民族特色，是民族历史的活态传承，是民族灵魂的一部分，是超时代的。非物质文化遗产反映了民族的世界观及生存状况，折射了民族的群体心态和行为模式，有助于了解当时社会的整体状况。总之，非物质文化遗产是活的历史，提供了让人们以直观的、形象生动的活态形式认识历史的条件，具有重要历史价值。

（二）非物质文化遗产文化价值的体现

非物质文化遗产包含丰富的文化资源，鲜活生动地记录了不同民族、种群的聪明才智结晶、天才创造成果，是认识这些民族、种群文化史的活化石，是巨大的文化财富，极其珍贵。

非物质文化遗产是鲜活的文化，是文化活化石，是原生态的文化基因，对其进行保护、发展有助于在全社会形成文化自觉，这样既有利于文化的传承、延续，又有利于文化生态的规划、建设。

世界上每一个民族的非物质文化遗产中，都深含着该民族传统文化的精髓，原生态地反映着该民族的文化身份和特色，展示着该民族思维方式、审美方式、发展方式的神韵，体现出该民族独具特色的文化发展踪迹，展现出鲜明的文化价值。社会发展的过程实际上就是文化积累的过程，世代积累的文化又成为不同民族、地域存在和发展的源泉和标志。因此，不同民族、种群有不同的文化模式、文化形态、文化标准、文化观念，具体到非物质文化遗产而言，也是千姿百态、多种多样，共同为人类文化的百花园增光添彩，丰富、充实人类文化的多样性。同时，非物质文化遗产又在不同民族的交往过程中不断地碰撞、渗透、交叉、融合，形成了文化的特异性与适应性并存共生的"和而不同"局面。文化的多样性是人类文化特性的一个重要方面，也是非物质文化遗产文化价值的一个重要方面。就像生物的多样性是世界存在发展的前提一样，文化的多样性也是人类及其文明发展兴盛的一个重要前提和方面。由于不同民族、种群都有其独特文化，因而非物质文化遗产在维系、保存、促进文化的多样性方面具有不可或缺的重要作用，从而强化了其本已相当重要的文化价值。

一方面，每个民族、种群的文化都有其独特的创造性和迥异于其他民族的特有价值，都是不可重复、不可替代的独立生成的体系，都是具有独特价值的独特文化传统。这是非物质文化遗产具有文化多样性的根本原因所在。因此，保护、传承非物质文化遗产，就是保护和发展文化的多样性，就是在促进人类文化的发展。另一方面，人类文化的多样性也促进了非物质文化遗产的丰富和发展。文化在不同的时代和不同的地方具有各种不同的表现形式。这种多样性的具体表现是构成人类的各群体和各社会的特性所具有的独特性和多样化，文化多样性是交流、革新和创作的源泉，对人类来讲就像生物多样性对维持生物平衡那样必不可少，从这个意义上讲，文化多样性是人类的共同遗产，应当从当代人和子孙后代的利益方面予以承认和肯定。因此，各种形式的文化遗产都应当作为人类的经历和期望的见证得到保护、开发利用和代代相传，以支持各种创作和建立各种文化之间的真正对话。总之，在强调非物质文化遗产的文化价值时，不应忘记文化多样性也是其中的重要方面和组成部分。

不容忽视的是，非物质文化遗产和其他文化领域一样，在当今世界面临着丧失多样性的威胁。因此，一定要重视非物质文化遗产的保护传承，珍惜其文化价值，在全球经济一体化的狂潮下保持文化的多样性、本土化、民族化。通过保护非物质文化遗产，就可以保持不同民族的文化独特性，从而保持世界文化的多样性。

（三）非物质文化遗产精神价值的体现

非物质文化遗产鲜活生动地传承着丰富的历史文化，是民族的生命动力、精神家园、情感依托，是民族文化复兴、民族文化整体可持续发展的源泉，具有传承民族精神的重要作用和价值。

非物质文化遗产中深深蕴藏着特定民族的文化基因、精神特质，这些维系民族血脉的元素反过来又塑造并延续了该民族一脉相承的生活态度和社会行为，形成民族特有的精神传承。这些在长期的生产劳动、社会实践中积淀而成的民族精神，是积累而来的发展的经验、生存的智慧，是有凝聚力、号召力的民族意识，是世代相传沉积下来的民族的思想精髓、文化理念，是包含了民族的价值观念、心理结构、气质情感等在内的群体意识、群体精神，是民族的灵魂、民族文化的本质和核心。因此，作为一种鲜活地保留了富有地域特色的民族文化的活态文化遗存，非物质文化遗产传承了民族文化、民族精神的精华，使民族文化的精神传承价值在多元文化世界中以其独特性得到了世界的认可。尽管某些非物质文化遗产已不再具有当初的地位与功能，但它们作为民族形成过程的历史见证，作为民族珍贵的精神情感的活态遗存，在今天仍然以其与各民族生存发展的紧密联系表现出重要性，其意义和价值不会随着时间的流逝而逝去。因此，保护并保存具有丰富历史文化内涵的非物质文化遗产，保护好这些民族文化的精华，传承其蕴含的重要精神价值就成为我们义不容辞的重任。非物质文化遗产是宝贵的，蕴藏其中的民族精神更是具有重要的无形资产价值，每一个民族的后来者不仅要发掘并重视这些无形资产，更要通过自身的努力来进一步增加这些无形资产的含金量。

人是有丰富情感与高尚精神的。精神虽然是无形的，但它对个人而言是人格力量的体现，是独特气质的表征；对民族而言是民族生存的支撑，是民族特性的标志。民族精神是一个民族的灵魂和精髓，是维系民族生存、发展的重要信念和精神支柱。作为人类高度发达标志的人文精神，是以不同民族文化的形式为载体进行传承的，它离不开大的民族文化环境和氛围。民族精神、人文精神不是通过自然遗传来延续的，而是在社会文化、民族精神的环境和氛围下，通过后天的教育、研习以及人际交往、代际传递的方式来继承并发展的。因此，确保民族特性、民族精神的代代相传，就是每一个民族不可回避的重要任务，而对非物质文化遗产的保护、研究、发展，就是一种有力的唤醒人们对民族精神的传承意识的极好方法。因为非物质文化遗产作为传承和保存人类文化的活态存在，能够很好地将民族精神传递到每一个人、每一代人这些活生生的载体上，从而造就一个有良好文化修养和崇高民族精神的伟大民族。

民族精神既有人类文化的共性，又有地域特色。民族精神植根于一个民族独特的发展历程之中，是民族自身代代相传和创造的结晶，是集历史性、时代性、地域性于一身的文化综合体。任何民族和地域文化精神既有其正面作用，需要传承、创新；亦有其局限性，需要转换、提升。在文明时代以来的社会发展中，尤其是在当今全球经济一体化的发展浪潮中，如何有效地进行民族文化与民族精神的传承与发展，是每一个民族都要面对的一个重大的、不可回避的、生死攸关的关键问题，因为人类文明史范围内的进化更主要的是文化上的遗传与变异。正是通过每一个民族富有自身特色、具有文化特性地对民族精神的传承，才形成了人类大家庭中各民族文化竞放异彩、百花争艳的局面，才构成了世界文化的多样性和多元化格局，为人类文明提供了相对丰富的选择机会和发展的可能性。

民族精神的传承具有从主体产生，外化为一定的客观载体，再通过教育等方式延续到新一代主体的特点，并且这是一个重复出现、循环往复、螺旋式上升的过程。精神文化的传承又是有选择的，每一个民族的民族文化和精神中既有经过历史和实践检验的科学的、进步的、有利于人类发展的内容，但是也会有一些不符合时代发展、历史进步要求的内容。因此，在民族精神的传承中就要注意去粗取精、去伪存真，对精神文化进行甄别、筛选、扬弃，起到精神文化过滤机和采集器的作用。

民族精神传承与发展的机理就是不断积淀与认同。一般而言，积淀就是社会实践在人们的心理意识深处形成的较为稳固的功能结构；认同则是个体的人在长期社会生活中习得并接受特定群体的价值系统的社会化过程。不断积淀日渐形成了民族精神，民族精神又通过认同不断传承下去，并在新的个体的认同中不断变化和发展。在积淀、认同，再积淀的过程中，民族精神得以不断延续并发扬光大。

在一定程度上可以说，古代社会中民族精神的传承和变异是不自觉地发生的，一种文化在应对其他文明的冲突与挑战时，会本能地显示、张扬自己民族文化和精神的独特性，在此基础上再通过民族交往、文化融合而形成新的独特性。在现代社会，随着人类交往的频繁和交际方式的变化，在世界经济一体化特别是全球化的背景下，我们应自觉地强调民族精神的延续与传承，避免使民族精神和特性发生剧烈变异，避免形成文化同质化。因为只有这样，才能延续并传承每一个民族独具特色的民族精神，才能保护不同民族的内在气质和独特规定性，并进一步自觉地使不同民族文化中的基因获得新的生命力，获得更为全面、本真、完整的传承，从而为人类文化的丰富多彩作出自己的贡献。每一个民族都有独特的遗传特征，并且通过成功地传承、延续这些特征，以别具一格的民族风采去融入世界。虽然历史典籍、工具器物和社会制度也有助于民族精神的传承和延续，但是我们绝不能忽视以致认识不到非物质文化遗产在传承民族精神方面的不可替代的重要作用和价值。说到底，精神之类的东西是无形的，主要是以内在修养与气质的方式来传承并进一步实现其创造性转化、发展的。因此，非物质文化遗产以其活态特征，具有成为传承民族精神的最为自然而然和具有潜移默化作用的载体和形式的优势。

中国丰富多彩、形态多样的非物质文化遗产，是中华民族宝贵的精神财富，极富精神传承价值。因为每个民族都有自己独特的文化传统，而非物质文化遗产很好地保留和体现了民族特有的心理模式、生产方式和生活习俗等民族精神的载体和遗存。通过非物质文化遗产的保护和传承，可以全面、深入认识精神价值的重要作用，激活丰富的民族精神资源，传承光大民族精神，进一步巩固深厚的民族根基。

总之，一方面，非物质文化遗产本身真实记录了某一民族、地域的人文、自然和社会发展，具有重要的历史价值、文化价值和精神价值，对滋养民族精神、提高文化素质极为重要；另一方面，非物质文化遗产又是无形的，作为重要的文化资源，与许多自然资源一样是一去不复返的、不可再生的。在工业社会之前的人类历史上，非物质文化遗产很少用文字或很难用文字记录，常常靠言传身教、口传心授来进行传承，使得非物质文化遗产的传承和积累带有很大的经验性、人为性。而经过时间的过滤流传至今的非物质文化遗产，往往带有以往时代的历史印痕，保留着浓缩的民族文化的精华，堪称文化精品。

三、非物质文化遗产共时性价值的体现

在非物质文化遗产的基本价值中，除了历史价值、文化价值、精神价值这些历时性价值外，还有科学价值、和谐价值、审美价值这些共时性的基本价值。历时性基本价值，主要是从纵向的时间的维度，跨越不同历史时期来对非物质文化遗产进行价值审视。共时性基本价值，则是说在某一历史时期，在某一特定空间中看非物质文化遗产，就会发现它们必定具有真的价值、善的价值、美的价值这三种基本价值中的一种。例如，就当今而言，我们所说的非物质文化遗产基本上可分为三大块：艺术类、技艺类和民俗类。艺术类非物质文化遗产，主要包括文学、戏曲、音乐等各种民族民间艺术；技艺类非物质文化遗产，主要包括酿造、皮革、井盐等工艺技术和大量农业生产耕作技术，以及传统手工技艺；民俗类非物质文化遗产，则主要是各种民间节庆礼仪活动及文化空间等。在非物质文化遗产的这三大块中，艺术类的主要具有美的价值、审美价值，因为它们更多的是美的作品；技艺类的主要具有真的价值、科学价值，因为它们含有更多的科学成分和因素；民俗类的主要具有善的价值、和谐价值，因为大多数民间风俗、礼仪实际上是对人的行为的规范和引导，以保证并促进群体、社会的井然有序、和谐稳定与健康发展。我们说某一非物质文化遗产具有真的、善的或美的价值中的一种，当然不排除它同时兼具其他价值。昆曲艺术、古琴艺术、新疆维吾尔木卡姆艺术和蒙古族长调民歌，都是我国较早入选"人类非物质文化遗产代表作名录"的项目，它们的共同之处，可以说都属于艺术类非物质文化遗产，都主要具有美的价值，但同时也具有其他价值。例如，昆曲经典剧目就有历史认识价值，古琴的音乐构成原理、长调民歌的发声技巧等就有科学价值的内容。因此，横向来看非物质文化遗产，我们就可以立足于科学价值、和谐价值以及审美价值来进行价值审视和研究。

（一）非物质文化遗产科学价值的体现

许多非物质文化遗产本身含有相当程度的科学因素和成分，具有科学研究的价值，为进行科学的文化研究提供了基础。与物质文化遗产相比，非物质文化遗产具有更多的、更鲜明的跨学科、跨领域的文化特征和知识属性。这是因

为文化既是对世界和人类自身认识的结晶，同时又是进一步认识的基础和出发点。对非物质文化遗产的保护、发掘、整理、研究、增加、丰富、扩大，加深了人类的文化知识，促使人们在上层的、学院派的、知识界的精英文化知识体系之外，注意重视和开掘下层的、基础的、源头的，以及非文字的、活态的、口传的民间文化知识体系，从而深化、拓展人们的认识能力。而用文化人类学标准界定的文化场所或文化空间，突出了民间文化、非物质文化的综合性、集体性、周期性、时空统一性等特征，又可丰富认识方式、增加认识内容，这些都说明了非物质文化遗产具有相当重要的科学价值。非物质文化遗产的科学价值主要表现在以下方面：

首先，非物质文化遗产作为历史的产物，是对历史上不同时代生产力发展状况、科学技术发展程度、人类创造能力和认识水平的原生态的保留和反映，传承这些非物质文化遗产，是后人获取科技资料、掌握科技信息的基本途径之一。

每个民族的非物质文化遗产中或多或少可能都会有一些不科学、不人道的东西，都会有这样那样的陈规陋习。这些东西都应该被禁止，有的随着人类文明的发展也会被创造、信奉它的人群自行摒弃。但是这些东西可能存留了人们在当时的思想认识水平、生活情感态度以及记录了科学发达程度、风俗信仰禁忌等社会历史文化内容，因而具有极高的研究价值。因此对那些可能即将消失的、暂列于非物质文化遗产中的某些部分和内容，也要以求实的态度对其价值予以科学认识。总之，我们要以科学的态度对待不一定科学的非物质文化遗产中的某些部分和内容，真正重视、利用它们的认知价值。

非物质文化遗产中的口头文化，具有相当重要的科学价值。表面上看起来，口头文学靠口耳相传没有固定文本，人为性、随意性似乎比较强，但这只是问题的一个方面。换个角度来看，就会发现口头文学可能更多地保存了历史的原状，是活态的、生动的。由于口头文学是在民间流传，相对官修史书而言，更少受官方意识形态的影响和干扰，更少为所谓的尊者、贤者讳饰，因而就能更多地记录、存留下来当时的真实状况。这就使得在某些时候，口头文学比官方史书更有历史记忆价值和科学认识价值。口头文学更高的科学价值，一定程度上还是由口头文学的口语性决定的。在史前社会以及现在仍然没有文字的民族那里，口头文学在记录、保存、传承民族历史方面具有不可替代的重要作用。

人类的口头文学有两个显著特征，首先是讲究具体事实细节的可信度，其次是强调高度发达的记忆能力。而且这两大特征是互为因果、相辅相成的：只有强调讲清事实原委及具体细节，保证讲述的真实性，才能达到准确记忆的目的；反过来，有了准确的、发达的记忆功能，才能保证对历史事实的准确记忆和讲述、传承。正是口头文学本身的特性，以及它所用以表达的口语的特性，共同保证了口头文学的高度历史真实性，决定了其具有极高的科学价值。

空间形式也是重要的非物质文化遗产形式之一，文化空间既可以定义为一个可集中举行流行和传统文化活动的场所，也可以定义为一段通常定期举行特定活动的时间，这一时间和自然空间是因时间和空间中文化表现形式的存在而存在的。例如，我国壮族的蛙婆节、土族的纳顿节、彝族的火把节、白族的绕三灵等，就属于非物质文化遗产中的文化空间。这些文化空间多是在一些开放式的场所、依附于动态表演且往往有众多民众参与的文化活动或仪式行为，它们常常具有深厚的历史文化底蕴和重大学术价值、科学研究价值。总的而言，这些文化空间保留着原始文化或再生形态的古代文化，往往具有原始文化的粗犷美和野性美，富有原始情趣，表现出原始文化的生机和神奇。这些以文化空间形式出现的非物质文化遗产，作为人类天真、淳朴、稚嫩的原始思维的产物，形象地展现了人类的历史与文化，反映了人类宝贵的生命意识、时间观念以及空间意识。作为人类历史生态链上的重要环节，可以说每一种文化空间形式都有其独特的文化地位、重要的科学价值。

其次，非物质文化遗产的科学价值还指某些非物质文化遗产本身就具有相当高的科学含量和内容，有较多的科学成分和因素，如民族传统中医中药学、民族传统历法以及其他民俗等。中医中药学堪称我国最重要的非物质文化遗产之一。传统中医在长期的发展中，形成了自己独特的医学体系，包括阴阳五行、经络、病因病机等学说及治法治则，其基本特点为治疗的整体观念和辨证施治。中医理论是由历代以中医为业的名家大师、精英才俊丰富的个体经验支持的理论体系。中医讲究"望、闻、问、切"，这些既要靠经验传授，也要靠自身经验的积累，还靠自身的感悟和摸索。中医的这些无形的技巧和经验，要靠每一个人在实践中去学习和掌握。中医治疗经验的个体性，决定了其传承的复杂性。但中医治疗的整体观注重从人的机体自身的协调完整性和机体与外界环境的统一性出发，把握人自身脏腑之间的相互影响，以及与外界气候、水土影响的关系，强调因时、因地、因人制宜，不是头痛医头、脚痛医脚，而是把握征候辨证施治。这种强调整体观及辨证施治的科学性，在世界医学体系中是非常独特的。中药学是中医学的重要内容。中药学中对中药的采集、炮制，对药性、药量、配方、服用的分析，都建立在对植物学的认识上，具有很高的科学性。例如，每剂中药用几味药，每味药需要多少剂量，都是很有讲究的，用量不同，药效就大为不同。再如，煎药时用多少水，煎到什么火候，煎多少时间，都直接影响药效和治疗效果。此外，即使对同一种药材植物，在它的不同生长阶段，以及在不同的时令采集和使用也会有不同的药效和治疗效果。例如，有一种叫白蒿的植物，如果是在初春嫩小的时候采集，就是一味叫茵陈的中药，可以去火养肝；如果等春天已过它已长大时采集，则基本上失去解热去火的功效，仅能作为一种在燃烧时靠气味驱除蚊子的燃料。这些在世代累积基础上形成的对事物的科学认知和把握，非常值得我们珍视。

总之，非物质文化遗产不仅本身具有较多的科学内容和因素，而且还为我们提供了极其丰富的史料和极有学术价值的资料，有助于我们从人类学、民族学、历史学、民俗学、文学、艺术学、心理学、社会学等多种学科领域去进行相关的科学研究和认识活动，具有很高的科学价值。因此，我们不能鄙视这些反映并表现、存活了人类创造历史的早期行为的精神文化财富，不应轻易地扔掉这些历经沧桑的活态人类文化，而是要充分认识它们所具有的重大的、不可多得的科学价值，积极地去保护、传承、研究它们，从而更好地丰富人类的历史文化知识，提高人们的科学认知水平。

（二）非物质文化遗产和谐价值的体现

非物质文化遗产是积累、传承文化并加以创造发展的一种社会文化形态，是规范人们思想观念、行为方式的一种基本力量。它有利于人与社会的和谐、全面、平衡发展，具有重要的和谐价值。非物质文化遗产是密切人与人之间的关系以及他们之间进行交流和了解的要素。通过非物质文化遗产的保护、传承、研究和发展，可以促进人与自我、人与他人、人与社会、人与自然，以及族群与族群、国家与国家、地区与地区的和谐，调整个体的精神世界，协调人际关系、家庭关系、族群关系、国家关系、地区关系，以及人与社会、人与自然的关系等，从而达到社会的安定、人类的团结、世界的和谐。

从历史上来看，中华民族是与人为善的民族，自古以来就有关于和谐的丰富思想传统。"和"字常用来指家庭、国家、天下等社会单位内部井然有序、协调一致的状态；"谐"字则更加强调相宜、融洽的含义。从哲学上来讲，和谐是事物存在和发展的一种共同生存、相互协作的亲和状态，虽有对立，但更强调统一性。从社会学上而言，和谐是一个过程，是事物发展运动的善与美的理想存在状态及其表现。一个和谐的社会应是自由、公正、诚信、友爱，富有生机、安定有序、环境美好的社会，是一个人与心灵、他人、社会、自然和平共处的社会。和谐社会的核心是人与社会的和谐，主要是人对社会的价值认同，而非物质文化遗产就有通过推动价值认同而达成人与社会和谐的巨大优势和重要作用。

1. 非物质文化遗产的和谐价值内涵

（1）非物质文化遗产中含有大量的传统伦理道德资源。历史已经证明，一个民族的文化积淀和文化向善程度，决定了这个民族的伦理道德和社会文明程度。因为伦理道德是促进个体与社会和谐相处的平衡机制，为人类社会生活的平稳运行提供基本的秩序和保证，是协调个体关系、化解社会矛盾的基本调节方式和手段，所以在保护、传承非物质文化遗产的过程中，通过撷取、展示、宣扬其中与人为善、尊老爱幼、明礼诚信等美好向善的伦理道德资源和内容，就会极大地助益于我们当今的和谐社会建设。

群体认同、民族认同、社会认同是和谐社会建设的核心和目标，而文化认同则是实现社会和谐的重要基础。每一个国家、族群都有其与众不同的特定文化，这些文化成了维系他们拥有共同情感体验、共同生活习俗、共同伦理观和世界观的重要纽带。非物质文化遗产是这些文化中鲜活的、发挥重大影响的重要部分，因而在促进社会认同、族群凝聚方面具有重要作用，有很强的和谐价值。

（2）社会就是以共同的物质生产活动为基础而又相互联系的人类生活共同体，是人们交互作用的产物和表现。人类是群居的社会化动物，个体都有一个适应集体、融入社会的过程。而社会或族群也会要求每一个成员都变成它的合格的个体，标准和方法就是使所有社会成员都掌握这个社会或族群的文化。个体的社会化过程其实就是个体学习族群独特文化，接受、适应并在这种文化中成长发展的过程。在这一过程中，个体接受了族群的独特文化，也就是对这个社会进行了价值认同，通过个体有效地融入社会而达至社会和谐。因此，人的社会化过程就是社会价值认同过程、社会和谐实现过程。在人的社会化过程亦即人在社会价值认同过程中，一方面个体要接受社会环境的影响，如家庭、村居、社区、学校、单位、媒体等；另一方面又要将社会的价值标准、行为规范等潜移默化地变成自己的价值观和行为准则，才能最终实现社会化，完成社会价值认同，达至社会和谐。因而非物质文化遗产作为鲜活的、丰富的文化资源，作为社会文化资源中的重要部分，具有极其重要的社会认同作用、和谐价值。

个体在社会化过程中所关注、认同的行为文化、风俗文化等，很大一部分属于非物质文化遗产的范围；非物质文化遗产的突出特征如社会性、群体性、共享性、活态性等，也正是个体在谋求社会认同中所要学会和遵守的。这些也说明非物质文化遗产具有重要的和谐价值。

2. 非物质文化遗产和谐价值的体现

非物质文化遗产具有重要的和谐价值，不仅能够促进人与内心、人与他人、人与社会、人与自然的和谐，还能促进族群与族群、国家与国家、地区与地区的和谐。具体地说，非物质文化遗产的和谐价值主要体现在以下方面：

（1）就个体的人的层面而言，非物质文化遗产既能促进自我与内心的和谐，也能促进自我与他人的和谐，这是和谐价值中人与内心、人与他人的和谐。有了和睦、团结，行动就能协调，进而就能达到步调一致。协调和一致都实现了，便无往而不胜。人与内心和谐，就是主观与客观、个人与集体、个人与社会、个人与国家都要和谐。个人要能够正确对待困难、挫折、荣誉。这就要求我们要高度重视人与内心的和谐问题，从非物质文化遗产丰富的和谐价值中汲取资源，增强人们的心理承受力，提高人们的心理素质，使人们能正确对待挫折和失误，经受得起失败的打击和考验，承受得起生活的重压和磨难，成为一个人格健全、内心坚强的人。

（2）就个体的人与集体、社会的层面而言，非物质文化遗产能促进人与社会的和谐，这是非物质文化遗产丰富的和谐价值在促进人与社会和谐方面的表现。非物质文化遗产活动的有效传承及持续举行，能够很好地起到促使民众知礼明节、弘扬正气、凝聚民心的作用，从而保证了当地人民平安、社会和谐。

（3）就人的集体与集体的层面而言，非物质文化遗产能够促进族群与族群、国家与国家、地区与地区的和谐。通过在保护这些非物质文化遗产过程中开展国际交往与合作，也能够拓宽国际交往的渠道，促进国际交往的发展，维护世界和平。例如，通过保护非物质文化遗产，可以建立合作、互助的国际技术、培训、研究等机制，动员国际社会履行共同的义务。此外，作为国际化、全球化、一体化进程中不可忽视的方面，重视并利用非物质文化遗产的和谐价值，对我们正确处理艺术、文化的民族性与世界性的关系也有重要的意义，对我们在国际化语境中进行民族民间文化、民俗文化的继承、保护、开发同样有重要作用。在非物质文化遗产的保护传承中进行国际交流协作，还有助于尊重人类发展中实际存在的文化普遍性，帮助弱势群体和族群防止文化被破坏，这就是非物质文化遗产的和谐价值在国际交往中的体现。

（4）就人的个体、集体以及社会与自然的关系而言，非物质文化遗产能促进人与自然的和谐。非物质文化遗产丰富的和谐价值中，也有许多促进人与自然和谐相处的内容。例如，白族的"绕三灵"，就是在每年的特定时间里，白族人民踏苍山、游洱海，融入大自然，从而激起对自然的热爱和善待之心。壮族人民的非物质文化遗产中则有丰富的自然崇拜文化，他们崇拜日月星辰等天体，崇拜风、雨、雷、电等自然现象，崇拜蛙、狗、鸟、花、树等动植物。正是基于万物有灵的观念和发自内心的自然崇拜，壮族人民把自然视为人类的好伙伴而不是对手和敌手，从而使得壮族地区较好地做到了天人合一、生态平衡，人与自然和谐相处。

非物质文化遗产包含着如此丰富的和谐价值，它对于培养人格健全、内心坚强、善待他人、善待社会、善待自然的人，对于维护民族团结、社会安定，对于促进国际团结、地区安宁，以及维护国家文化安全，具有不可估量的价值。我们不仅要在理论上，而且要在实践中，切实重视并发挥非物质文化遗产的和谐价值与作用，使非物质文化遗产在和谐文化、和谐社会中充分发挥其不可替代的重要作用。

（三）非物质文化遗产审美价值的体现

非物质文化遗产中的工艺品、表演艺术等，大部分具有极高的艺术价值、审美价值，是进行艺术研究、审美研究的宝贵资源。丰富多彩的非物质文化遗产，展示了一个民族的生活风貌、审美情趣和艺术创造力，审美价值含量极高。

非物质文化遗产的审美价值主要体现在以下方面：

（1）非物质文化遗产中有大量的艺术作品，是历史上不同时代、不同民族的人民劳动和智慧的结晶，是按照当时审美风尚、美的标准创作的艺术产品。它们能流传到今天，说明其审美水平和创造美的能力得到了历史上不同时代人们的认可、接受和赞美、欣赏，因而具有极高的审美价值，也值得今天的人们去认识、欣赏和研究。在非物质文化遗产中，不仅有许多艺术作品或具有艺术因素的作品，而且有许多天才的艺术创造，有许多人类艺术史上的伟大艺术丰碑，它们具有无与伦比的艺术技巧、独一无二的艺术形式，能深深打动人的心灵、触动人的情感，是当之无愧的人类艺术的代表作，是人类艺术能力、审美能力、艺术创造智慧的结晶。

非物质文化遗产中有很多东西确实是属于艺术创造乃至艺术杰作。当时的艺术家通过这些艺术作品形象地表达了他们对世界的态度和认识、评价，形象地揭示并反映了当时的生活状况、社会关系。通过这些非物质文化遗产中的艺术作品，我们可以形象地看到当时的历史事件、人的生存状态和生活方式，不同人群的生活与风俗，以及他们的思想与感情，他们的艺术创作方式、艺术特点和艺术成就。

在任何时代，作为非物质文化遗产之一的部分艺术作品，往往既是富有原创性的个人的天才创造，同时又具有鲜明的时代特点和民族特性、地域特征。因此，从非物质文化遗产中传世的艺术作品、艺术杰作中，我们可以充分领会不同地区、不同人群天才的艺术创造及能力，进行一次次美的欣赏和享受，认识它们极高的审美价值和地位。

作为非物质文化遗产重要内容的民间文学，反映了历史上广大民众的审美观念和艺术情趣，艺术特色鲜明丰富。在世代流传过程中，许多民间文学作品创造了大量生动丰富的文学形象，留传下了大量技巧精湛、优美动人的艺术篇章，成为历代民众审美欣赏的艺术对象。许多民间文学作品更是如清水出芙蓉，极具自然天成之美、巧夺天工之妙，堪称艺术经典，具有极高的审美价值，是非物质文化遗产审美价值的重要体现。

（2）非物质文化遗产中不仅口头文学、民间文学、表演艺术有审美价值，而且民族民间文化、社会习俗、服饰织染、红白礼仪等也普遍涉及美的内容，具有重要的审美价值。它们是不同地区、不同时代、不同民族的文化史、艺史的活化石，是这些民族的艺术存在的活的见证，反映和表现了不同民族杰出的艺术才能和天才创造，是这些民族乃至全人类值得骄傲的宝贵财富。因此，非物质文化遗产中的艺术资源是人类艺术之源，是不同民族的艺术、文化得以发展的土壤。此外，非物质文化遗产中存储了大量的艺术创作原型和素材，为新的文艺创作和文艺创新提供了不竭的源泉，当代许多优秀的影视、小说、戏剧、舞蹈作品就是从其中孕育而出的，它们很好地发挥了非物质文化遗产的审美再造功能，充分利用了其审美价值。

总之，我们除了要从纵的方向、沿着历史的时间长河认识非物质文化遗产的历史价值、文化价值、精神价值这些历时性基本价值，还要从横的角度、视野开阔地扫视宽广空间，认识非物质文化遗产的科学价值、和谐价值、审美价值这些共时性基本价值，纵横结合，时空交叉，立体地、全面地认识非物质文化遗产的基本价值。

四、非物质文化遗产时代价值的体现

（一）非物质文化遗产教育价值的体现

非物质文化遗产的教育价值，一方面是，非物质文化遗产中除了包含丰富的历史文化知识、大量的科学知识，还有许多极富审美价值的艺术精品，值得用这些重要的、科学的、美丽的知识和内容去进行个体教育、学校教育、社会教育；另一方面是，要使非物质文化遗产教育成为教育的一个重要领域和组成部分，使教育成为非物质文化遗产保护、传承的一条重要途径。这就需要主动设置关于非物质文化遗产的课程在各级各类学校讲授，使广大学生了解非物质文化遗产，认识其重要性和价值，培养对非物质文化遗产进行保护、传承、研究、管理、开发的专门人才；在社会上进行关于非物质文化遗产价值和重要性的宣传教育，形成重视、保护、传承非物质文化遗产的社会氛围，从而通过教育教学的作用更好地使非物质文化遗产得到有效的保护和传承。

因为非物质文化遗产本身涵盖了大量的各方面的知识内容，是教育的重要知识来源；非物质文化遗产中又有大量的独特技艺技能可用以传授，这也构成教育活动的重要内容和方面；非物质文化遗产有许多传承人，他们传授自己独有的宝贵技能的过程就是教育活动的过程，而学生或受业人接受知识技能的过程，就是学习活动的过程；非物质文化遗产领域有众多以之为职业的专家、学者，他们在学校中、在社会上讲授非物质文化遗产的活动，体现的也是非物质文化遗产的教育价值。

研究非物质文化遗产的专家学者整理、传授非物质文化遗产的专门知识的教育价值体现在如下方面：发掘、整理、传扬非物质文化遗产，让这些人类文化成果为全人类共有共享；探索发现非物质文化遗产的价值，多学科、多角度、多侧面地研究非物质文化遗产，开发其价值，展示其魅力，赋予其应有的学术地位、科学尊严；教育民众，特别是年轻人、广大学生对非物质文化遗产的价值、地位、重要性有正确的认识，帮助他们树立科学的非物质文化遗产的价值观。

要充分利用、发挥非物质文化遗产的教育价值，就要在学校教育、社会教育中广泛开展有关非物质文化遗产及其保护相关内容的教育。开展非物质文化遗产的教育非常重要，这是因为它能使全社会充分认识到非物质文化遗产的宝贵和重要，能在全社会形成保护、传承非物质文化遗产的良好社会氛围，使人们懂得非物质文化遗产的价值和重要性。这样，我们在保护、传承、研究、管理、开发非物质文化遗产方面，就有了具有专门知识、专门技术的合格人才。要真正在全社会形成重视、保护非物质文化遗产的意识和氛围，就要把非物质文化遗产教育引入学校，设立与非物质文化遗产的保护、传承、教育相关的课程、专业，乃至设置系所、院校。

当今是信息社会、知识经济时代，科学技术发展迅猛、突飞猛进，传统文化在迅速萎缩和衰亡。要保护传统文化，保护非物质文化遗产，就要充分发挥教育的作用。

在非物质文化遗产的个体教育、学校教育和社会教育中，个体教育由于涉及面小，随着全社会对非物质文化遗产的重视和投入的增加，非物质文化遗产项目代表性传承人、民间工艺大师之类荣誉称号的设立、授予，以及相应的待遇、资助与经济收益，将会有效地吸引年轻人学习民族传统文化。因此，个体教育方面的问题比较容易得到解决。社会教育方面，随着我国连续多次成功申报"人类口头和非物质遗产代表作"，以及更名、调整后的"人类非物质文化遗产代表作名录""急需保护的非物质文化遗产名录""最佳非物质文化遗产保护实践项目名册（即《成功经验汇编》）"，并成为入选非物质文化遗产名录项目最多的国家；加上国家"文化遗产日"的设立等一系列重大举措，已经在社会上掀起重视、保护非物质文化遗产的热潮。当前的重点在学校教育，现在许多学校注重对学生进行人文素质教育，其目的是培养学生的人文精神，全面提升学生素质。因此，在学校教育中进行非物质文化遗产教育，使学生了解、认识非物质文化遗产，掌握、传承民族的历史和文化，就变得既十分重要又非常迫切。

要在各级学校开设有关非物质文化遗产内容的课程，在高校设置相关专业并招收学生，把民间文化、民间艺术引入学校教育，培养非物质文化遗产传承、保护、发展、管理、研究的各类型、各层次人才。学校应成为民族文化遗产传承、发展、创造的主体，成为文化遗产的学习地，成为文化资源可持续发展的重要桥梁、重要基地。

非物质文化遗产的教育传承，尤其是遗产拥有地的教育传承，是非物质文化遗产保护传承的一种极其重要的方式。非物质文化遗产作为文化遗产和资源进入学校教育、进入各级各类大中小学，已显得十分必要和迫切。非物质文化遗产及其保护传承进入学校教育，对大学而言就是要开设相关专业课程，培养非物质文化遗产保护、传承、研究、管理、开发的专门人才。对中小学校而言，则是要编写非物质文化遗产教育的乡土教材，纳入义务教育体系之中，普及、宣传本地非物质文化遗产知识，使中小学生对非物质文化遗产做到初步认知；有条件的地方还要进一步采取措施使中小学生感性地接触和认识非物质文化遗产，推动青少年形成对它们进行保护、传承的观念和意识。

（二）非物质文化遗产经济价值的体现

将非物质文化遗产中有条件的文化资源转化成为现实经济发展、转化成为文化生产力，带来经济效益，才会为非物质文化遗产带来持久的、有深厚基础的传承。消极的保护难以长久，只有积极的保护，才是持久的保护。例如，可以对非物质文化遗产中的传统民族民间文化资源进行开发利用，将其当作发展经济的一种手段和途径。因此，对非物质文化遗产，既要保护又要发展，以保护带动发展，以发展促进保护。可以说，在非物质文化遗产的保护与开发的关系问题上，既要严格坚持、切实遵守保护第一、合理利用的原则，又要正视市场经济、消费社会的现实，努力并善于合理地开发和利用其经济价值，而不能无视其经济价值，更不能因噎废食地盲目否定对非物质文化遗产的有条件的经济开发和利用。

作为非物质文化遗产价值体系的一部分，在市场经济和消费社会条件下，经济价值成为非物质文化遗产的一种重要价值。这也就是说经济价值在非物质文化遗产价值体系中是有别于其他价值的，它是一种有条件的和有限制性的价值。非物质文化遗产的这种有条件的和有限制性的经济价值主要表现在以下方面：

第一，非物质文化遗产具有丰厚的经济价值，是因为非物质文化遗产自身具有双重价值。首先是遗产价值，即要确保能够存活而不消亡，才可能被传承、开发、研究，这是根本的因素，是前提条件。其次是经济价值，这只有在非物质文化遗产存活的前提条件下才有可能。经济价值既包括直接从非物质文化遗产得来的各种经济收入，如产品的销售收入、门票、纪念品、培训费等；还包括由此带来的旅游业、餐饮业等服务业创造的关联性经济收入。在遗产价值与经济价值二者的关系上，遗产价值越大，潜在的经济价值也就越大，因为非物质文化遗产的经济价值是依赖于其遗产价值、文化含量而产生、扩大的。因此，在追求非物质文化遗产的经济效益时，一定牢记首先要使非物质文化遗产存活、传承、发展下去，然后才能谈得上经济开发，否则就是竭泽而渔。因此，我们必须牢记"保护第一、合理利用"的对待非物质文化遗产的根本原则。

同时，我们又要解放思想、开拓思路，使经济开发为文化保护创造更好的条件，使二者形成良性循环。总之，要认识到经济开发与文化保护是相辅相成的。经济开发可以促进非物质文化遗产拥有地的经济发展，财政收入增加后，这些地区就有条件加大对非物质文化遗产保护的资金投入力度，扩大宣传力度，给非物质文化遗产的传承人提供更好的传承、保护、创新条件，提供更好的生活条件，使之更加安心地从事非物质文化遗产的保护、传承工作。对非物质文化遗产，只要我们观念正确、措施得当，就可以把保护和开发结合起来，把文化和经济联结起来，在优先保证非物质文化遗产的文化遗存的情况下，不失时机地将其转化为现实经济效益，以为更好地传承保护提供更多的资金、更好的条件。

第二，非物质文化遗产具有广泛多样的社会功能和价值，其中也包括极大的市场开发价值，因此可以合理地开发其经济价值，发挥其现实功用。丰富的民族文化遗产、多彩的传统文化资源，使非物质文化遗产成为中国文化产业的优势所在。例如，非物质文化遗产中的民间文化、民俗资源就是极为重要的旅游资源，现在有关部门已对此问题有了明确而深入的认识，并已采取了实际的行动，取得了较好的社会效益和经济效益。

合理利用非物质文化遗产的经济价值，科学进行生产性保护，可以大有作为。例如，鄂伦春人很早就广泛使用桦皮桶、桦皮篓、桦皮盒、桦皮碗等造型美观、做工精巧的桦树皮器具，创造了独具特色的桦树皮文化。桦皮器皿是有形的、物质的，但是其制作技术却是无形的、非物质的，因而桦皮制品及其制作技术作为非物质文化遗产都应该得到保护、传承。但是在鄂伦春人走出深山告别以狩猎为主的生活后，大量工业生产的日用品进入鄂伦春人的家庭和日常生活，桦树皮在日常生活中派上用场的机会越来越少，桦树皮文化面临消失的危险。后来文化创意与经济开发挽救了桦树皮制作技艺，挽救了桦树皮文化。一些鄂伦春美术家把中国水墨画、版画技法与桦皮镶嵌工艺结合起来，利用鄂伦春民族传说创作出桦皮镶嵌画，大受欢迎。这种做法既利用传统工艺、传统文化资源取得了经济收入，又推动了传统文化的传承和发展，促进了非物质文化遗产的保护和发展。这是一个通过经济手段、经济方式救活一种非物质文化遗产形态的典型例证。

第三，非物质文化遗产的保护、发展可以把古典与现代、文化与经济结合起来，使传统文化在现代语境中焕发新的生机，寻找到新的生长点和发展点。在工业社会、后工业社会中完美地传承、发展前工业社会的文化记忆，把有条件的非物质文化遗产变成文化产品和文化服务，推向市场，形成文化品牌效应，把丰富的文化资源转化、发展成为优势文化产业。例如，文房四宝笔墨纸砚中的砚台，在触摸屏、指代笔的信息社会，作为书写工具，已然退出历史舞台。但是，作为书香门第符号、文人雅趣象征的艺术品，砚台却又成为消费社会中别具一格的文化产品。江西省婺源县出产的歙砚久负盛名，当地以推动非物质文化遗产的生产性保护为契机，强化设计创意和雕刻工艺，凭着砚石鬼斧神工的天然纹理和艺人巧夺天工的精湛雕工，使歙砚成为艺术品市场上的俏销货、畅销品，以至于到有中国最美乡村之称的婺源旅游、参观的国内外来宾，很多人都带一方歙砚作为纪念品。重视并发掘非物质文化遗产的经济价值，科学开展生产性保护，还实实在在地推动了非物质文化遗产的保护和传承，这从越来越多的年轻人投身于非物质文化遗产生产性保护项目就可见一斑。从实用品到艺术品的转化、转型和提升，不仅使歙砚做到了传承精髓、融入当代、服务大众、创新发展、发扬光大，而且使其作为非物质文化遗产项目具备了自觉传承、自我保护、自然延续、自动更新、自力更生的能力。

对于具有市场开发潜力的非物质文化遗产，如具有强大生命力、能转化为现实经济效益的民间文化形态，在采取积极保护措施的同时，进行合理开发利用，既能充分调动各方面的积极性，使非物质文化遗产得到更好保护、继承和发展，又能产生良好经济效益，使社会效益与经济效益双丰收。在这方面，四川省自贡市利用独特非物质文化遗产优势发展起来的彩灯业就是一个很好的例子。元宵佳节观灯赏戏是一项全国性的节庆文化活动，这段节日期间，各种传说中的人、神、兽、物形象，以多种多样新颖奇特、造型各异的花灯形式活灵活现地展现出来，供广大民众娱乐赏玩，由此形成一个需求庞大的花灯市场。自贡市有着悠久的彩灯制作历史、灯会历史，在彩灯设计、制作方面具有高超的工艺水平。从20世纪80年代起，自贡市就充分利用这一文化资源优势，着力打造并大力宣扬国际灯会的大型彩灯交流活动，并逐渐形成了品牌效应。在营造市场平台的同时，自贡市还把传统彩灯工艺与现代科技结合起来，开发制作的彩灯以内容丰富多样、造型生动奇特，在灯会上一枝独秀，市场交易量很大。在此基础上，自贡市政府又抓住机遇，审时度势成立了彩灯贸易委员会，专门主管兴办灯会、彩灯研发制作、彩灯营销展览、对外贸易交流等活动，进一步推动了自贡市彩灯业的健康有序发展，也有效地保护了彩灯制作工艺这一非物质文化遗产。

此外，在利用非物质文化遗产的经济价值、对可能的非物质文化遗产资源进行经济开发时，现在大多走的是民俗文化旅游开的路子。这种做法虽然在一定程度上做到了既宣传非物质文化遗产，引起各方重视并采取保护、抢救行动，又通过经济开发增加收入、增大资金支持力度。但也有相当一部分在对非物质文化遗产资源进行经济开发时，没有把握好保护第一、合理利用的原则，也没有很好地发掘非物质文化遗产中真正值得开发的部分，并且开发的方式、方法也有许多不尽如人意的地方。例如，有些地方在对非物质文化遗产进行经济开发、民俗文化旅游开发时，存在着肢解民俗文化，把民俗文化功利化、庸俗化、商业化的倾向和情况，使许多民俗文化、非物质文化遗产遭到了出于商业目的、受经济利益驱动而进行的人为扭曲和破坏。要反对、杜绝这些情况的出现和恶化，除了采取必要的政策措施和法律手段外，还要从思想认识、知识水平上使有关人员真正认识到什么是非物质文化遗产的经济开发和利用，使他们明白短期利润与长远利益的关系，非物质文化遗产的经济开发与非物质文化遗产的可持续传承之间的关系，提高他们进行长远保护、整体规划的责任意识和行动能力，切实把非物质文化遗产等文化资源当成文化生产力来认识，从而真正走上开发是为了更好地保护、以保护带动开发的良性互动轨道。

多种情况和各方面因素都表明，非物质文化遗产的保护传承与经济开发、生产性保护是一个对立统一的矛盾体，如何做好，关键在于对度的把握，既不能过度开发、为了开发而开发，更不能纯粹为了经济利益而进行破坏性开发。

总之，在强调大力保护非物质文化遗产的同时，也要有在合理保护的前提下，努力使之转化为经济资源并产生经济效益的生产性保护意识、文化产业观念，有以开发促保护的清醒认识和经营意识。也就是说，在坚持把非物质文化遗产的保护传承放在首位的前提下，注重对非物质文化遗产的科学开发、合理利用；在确保精髓要旨、核心技艺、真实流程的前提下，顺应社会发展、满足民众需求，对有条件的非物质文化遗产项目推行生产性保护，从而在非物质文化遗产保护工作中，做到遗产价值和经济价值的统一、社会效益和经济效益的统一。对具有开发可行性的非物质文化遗产项目，要敢于树立生产性保护的意识、产业化的发展思路，实施非物质文化遗产资源的品牌化经营战略，将其文化资源优势转化为经济发展优势。走非物质文化遗产的生产性保护之道、文化产业发展之路，就要充分了解市场信息、社会心理和消费需求，对既能显示民族文化特色又有经济开发价值、市场开发前景的优势文化资源，进行科学的品牌定位，制定合理的营销战略，集中力量培育优势文化品牌，通过宣传、推广来扩大这些品牌产品在社会上的积极影响，充分挖掘非物质文化遗产的经济价值，全面发挥并实现非物质文化遗产的作用和价值，从而使之转变为文化产业的一个支柱，成为发展经济的一种重要力量。

除了基本价值和重要时代价值外，非物质文化遗产的价值体系中还包含其他方面的价值。例如，非物质文化遗产是发展先进文化的精神资源，是综合国力不可或缺的精神力量；非物质文化遗产在不同民族、不同时期的世代传承中不断有所创新发展，促进了人类的创造力；非物质文化遗产虽然是对传统文化遗产的保护和传承，但由于这是在工业化、城市化、现代化、信息化、国际化、全球化背景下进行的，因而它又是一项保护和促进文化生产力、充实社会主义先进文化、完善中国特色社会主义文化体制、建设社会主义文化强国的创造性工作、开拓性工程。总之，非物质文化遗产具有的多方面的重要作用和价值，决定了对其保护的重要意义。"在某种意义上说，对非物质文化遗产的认识和保护，就是对我们自己的文化基因和民族身份的认识和保护；对非物质文化遗产的传承，就是中华民族文化命脉的传承。"[①]

第四节 非物质文化遗产的类别划分

一、口述方式的非物质文化遗产

口述方式的非物质文化遗产，顾名思义，就是以口述形式创造和传承的人类遗产，即通过人的说、吟、唱等表达和传承的人声文化遗产，如口语、说书、相声、山歌等。

口述非物质文化遗产又称口述传统（oral tradition），有广义和狭义之分，广义的非物质文化遗产是指人类通过口述进行的一切传统活动及其内容，狭义的口述非物质文化遗产则专指人类口述进行的传统艺术活动及其内容，如神话、传说、歌谣、谚语、谜语、史诗、故事、口技、相声、评书、评话、山歌、传统声乐等的口述及内容。

口述非物质文化遗产具有一定体系性。从口述遗产的功能看，口述非物质文化遗产体系由口述文艺遗产与口头语言遗产两部分组成。

（一）口述文艺遗产

所谓口述文艺遗产，是指人类在生产或生活实践中通过口述形式创造和传承的具有艺术审美特性的文化遗产。口述文艺遗产根据其内容与形式等的不同可分为以下四类：

（1）口头文学遗产。口头文学遗产，主要指通过口述语言形式塑造文学艺术形象反映现实或表达情感的文化遗产，如神话、民间传说、传统故事、传统歌谣、民族史诗等。口头文学遗产往往具有以下特点：一是采用纯粹口述形

---

① 刘壮，牟延林. 非物质文化遗产概念的比较与解读 [J]. 西南大学学报（社会科学版），2008，34（5）：187.

式创造和传承，即徒口讲说吟诵，不外带音乐、舞蹈、图像等视听形式；二是通过叙事或抒情来塑造文学形象，具有文学感染力；三是多为群体或集体创造和世代传承，具有群体性、历史性。

（2）口头技艺遗产。口头技艺遗产，主要是指人采用独特的发声技巧模仿自然界或人类社会中的各种声音而创造、传承的人声遗产，这种遗产侧重展示人类利用自己的发音器官模仿外界声音的技巧和能力。口技是口头技艺遗产的主要代表，又叫"像生"或"象声"，即以口音模仿各种人声、鸟声、市声等。

（3）口头文学与口头技艺双重遗产。口头文学与口头技艺双重遗产，是指既强调人声发声技艺，又重视通过口述语言塑造艺术形象的文化遗产，如相声、说话等。相声由口技发展而来，在仿声技艺基础上融入了文学与表演成分。说话是在民间故事基础上发展起来的，到唐代介入书面创作后出现了"话本"，形态也丰富起来。

（4）徒口音乐遗产。徒口音乐遗产，主要是指人徒口创造或传承的具有旋律的人声文化遗产，强调人声的旋律性和节奏感。民歌是徒口音乐遗产的代表，有山歌、渔歌、花儿、号子等多种叫法，是特定民族、区域、行业的人在生产、生活或民俗活动中创造和传承的音乐性人声文化遗产。民歌按功能分，可分为劳动歌、生活歌、仪式歌等类型。劳动歌主要是指人们在生产劳动过程中用来表情达意的歌曲，如拉纤号子、车水号子、打粮号子、伐木号子、捕鱼号子等号子，以及田歌、牧歌、渔歌、猎歌等行业歌。生活歌主要是指人们在社会生活中形成的歌曲，包括相思歌、送郎歌、起誓歌类情歌和饮酒歌等。仪式歌主要是指人们在各种生产、生活、民俗仪式活动中演唱的歌曲，如祀神歌、哭嫁歌、丧葬歌等。仪式歌有以下特点：①多由一人主唱、主吟；②篇制一般较大；③多为叙事歌体。

徒口音乐遗产即无伴奏的人唱艺术，主要源头有三：一是口头语言和诗歌，它们的节奏、韵律具有音乐性；二是人体的节奏感和节奏音响，如呼吸、说话、劳动等节奏性；三是传情达意时的手势语、呼喊声、仿声等，奠定了口头歌唱的"歌唱"或"出声"的生理基础及物理条件。民间徒歌是人类广为流传的一种音乐形式，如我国京族的唱哈节、壮族的三月三、西北的花儿会等都是歌唱的盛会。

（二）口头语言遗产

所谓口头语言遗产，是指某一民族或地区的人民世世代代通过口述形式传承的语言，如各民族口语、方言口语等。口头语言遗产与人类在生产、生活实践中使用的手势语、旗语、拟声、仿声、信号、记号和文字等语言形态一样，是人类传情达意的手段、工具。此外，作为一种文化遗产，口头语言遗产对人类还具有一些特殊的意义。

（1）人类发生学意义。语言是人类区别于动物的一个重要标志。在生物进化史上，在人类和其他灵长类动物"人猿相揖别"的四百万到六百万年之间，两个语言基因中的氨基酸在人类身上完成了突变，并最终成为遗传性基因。因此，口头语言文化遗产是人类发生学研究的重要资料。

（2）思维价值。语言是思维的外壳，不同的语言往往表现了不同的思维方式。口头语言遗产是研究人类思维的重要资料。一些地方仍保留着大量的原始口语或原始民族口语，这些口头语言往往表现为以直觉思维、形象思维、象征思维为特征的语言禁忌、语言巫术、语言象征等，如在大洋洲的某些部族，酋长和贵族阶层都要学习念咒语，并要能根据不同场合使用不同的咒语。

（3）记忆价值。口语有两个重要特征：高度发达的记忆功能，忠实于事实具体细节的信念，二者互为因果。

二、身传方式的非物质文化遗产

表情达意是人类创造和传承文化的基本动力，从口语、嗟叹到咏歌，再到舞蹈，既表明了口述文化遗产的次第发展，也表明了由口述遗产到身传遗产发展的演变历程。

身传非物质文化遗产，是指人通过自身身体的局部或整体运动来创造或传承的技艺性文化遗产，如传统舞蹈、传统书法、传统手工艺等。从某个意义上讲，口述非物质文化遗产也可归属于身传非物质文化遗产，因为人的发音器官本身是人体的一部分，口述非物质文化遗产是通过人身体的一部分即发音器官的运动而创造和传承的。但从人体运动所产生结果即非物质文化遗产的特性来看，口述非物质文化遗产与身传非物质文化遗产的区别还是十分明显的。口述非物质文化遗产是一种人声遗产，遗产的意义是通过声音符号流动来表达和传递的，是一种时间的听觉的文化。身传非物质文化遗产则是一种人体动态遗产，遗产的文化意义蕴含在人体的运动中，是一种空间的视觉的文化。根据身体运动的形式和效果来分，身传非物质文化遗产可以分为行为技艺遗产与形体技艺遗产两大类：

（一）行为技艺遗产

行为技艺遗产是指人通过自身行为改变对象原有形态而创造、表达和传承的文化遗产。行为技艺遗产与形体技艺遗产有共同点：一方面，二者都是技艺遗产，技艺是其遗产的核心；另一方面，二者的创造、表达与传承都离不开人体运动，是身传遗产。但是二者的区别也是十分明显的，形体技艺遗产主要依靠人体运动形态来表现，是人体的空间造型和意义表达；而行为技艺遗产主要依靠人体运动所作用的对象状态来表现，是对象的空间状态和意义表达。

根据人行为技艺改变对象的目的，我们可以把行为技艺遗产分为艺术技艺遗产、生产技艺遗产、生活技艺遗产、民俗技艺遗产和其他技艺遗产五类。

（1）艺术技艺遗产。艺术技艺遗产指人作用于对象的技艺性行为以生产艺术或艺术产品为目的，如传统的器乐演奏技艺、绘画技艺、书法技艺、工艺刺绣技艺、艺术雕刻技艺等。

（2）生产技艺遗产。生产技艺遗产指人作用于对象的技艺性行为以生产农业或工业产品为目的，如农业耕作技艺、渔业生产技艺、纺织技艺等。

（3）生活技艺遗产。生活技艺遗产指人作用于对象的技艺性行为以生活或生活产品为目的，如传统烹调技艺、传统刺绣技艺等。

（4）民俗技艺遗产。民俗技艺遗产指人作用于对象的技艺性行为以民俗活动或民俗产品为目的，如飘色绑扎技艺、祭祀活动技艺等。

（5）其他技艺遗产。其他技艺遗产指人作用于对象的技艺性行为以生产、艺术和民俗之外的需求为目的，如中医的针灸、推拿技艺等。

（二）形体技艺遗产

形体技艺遗产是指人类在生产、生活实践中逐步形成的以人体自身运动形态来创造、表达和传承的文化遗产。人类的直立行走、手的动作与手势，身体的曲直扭动、体态体势语言等是形体技艺遗产形成和发展的基础，人类生产、生活的功利性需求与娱乐、审美的非功利性需求分化则是形体技艺遗产分化为形体艺术与形体竞技的内在动力。

（1）形体艺术遗产。形体艺术遗产是指人借改变身体状态来叙事抒情、表达意志，满足人类娱乐、审美等非功利性需求为目的的身体运动技艺，形体的空间造型与艺术表达是形体艺术遗产的核心。这类遗产以舞蹈、舞剧为代表。舞蹈是通过人体有节奏的动作形象地模仿、再现现实或抒情的空间艺术。舞剧是通过人体动作、表情扮演角色的综合表演艺术。

（2）形体竞技遗产。形体竞技遗产是指借改变身体状态以满足人类竞技等功利性需求目的的身体运动技艺。展示人体运动的特技、力量、灵巧是形体竞技遗产的核心。传统杂技、传统武术与传统体育等是形体竞技遗产的代表。

三、心授方式的非物质文化遗产

人类对非物质文化遗产的创造与传承，除了口述、身传方式外，还有一种重要的方式，那就是心授。

心授非物质文化遗产，是指主要通过人的观念潜移默化地表达或传承的文化遗产。心授非物质文化遗产是观念、信仰、心理等抽象的精神文化，如民间信仰、民族心理、传统节日等。

心授非物质文化遗产与口述、身传非物质文化遗产有一定联系：一方面，口述、身传非物质文化遗产创造、表达和传承的过程深受心授非物质文化遗产的影响；另一方面，心授非物质文化遗产的表达和被感知也离不开口述和身传的行为。

但是，心授非物质文化遗产与口述、身传非物质文化遗产仍然有本质的区别。口述、身传非物质文化遗产的对象是人创造、表达和传承文化的口述与身传行为本身，而心授非物质文化遗产的对象则是人口述与身传行为背后的思想观念、心理等。

第二章　非物质文化遗产传承与保护

第一节　非物质文化遗产的传承主体

"非物质文化遗产以人为载体，以人的身体实践为基础，在特定的时空场域内，按照地方人群共同体的文化规定性进行整体性的自我呈现，其保护传承的根本在于'活'，即使其存在于地方人群共同体的'生活'之中并以'活态'的方式延续，而'活'的关键点在于'人'。"[①]

由于非物质文化遗产是植根于民族民间土壤的活态文化，是发展着的传统的行为方式和生活方式，因而，它不能脱离生产者和享用者而独立存在，它是存在于特定群体生活之中的活的内容。它无法被强制地凝固保护，它的生存与发展永远处在"活体"传承与"活态"保护之中。从这个意义上说，传承主体是进行非物质文化遗产保护的核心因素。保护好非物质文化遗产项目传承人和传承团体，重视发挥各级传承主体的作用，是做好非物质文化遗产抢救与保护工作的根本。

在非物质文化遗产中，民间艺人创作的剪纸、年画、泥塑、木雕、风筝、织锦、唐卡等作品，是他们绝技、绝艺的物质载体，而他们所具有的精巧的艺术构思、高超的手艺及罕见的绝技、独到的艺术表现手法，以及创作过程中遵循的行业规矩和信仰禁忌等，这些富有无限创造力的经验与智慧，这些无形的精神因子，则是非物质文化遗产的灵魂，是具有根本价值的宝贵财富。要使非物质文化遗产的传承形成一条永不断流、奔腾向前的河，"人"是决定性的因素，因为一旦老一代的传承人离世，他身上承载的某种非物质文化遗产就会随之消亡，所以，解决传承主体即传承人的问题，乃是当务之急重中之重的大事。

传承是非物质文化遗产的基本特点，只有通过传承主体的口传心授，才能使非物质文化遗产世代相传，永不断流。非物质文化遗产的传承主要有两种形

---

① 吴兴帜. 对非物质文化遗产传承人制度设计的思考[J]. 中南民族大学学报（人文社会科学版），2017, 37 (2): 51.

式：一是群体传承，如礼俗仪式、岁时节令、社祭庙会等大型民俗活动，一般属于群体记忆或民间记忆，为群体所创造和拥有，通过群体传承的方式才能得以世代相传；二是传承人传承，如口头文学、表演艺术、手工技艺、民间知识类的民俗文化等。传承人通过带徒授艺、口传心授，把自己掌握的绝技绝艺传给后人，使他们的技艺得以延续下去。每一项传承至今的非物质文化遗产，都是经过了几代甚至几十代传人的创造、传承与创新而逐步发展铸就的。非物质文化遗产在不断地传承与发展过程中，传承主体始终是这个过程的主角。传承主体承载着非物质文化遗产的薪火，对传承主体的保护，是非物质文化遗产保护中的最根本问题。

非物质文化遗产的传承主体是指某一项非物质文化遗产的优秀传承人或传承群体，即代表某项遗产深厚的民族民间文化传统，掌握着某项非物质文化遗产的知识、技艺、技术，并且具有最高水准，具有公认的代表性、权威性与影响力的个人或群体。传承人是非物质文化遗产的重要承载者和传递者，他们以非凡的才智、灵性，创造着、掌握着、承载着非物质文化遗产相关类别的文化传统和精湛的技艺，非物质文化遗产正是依靠他们的传承才能得以延续。一个杰出的传承人是某一类非物质文化遗产的代表。非物质文化遗产的保护是以代表性传承人开展传承活动为重要特征。

非物质文化遗产的传承比物质文化遗产的传承更复杂、更凸显人的作用。因为，非物质文化遗产是一种动态遗留，是人类过去的实践过程的当下演变，是活的文化技艺、精神的承继与发展，所以，它需要在发展中生存。传承主体肩负着传承与创造的双重使命，既要把自己掌握的高超技艺、技能传授给后人，又要在传承中不断发展自己拥有的知识和技艺，使传承的技艺与技能因创新和发展而有所增益。

被国家和各级政府指定或认定为非物质文化遗产传承主体的传承人、传承团体，担负着将自己所持有的技艺、技术传承给后人，贡献给社会的责任和义务，享有发展自己所持有的非物质文化遗产的权利。传承主体要肩负起这份责任并履行好自己的义务，首先应该增强文化传承的自觉意识，应认识到，个人所拥有的某种特殊的文化技艺与技术，既属于自己或特定群体，又是国家和民族优秀传统文化的有机构成因素，是属于全人类的宝贵财富。为此，传承者应有开阔的胸襟和开放的意识，改变过去那种固守秘密，将其技艺、技术只在本家族内传承的狭隘做法，扩大带徒传授的范围，要千方百计地把愿意学、有灵气的年轻人聚在自己的周围，培养出更多的合格继承人，使其技艺、技术能传承发展、弘扬光大。

各级文化部门和国家级非物质文化遗产项目保护单位，为了有效保护和传承非物质文化遗产，鼓励和支持非物质文化遗产传承人开展传习活动，通过文字、图片、录音、录像等方式，全面记录传承人掌握的非物质文化遗产表现形式、技艺、技能和知识；提供传习场所，资助开展传习活动，组织宣传与交流；有计划地征集并保管代表性传承人的代表作品，建立档案、数据库，积极支持代表性传承人开展传习活动。为了切实加强和进一步做好非物质文化遗产传承主体的保护工作，还需要多方共同努力才能在实践中取得显著成效。

第一，传承主体要积极开展传承活动，培养后继人才。作为传承主体，首先应该增强自己进行文化传承的主动性和自觉性，要改变过去非物质文化遗产传承的保守自发的状态，逐步走上开放自觉的传承之路，扩展传承的范围和途径，毫无保留地把自己的"绝活""绝技"传给后人，为弘扬民族传统文化作出自己的一份贡献。在已命名的各级代表性传承人中，已涌现出不少感人的事迹。他们以"延续文脉，传承瑰宝"为己任，免费收徒，倾囊相授，把所掌握的高超技艺成功地传授给后人，培养出不少优秀的后继人才。

目前，民间口传心授的传承方式正在不断地革新和发展，在原先的家族亲缘传承关系基础上，已涌现出了一些新的传承和保护方式。在各级政府相关部门的大力扶持下，代表性传承人在履行传承人义务时，不断拓宽传承渠道，形成了多种有效的传承方式。

非物质文化遗产代表性项目的传承上出现了三个创新点：一是突破传统"师带徒"作坊式传承模式，搭建平台，与职业教育相结合，将单一的、封闭的个体传承方式向系统化、规模化转变。二是依托传统文化教育，从娃娃抓起，进行特色教学。三是在进行生产性保护的非物质文化遗产项目的传承中，传承人广收门徒，采取群体传承方式，培养了一批掌握某一方面技艺的骨干，在实现项目经济价值、市场价值的同时，更好地保护、传承、发展优秀的传统文化。这些传承机制的建立，为非物质文化遗产代表性项目开拓了更为广阔的传承和发展空间，使非物质文化遗产保护更具活力，更具可持续性。

第二，传承主体应履行妥善保存相关的实物、资料的义务。非物质文化遗产虽然是活态文化，传承和保护的重点是其蕴含着的精湛的技艺、独特的思维方式、丰富的文化内涵等无形的精神因子。但是，这些精神因子又是通过一定的物化形式而呈现，并依赖一定的物质条件和物质载体而存在和发展的。因此，非物质文化遗产在漫长的发展、演化中，留下了极为丰富的实物资料。实物指与非物质文化遗产密切相关的工具、道具、器具、代表性作品等；资料主要是指前人遗留下来的原始材料以及后人在调查中形成的文字、图片、声音、影像等各类资料。这些实物和资料非常珍贵，它们承载着非物质文化遗产的基因，是历代人民创造的宝贵财富和聪明智慧的结晶。传承主体要从对国家和历史负责的高度，从维护国家文化安全的高度，认真妥善地保存好自己所掌握和拥有的实物资料。

第三，传承主体要配合文化主管部门和其他有关部门进行非物质文化遗产调查。非物质文化遗产的调查工作，是非物质文化遗产保护的一项基础性工作，目的是通过调查，全面了解和掌握各地各民族非物质文化遗产资源的种类、数量、分布状况、生存环境、保护现状和存在的问题。传承主体有义务配合各级文化主管部门和其他有关部门做好非物质文化遗产调查工作。具体应做到：①提供真实信息。即提供完整的项目操作规程、技术技艺、材料配方等，调查人员应按国家有关法律、法规做好保密工作。②信息内容要全面、翔实。如详细的项目传承发展的历史情况；真实的项目制作或生产活动全过程；代表性作品或实物的准确的尺寸、形状等；对一些大型民俗活动，不仅要提供具体的时间、地点，而且应提供真实完整的影像资料等。

第四，传承主体要积极参与非物质文化遗产公益性宣传。为了使传承人传承的精湛技艺和技术能够传播开来，让大众知晓，各级政府和有关部门都在通过组织丰富多彩的活动，为非物质文化遗产代表性项目搭建节庆平台、宣传平台、展示展销平台，使传承人在这些平台上精彩亮相、献艺献技、扩大影响。

总之，只有做好传承主体的抢救与保护工作，才能使非物质文化遗产的传承生生不息、永续发展。

第二节 非物质文化遗产保护的理念

一、更新非物质文化遗产保护的观念

"保护我国的非物质文化遗产也已成为广大群众和政府的共识,且成为较为迫切的任务。"[①]要做好非物质文化遗产的抢救与保护工作,需要全民参与,形成社会认同的合力。而要形成这种合力,重要的是提高全民的"文化自觉",澄清一些业已存在的模糊看法和有害的倾向,树立正确的保护理念。

(一)提高非物质文化遗产保护的"文化自觉"

"文化自觉"是指生活在一定文化中的人对其文化有"自知之明",明白它的来历、形成过程、所具有的特色和它发展的趋向,不带任何"文化回归"的意思,不是要复旧。自知之明是为了增强对文化转型的自主能力,取得为适应新环境、新时代而进行文化选择时的自主地位。

纵观当今世界,经济一体化已成为不可抵挡的潮流。全球文化在整合与冲突中出现了同质化与异质化的趋向。在这一潮流中,全球的文化与民族化本应相辅相成、相互沟通、和而不同,应是一种张力的平衡关系。所以,当务之急是要提高国人的文化自觉,克服文化殖民心态。文化自觉的要义是民族意识,即任何民族都应该有一个清醒的"自我"。一旦丧失这种"自我",其结果必然是被异族同化,最后走向文化殖民。我们必须珍视、承继祖先留下来的宝贵文化遗产,尤其是对承载着我们民族一代代人的文化记忆的非物质文化遗产,不能见宝不识宝,反视宝为草。应该增强民族文化的"自我意识"和"危机意识",切实做好非物质文化遗产的抢救与保护工作。

(二)更新非物质文化遗产保护的抢救与保护观念

人的思想观念对人的社会实践具有指导性的作用,有怎样的观念就会付诸怎样的行动。中国传统文化是在几千年的历史演进中逐渐形成、积累、传承下

[①] 王杰. 非物质文化遗产保护理念与方法 [J]. 人民论坛, 2015 (29): 185.

来的，不是一成不变的，即使是民间文化中的旧俗，也很少是一成不变的，而是千百年来经过民间多次更新变异后传承下来的。这种在吐故纳新中的传承，并非陈陈相因。新旧民俗的更迭和盛衰消长虽然是客观规律，但其民俗本身的精神内核是相对稳定的，文化现象的更迭变化不会轻易改变一个民族文化的基因、民族文化的根。文化的可持续发展需要建立在传统文化的基石上，文化创新的高度往往取决于对传统文化遗产发掘的深度。非物质文化遗产是灌注着民族精神的民众活的记忆，是文化认同的重要标志，是维系民族存在的生命线。在这个意义上，抢救与保护传统文化不是复旧，而是要更好地认同与养护民族文化之根，传承中华文明，培育民族认同感，延续优秀的民族文化传统，弘扬民族精神，促进中华民族文化建设。

非物质文化遗产是一种无形的、不可重复的文化现象，它的载体是人的具体活动过程，因而具有现实的、活态的、不断生成的特性，它与民众的日常生活和特定的文化生态环境紧密相依。

二、做好非物质文化遗产的保护工作

我们应该明确抢救和保护的非物质文化遗产是指那些在历代文化史上、民俗生活史上有积极意义和重要价值的遗产，它不包括民间文化中那些属于糟粕或垃圾的遗留物。就是说保护非物质文化遗产要进行鉴别、选择、评价，并不是说不分优劣，一律要实施保护措施并使之新生。面对无比丰富的非物质文化遗产，我们也应分级甄选出具有不同代表性的非物质文化遗产加以保护。在实施非物质文化遗产保护之初，对要保护的项目作出充分而又恰当的价值评估与认定是极为重要的。只有确认项目是否具有实施各级保护的价值，才能有针对性地作出相应的人力、物力、财力的投入计划，并实施科学的分级保护。

非物质文化遗产是我们祖先创造的极其丰富和宝贵的文化财富，是我们民族精神情感、个性特征以及凝聚力与亲和力的载体。其被保护的对象是具有创造力和独特文化品格的那一部分，以及这些活态文化赖以存在的文化生态环境。保护非物质文化遗产是为了使我们民族这条古老深厚的文化生态之河免遭破坏和断流，保证民间文化特异性永存不灭。只有保持民族精神资源的丰富性，才能为保存人类文化的多样性作出我们的贡献。

此外，由于民间各种民俗文化事象非常丰富复杂，对其文化性质的认定不能采取简单的二元对立的方法给予评判，应遵循历史唯物主义原则，给予客观的、全面的甄别和评价。所以，抢救与保护非物质文化遗产不仅是一个实际操作的问题，而且首先是一个需要澄清理论观念的问题。理论上模糊不清，就难以对保护对象作出科学的界定和评估。

对非物质文化遗产进行价值评估时应当从以下方面考虑：

第一，非物质文化遗产必须具有民族独特性，表明其深深扎根于文化传统或有关地区文化历史之中。民族独特性是非物质文化遗产的根本特性，是其所具有的"特殊价值"。因为它体现和反映的是一个民族生存与发展的理念以及具体的活动方式、规律和特点，它凝聚着民族深层的文化基因和生存与发展所拥有的自然特点、风俗习惯、生活方式、价值观念、理想信念等因素。所以，蕴含着深厚的民族精神与民族意识的非物质文化遗产，是民族文化发展的根基，是值得倍加珍惜的精神家园，需要很好地保护、传承与发展。

第二，用一定的价值尺度评判、认定非物质文化遗产具有的特殊价值。对"代表作"的价值的判断，是从历史、艺术、人种学、社会学、人类学、语言学或文学角度来看是具有特殊价值的民间和传统文化表现形式。原生态的民间文化艺术大多呈现为原始的、混沌的、综合的形态，其所蕴含的价值和功能是复杂多样的，我们应当用多种价值尺度对它进行科学的审视。作为保护对象的非物质文化遗产，必须具备两个条件：一是具有历史、文学、艺术、科学价值这四个价值中至少一项，即符合这一条件；二是能够体现中华民族优秀传统文化。这两个条件缺一不可。我们审视和研究的非物质文化遗产，只要具备这两个方面的条件，就应成为抢救与保护的对象。

第三，非物质文化遗产是创造者智慧的结晶，具有鲜明的个性化特征，同时表现出创造者丰富的想象力和高难度的技艺，是同类文化样式的典范。

具备了以上条件的文化形式和事物既是非常难得的，又是极其脆弱易于流失的，它们很多处于濒危状态需要我们刻不容缓地进行抢救和实施有效的保护。

第三节　非物质文化遗产保护的原则

"保护"指采取措施，确保非物质文化遗产的生命力，包括这种遗产各个方面的确认、立档、研究、保存、保护、宣传、弘扬、承传（主要通过正规和非正规教育）和振兴。"保护"不只是意味着在书斋里对历史资料进行研究，也不是为了向博物馆提供一些展品，"保护"是一项系统的文化工程，它包括深入民间的田野考察、记录，对非物质文化遗产的确认、评定，通过建立数据库等方法对非物质文化遗产立档、保存，对其文化内涵、审美价值的探索、研究，对传承人的扶植与保护，对非物质文化遗产的宣传、弘扬，以及做好传承中的振兴、发展工作等。这一概念揭示了非物质文化遗产保护的根本目标，即维护和强化其内在生命，增进其自身"可持续发展"的能力，确保非物质文化遗产的生命力。也只有做好系统的保护工作，才能真正实现抢救与保护的根本目标。要做好抢救与保护非物质文化遗产的工作，就应当遵循以下四条基本原则：

一、非物质文化遗产保护的本真性原则

"本真性"是英文"Authenticity"的译名。它的英文本意是表示真实的，而非虚假的，原本的，而非复制的，忠实的，而非虚伪的，神圣的，而非亵渎的含义。20世纪60年代"本真性"（也可称为"原真性"）被引入遗产保护领域，并逐渐在世界范围内达成理解和共识。

中国几千年的文明史留下了无与伦比的文化积淀，不仅有丰富深厚的物质文化遗产，同时也有多姿多彩的非物质文化遗产。世世代代劳动人民口传心授、约定俗成的活态文化，是民族的灵魂、民族的根、是现代文化发展的不竭的源泉。其中民间活态文化是农耕时代的产物，是在特定的文化生态环境中产生和发展起来的。如今，由于社会转型所带来的人们生产、生活方式及文化生态环境的变化，原生态的传统文化正在走向衰落，或走向变异。如电视及书报普及之后，传统民间文艺对人们的吸引力减弱。大量农民纷纷走出山乡到城里打工、经商，致使农村许多结合农事或者在农闲时进行的民间文化活动也自然消歇了。

例如，鄂西北一带的"薅草锣鼓"由于农业生产方式的改变已经多年不打了。过去居民的住房多采用木质结构，木匠选择良辰吉日上梁时，要举行仪式并伴以歌唱（以歌颂鲁班为中心的《贺新房》），现在的建筑普遍采用钢筋水泥结构，相关传统仪式也就随之自然消亡了。民间原生态的非物质文化遗产越来越少，而流传至今的非物质文化遗产又多是以口头讲述和行为传承等动态方式存活，它们必然受到当今人们生产方式、生活方式和审美趋向变化的影响而变化，在此中间，也必然出现人们出于经济等目的对其演变进程的人为改变，始终与变化着的社会环境和文化语境相适应，这就为我们坚持非物质文化遗产保护的本真性原则带来了许多困难。然而，非物质文化遗产保护的本真性是检验世界文化遗产的一条重要原则，并要求真实、全面地保存并延续文化遗产的历史信息及全部价值。

二、非物质文化遗产保护的整体性原则

作为一个历史悠久、幅员辽阔、民族众多的文明古国，中国拥有世界上最丰富多彩的非物质文化遗产。这些文化遗产不是某些"代表作"和零散的"文化碎片"所能涵盖的。我们的非物质文化遗产既包含着丰富多样的内容和形式，又与特定的生态环境相依存。我们倡导的保护是以全方位、多层次的方式来反映和保存人类文化的多样性、丰富性。所以，整体性是我们必须要坚持的一个重要保护原则。所谓整体性就是要保护文化遗产所拥有的全部内容和形式，也包括传承人和生态环境。这就是说要从整体上对非物质文化遗产加以关注并进行多方面的综合保护。

保护非物质文化遗产的整体性原则既体现在空间向度上，同时也表现在时间向度上。人类文化遗产有无形与有形之分。有形的静态遗存物是固定的、不可再生的，它是一种物化的时间记忆和空间象征；无形文化遗产却是流动的、发展的，它是根植于民间的活态文化，是发展着的传统行为方式。它是流淌于过去、现在和未来整个历史长河中的，它永远处于不断更新与创造之中。它的演进是在与之相依的环境中逐渐形成的，不是人的主观意识所能左右的。非物质文化遗产作为活态文化的非物质文化遗产，它活在奔腾不息的历史长河中，随着历史的演进和时代的发展，不断地变化、更新，不可能一成不变。它一方面保持原有的民族文化精神；另一方面随着时代的发展不断注入新的文化内涵，使之发展、升华。例如。陕北省米脂县的农民艺术家艾剑英创作的剪纸《黄土风情》，从各个角度展现了陕北黄土地的民情民俗文化。艾剑英以高度的艺术敏感性，捕捉和提炼出生活中的典型情节。在内容上，作品中不仅有表现传统习俗的剪窗花、置年货、压年糕、做年夜饭、垒火塔、跑旱船、舞狮、踩高跷等，而且也有表现新时代新生活的观看新年晚会、学电脑等。在艺术技巧上，他继承了绥德、米脂传统剪纸风格，又借鉴三边剪纸技法，兼容并蓄，在传统基础上不断有新的发展，使其作品既具有精致的艺术构思和高超的艺术表现力，又充满着浓郁的生活气息和深厚的意蕴。这说明剪纸等非物质文化遗产是流动的、发展的，它在社会发展的每个阶段都会产生新的变异，并在变异中求得生存和发展，在变异中展示出迷人的艺术魅力。所以，对非物质文化遗产客观地去看待它的变化，承认它的发展和流变，而不是人为地将其"化石化"，这也是保护非物质文化遗产的整体性原则中所应含有的理念。所以，在传承中进行整体性的活态保护是保护非物质文化遗产最好的方式。

对非物质文化遗产进行整体保护，应该保护其自身的完整性。任何一种非物质文化遗产，都是由多种技艺、技能共同构成的，只保护其中部分技艺，是不能将其完整地传承下来的，必须对其全部程序与技能实施全方位的保护。此外，坚持整体性原则是为了保护完整意义上的中华文化，非物质文化遗产和物质文化遗产都是祖先留下的宝贵财富，虽然在具体形式、内涵、功能上有所不同，但它们都是中华民族精神情感的衍生物，是同源共生、休戚与共的文化整体，对我们了解和认识中华传统文化都有至关重要的意义。所以，我们不能将二者割裂开来，而应当同时加以有效的保护，才能继承完整的中华文化传统。

三、非物质文化遗产保护的可解读性原则

可解读性是指我们能够从历史遗留下来的文化遗产上辨识、解读出它的历史年轮、演变规律，尤其是内在的精神蕴含。一个民族的非物质文化遗产，往往蕴含着该民族传统文化最深厚的根源，保留着形成该民族文化身份的原始的生活方式、行为规范，承载着该民族特有的思维方式、心理图式和价值观念。所以，人们把非物质文化遗产视为一个民族的灵魂、一个民族的根。例如，民间剪纸、年画中的抓髻娃娃就是民间百姓心目中的保护神和繁衍之神，传达着人类群体的原始观念，寄托着各种美好的愿望和祈求。在我国广大农村地区，

农家妇女利用剪刀巧手剪出形态各异、多种多样的抓髻娃娃,有送病娃娃、纸幡娃娃、抓钱娃娃、八卦娃娃、簸箕娃娃、喜娃娃等。这些娃娃各司其职,分别表达着送病、避邪、驱鬼、攘灾、祈雨抗旱、祈生贵子、祈望丰收等愿望,这些艺术符号中传达出的意念淳朴而丰富。随着时代的发展,我国民间抓髻娃娃的变体越来越多,并蕴含着新的内涵,同时也扩大了它的社会应用范围。

保护非物质文化遗产应该格外重视解读和挖掘其内蕴含着的各种精神观念。如果只是继承其文化形式,而不能解读其内容,所继承和保护的东西就会丧失其真正的历史文化价值,就会人为地使它变成徒有其表的空壳。各类非物质文化遗产都是具有深厚的精神蕴含的。例如,中国传统节日,就浓缩着我国数千年文明进程的丰富内涵,集中体现了中华民族优秀的精神风貌,包含着许多独具特色的民俗文化的精髓。中国传统节日是中华优秀文化的重要载体,是中华民族精神的形象写照,是民族感情的黏合剂,国家认同的标志。今天,我们要弘扬传统节日文化,不仅要倡导文明、和谐、喜庆、节俭的过节理念,充实和丰富传统节日的内容和形式,更重要的是要深入挖掘传统节日的文化内涵,使广大民众了解传统节日的源流及所蕴含的文化精神,唤起国人参与节庆活动的热情,并形成守护精神家园的文化自觉。

然而,要挖掘和解读各种非物质文化遗产的精神价值并非易事。因为非物质文化遗产的精神蕴含非常丰富复杂,这是由这部分遗产的特点决定的。

第一,非物质文化遗产具有悠久的历史性。中国是一个有数千年历史的文明古国,早在原始社会,原始信仰和各种原始艺术构成的民间文化就呈现出了繁花初绽的景象,伴随着多元结构的农耕经济的长期延续,丰富多样的民间文化大放异彩、绵延不绝。诸如,以人为载体而世代相袭和传承的民俗文化,就是一种与人类社会共同演进的文化现象。它是各民族在长期的生产和生活中逐渐形成的,随着历史的发展积淀下来的民众中流行的风俗习惯。它反映着特定民族的心理、社会生活、思想风貌、审美情趣等极为广泛的内容,是民族传统文化的重要组成部分。世界上有了人,就开始产生了人的习俗。中华民族诸多的民俗事象都有着悠久的历史,并在传承中不断丰富发展。

第二,非物质文化遗产具有高度的个性化和独特的传承方式。非物质文化艺术作品,是民间创造者个人智慧的结晶,体现着鲜明的个性特点。传统的农耕社会,处于自然半自然经济的状态下,人们长期生活在相对封闭的环境中,对赖以生存的环境充满了期望和敬畏，对本民族的传统文化倾注着热爱之情。独特的生活环境和自身独具的素质，造就了一批民间歌师、艺人、工匠等，他们以自己充满睿智和灵性的创造，谱写着民族文化的灿烂篇章。这些民间艺术、技艺的传承方式主要是通过父母与子女、师傅与徒弟之间单线式的言传身教来实现的，在传承中不断丰富完善，形成特色和流派，所以完全是个性化的。在每个民间艺术家的创作中，都融注着自己对生活的独特感悟和审美情趣，后代对其作品的解读就离不开对这些艺术家及其生活环境的潜心体味。

为了使保护不流于形式，从非物质文化遗产中汲取精华，使其成为中华民族文化发展的不竭的源泉，我们必须坚持可解读性原则，并真正做到对非物质文化遗产认真研究，辨识、解读出它的精神蕴含、文化价值。这样，保护才具有本质性的意义。

四、非物质文化遗产保护的可持续性原则

保护非物质文化遗产是长期的事业、系统的文化工程，而不是一朝一夕能够完成的短期任务。只要保护的对象一旦被认识和确定，保护工作就应长久地持续下去，没有时间的期限，我们这一代要保护，下一代还要保护，使这份文化遗产由子子孙孙承继下去，并在更新与发展中弘扬光大。因为，优秀的文化遗产是人类共同的财富，随着时间的推移，它的价值会更加珍贵。

可持续发展观是20世纪人类对自身发展历程反思后的新发展观。可持续发展战略是以人为中心的发展观，它要求正确认识"人与自然""人与人"的关系，强调人与自然的和谐。可持续发展问题涉及人类社会生活的各个方面和各个领域，经济发展、文化建设、社会进步和环境保护等，都是可持续发展的组成部分。就非物质文化遗产保护而言，可持续性就是要求我们充分认识到保护非物质文化遗产的长期性和连续性，坚定保护理念，持之以恒地进行这项事业。

要实现可持续发展，就要坚持以人为本的原则。人是进行非物质文化遗产传承和保护的主体，保护工作离不开人的作用。如果忽视了对人的关注与重视，非物质文化遗产的保护就会偏离正确的轨道。要尊重人特别是相关民众的现实需求，保护遗产不能以妨碍经济发展、降低人的生活质量为代价。实施的保护方式与方法，一定要有利于人的全面发展和人与环境的和谐。要尊重不同民族与人群的生活方式、风俗习惯，在保护他们的精神意志不受侵犯的同时，做好深入细致的思想工作，引导他们正确对待本民族的文化遗产，处理好保护民族传统文化与发展经济的辩证关系，自觉地担负起传承本民族文化的责任。

要坚持可持续性原则，就应该以保护为主、抢救第一、合理利用、传承发展。

首先，"以保护为主"突出了国家动员全社会共同保护的原则，是对过去偏重使用的方针的一种纠正，是观念上的一个重大转变。"抢救第一"对于非物质文化遗产来说，意义更为重大，因为，"抢救"是目前迫在眉睫的工作。在保护工作实践中我们应坚持区分轻重缓急，集中力量将那些处于濒危状态并具有历史、文化和科学价值的优秀非物质文化遗产及时有效地实施抢救与保护，避免"人亡艺绝"的事件和"人间国宝"的消失。

其次，"合理利用"，使非物质文化遗产造福当代，是保护工作可持续发展的必由之路。所以，非物质文化遗产只有在科学原则的指导下合理地开发利用，才能保持其长盛不衰的生命力。保护不是封存不动的保存，而是要在活态传承中再现其生机与活力，因此，保护与利用应该是相辅相成的，有效的利用可以不断地提升其价值，可以更好地促进保护。例如，国家级非物质文化遗产项目苏州镇湖刺绣，坚持以发展求保护，以市场为导向的战略，积极开发利用适销对路的产品，注重人才培养和技术创新，人才、精品迭出。同时，充分利用"中国刺绣艺术馆"的平台，集刺绣生产销售、展示评比、技艺研发、学术交流等多项功能于一体，不断扩大影响，提升品牌，如今已经形成了有一定规模的刺绣产业集群，镇湖也成为全国最著名的刺绣产业基地。苏绣这一传统工艺在开发与创新中得到了更好的传承与保护。

目前，在非物质文化遗产保护工作实践中，各地都在探索采用生产性方式保护。应当明确生产性保护方式主要适用于传统手工技艺、传统中医中药等类项目，并不适用于一切项目。对于非物质文化遗产项目能否采取生产性保护，应该采取科学慎重的态度。非物质文化遗产的价值具有丰富性和多重性，既有历史价值、文化价值、审美价值，又有科学价值、经济价值等。但就每一个非物质文化遗产项目而言，所蕴含的价值并不相同，有的只具有历史的、文化的、审美的等精神层面的价值，不具有可开发利用的经济价值；有的则既具有精神层面的价值，也具有经济潜在价值。我们所说的生产性保护只适用于后一种类型的非物质文化遗产。为此，对于那些已经失去了生存条件的文化形式，采用收入博物馆的方法加以保存；对于没有开发利用价值或暂不具备开发利用条件的"非遗"项目，绝对不可草率地采取生产性保护；但对于那些既具有生命力又有开发潜质且市场化可能性较高的传统手工艺和民间艺术，则应进行合理开发利用，走自我图强之路，以生产性方式保护，才能既有利于它们的传承与发展，又能体现其价值。使之通过生产性保护，获得了持久发展的经济保障。部分地区有效地开发利用非物质文化遗产，使之辐射全国、走向世界，已经形成了本地区亮丽的文化名片，如山东的"潍坊国际风筝节"、四川的"自贡国际恐龙灯会"、河北的"吴桥杂技艺术节"、广西的"南宁国际民歌艺术节"等。这些地区对民间传统文化的合理开发利用，不仅使非物质文化遗产弘扬光大，而且利用文化优势促进经济增长，取得了巨大的经济效益，实现了文化与生产力的同步发展。

最后"传承发展"。"抢救""保护"和"利用"的目的是"传承发展"。非物质文化遗产不是静止和凝固的，它是在历史长河中流变发展的，在发展中代代相传、生生不息。倘若停止了发展而陷入静止，其必然丧失生命力。所以，非物质文化遗产不能停留在原有水平上，它需要在发展中生存。对非物质文化遗产的传承与发展，不仅是满足人民大众精神生活的需要，更是今人寻找民族之根、疏通民族血脉、承继民族传统的必需。我们应从现实生活中汲取养分，从现代精神中激活情感，在传承基础上不断发展，才能使其生命之树常青。因此，我们秉承的责任和义务不仅仅停留在抢救与保护上，更重要的是精心培育、合理利用，使之以无限的生机与活力活在当代、活在民间。所以，非物质文化遗产的保护绝非简单的整理保存，它是与国家和民族发展相偕的文化再生，是与人民大众日常生活相生相伴的民族文化的延续。

第四节　非物质文化遗产的保护对策

在抢救与保护非物质文化遗产的实践中，坚持正确的保护理念和保护原则只是做好保护工作必不可少的前提，要使保护工作落到实处且卓有成效，还必须采取合理有效的保护方法与措施。非物质文化遗产的保护是一项涉及面非常广的系统工程。要搞好这项工程，不仅要发挥国际组织、国家政府、保护机构、社区民众等不同保护主体的作用，还要有科学合理的保护方法与措施。根据前人积累的文化遗产保护经验和我国非物质文化遗产保护工作的实际，总体而言，我国非物质文化遗产的抢救与保护主要应采取以下方法和措施：

一、建立科学的管理机制

我国的非物质文化遗产分布在全国各省、市、自治区，要使保护工作落到实处，各地就要建立健全职责明确、高效长久的工作机构和比较稳定的专业队伍，进而形成良好的工作运行机制，确保非物质文化遗产保护方针、工作原则、政策法规得以贯彻执行。各省市区应建立非物质文化遗产保护委员会及非物质文化遗产保护中心，县一级应设置非物质文化遗产办公室，分别负责领导、规划、落实本地区非物质文化遗产保护工作，进而全面落实国家、省、市、县四级非物质文化遗产的保护计划。

各级政府部门及领导干部在充分认识到抢救与保护非物质文化遗产的必要性和重要性的同时，要对非物质文化资源的价值有清醒的认识，要有深远的战略眼光，在经济活动与文化开发中，要树立"以保护促开发，以开发促保护"的理念，不能用牺牲民族文化资源的做法来换取短期的经济利益，更不能竭泽而渔对文化资源进行无限度的开发。要加强领导，制定切实可行的新政策，加大管理的力度；还要缜密规划、精心组织、精心实施，才能有步骤地进行这项宏大的文化工程。

二、提高全民保护意识

人民群众是非物质文化遗产的创造者、所有者、传承者，也是非物质文化遗产的保护者。非物质文化遗产保护必须紧紧依靠人民群众，保护成果必须惠及广大民众，这是实现非物质文化遗产价值的现实需要，也是保护、发展非物质文化遗产的根本目的。"文化遗产日"的设立，已经在强化全民的保护意识、有力地推进我国文化遗产的保护工作方面产生了重大作用。利用"文化遗产日"和春节、端午节、中秋节、清明节等中华民族传统节日，大力开展非物质文化遗产展览、展演、论坛、讲座等宣传教育活动，营造文化遗产保护的良好社会氛围。

要在广大青少年中加强传统民间文化的教育，以培养、灌输学生的传统民族文化和乡土文化观念与知识。目前，我国已启动了一个保护中国优秀传统文化的项目，把每年9月份定为"传承月"，目的是在学校中开展非物质文化遗产的教育普及工作，使学生从小认识到民间文化艺术保护的重要性、必要性和迫切性。还确定每年3月20日为"中国儿歌日"。近年来，各地文化部门积极与教育部门配合，将民歌、民乐纳入中小学音乐课，将剪纸、年画纳入美术课，将传统技艺纳入手工课，积极推进非物质文化遗产进校园、进课堂、进教材，使非物质文化遗产成为对青少年进行传统文化教育和爱国主义教育的重要载体。

当传统的传承方式在市场经济条件下遭遇到价值取向的冲击时，学校教育就成了传承和弘扬民族民间文化艺术最为有效的方式。如今，如何把非物质文化遗产教育引入高校教学体系中，也引起了许多高校的关注与重视。

目前，许多高校成立了与非物质文化遗产相关的教学和研究机构，从本科教学到硕士、博士阶段都设有相关的课程和专业方向，并进行了一些积极的探索和实践。例如，徐州工程学院与地方文化系统签订共建协议，形成校地互动、资源共享的合作模式，开展以地方文化为特色的系列课程建设，采取1+1互动模式，即安排一个专业教师与一位民间艺人共同开设一门课，让学生充分领会原汁原味的民俗文化。

三、重视专家指导与人才队伍的建设

要成功地进行非物质文化遗产的抢救与保护，离不开精通专业理论且又有实践经验的专家们的指导，专家们能从理论上对这项文化工程进行全面论析，形成一套具有指导性、可操作性的较完整的理论学说，为非物质文化遗产的抢救与保护工作提供理论依据和政策咨询，帮助国家有关部门制定出一系列政策法规和务求实效的工作方案。例如，甘肃省委、省政府非常重视非物质文化遗产保护工作，不仅成立了甘肃省民族民间文化保护工程部门联席会议制度，明确了各部门的职责，形成了相关部门齐抓共管的工作格局；而且还邀请省内各大专院校知名学者、专家，建立了甘肃省民族民间文化保护工程专家委员会，为非物质文化遗产的保护提供专业咨询和理论指导。为了使保护工作科学规范，确保保护工程健康有序开展，狠抓了保护工作队伍的建设，先后举办了保护工

作骨干培训班，邀请从事非物质文化遗产保护工作的著名专家、教授讲学，培训了大批非物质文化遗产保护工作骨干，形成了省、市、县三级非物质文化保护工作队伍。

发掘参加保护工程的人力资源，通过开展传承和培训活动，加强保护工作从业人员队伍（专业人员队伍、管理人员队伍）的建设，才能保证这项文化工程有效而可持续地向前推进。因此，我国应大力开展非物质文化遗产保护管理人员、保护工作人员、传承人、行政领导干部的培训工作。采取综合性培训、专题性培训等方式，将各级文化行政部门主管非遗保护人员、各级非遗保护中心和国家级非遗项目保护单位的工作人员、国家级代表性传承人轮训一遍。逐步建立非物质文化遗产保护上岗培训制度；举办领导干部非物质文化遗产保护专题研讨班等。这些举措将全面提升我国非物质文化遗产保护工作队伍的能力与素质。

四、采取系统科学的有效方式

非物质文化遗产的抢救与保护是一项浩大而复杂的文化工程，它不仅涉及文化多样性、一个国家或群体的政治和文化权利，而且与我国当代文化建设、当代经济发展密切相关。因此对它的保护也应是多方面的、全方位的，既包括普查、整理、鉴定、保存和研究，又包括继承、传播、利用和发展。要做好这一系列工作，必须计划可行、措施周全、方法得当，才能循序渐进地进行这项工程。我们认为，抢救、保护与传承非物质文化遗产应重点做好以下工作：

（一）增强文化安全意识

中国的非物质文化遗产，是我们中华民族优秀的文明成果和宝贵的精神财富，任何一项都不能因他国的文化掠夺或我们工作的疏忽而流失或失传。为此，各级人民政府和有关部门要从对国家和历史负责的高度，从维护国家文化安全的高度，增强文化安全意识，加大保护力度，对各级非物质文化遗产代表作要加强管理。

（二）建设非物质文化遗产的基础设施

非物质文化遗产基础设施承担着保存、传习、展示、研究非物质文化遗产的重要职能，是开展非物质文化遗产保护传承工作的重要场所，也是进行传统文化教育、民间艺术教育和中外民间文化交流的最佳场所之一。非物质文化遗产在长期的发展和传承过程中，留下了大量珍贵的实物和物质载体，只有设立相关传承（博物）馆、传习所，才能将稀少而又珍贵的非物质文化遗产实物分类进行收藏、展示、研究。如今，我国在非物质文化遗产比较丰富的省、市、县都已经兴建了具有多种功能的非物质文化遗产展示馆、专题馆和传习所等基础设施。例如，专题博物馆就颇具特色，专题博物馆集中保存、展示当地的非物质文化遗产资源，为传承人开展传习活动和非物质文化遗产代表作的宣传、展演、教育活动，提供了稳定的场所和必要的设备、设施。传承（博物）馆式的收藏展示，不仅有效地抢救和保护了一大批濒危珍稀的物质文化遗产和非物质文化遗产，而且能通过展示和演示，使民众直接欣赏甚至触摸到大量的民间瑰宝，唤起民众强烈的自觉保护民族文化遗产的意识。

（三）开展普查并建立完整的资料数据库

普查工作是抢救与保护非物质文化遗产的首要任务。普查中的一项重要工作是采集作品和记述民俗。全面而科学地采集好非物质文化遗产作品，忠实地记录下各种民俗文化事象，才能保存下流传至今的非物质文化遗产的真实面貌，从而为我们从民间文化角度研究民众的思想和世界观提供了可能，为党和政府制定、实施非物质文化遗产保护规划乃至文化发展国策提供可靠而科学的依据。所以，做好普查，抢救与保护也才更有针对性。普查是对现在还在流行的各类非物质文化遗产形态和作品及优秀的非物质文化遗产传承人进行调查、登记、采录、建档工作，并按照全国统一编码进行登记并分级建档。凡具有历史、科学、艺术价值的非物质文化遗产均在普查和保护之列。普查要覆盖全国，深入到每一处偏远的山乡。普查中，要客观、科学地看待和分析非物质文化遗产的发生、发展，以及在漫长的历史进程中出现的种种现象。要充分尊重民众的创造性，以全面性、代表性、真实性为普查的指导原则。所谓全面性，是指普查中要避免主观主义和教条主义，要进行兼顾城镇和乡村、兼顾不同人群的全面调查和采录。所谓代表性，即在全面掌握某地区的非物质文化遗产蕴藏情况的基础上，选择有代表性的民俗事象、有代表性的体裁形式、有代表性的作品等，加以认真、科学地采录。所谓真实性，是指普查时要忠实地采录讲述者讲述的原貌，按照民间文化作品和民俗表现形态，保持原状、不加修饰地将其记录和描述下来。只有符合这"三性原则"的普查和采录成果，才是真实而有价值的，才能经得起历史的检验。

要做好普查工作，还要掌握科学的方法。普查工作主要有三个步骤，即普查准备阶段；实地考察阶段；总结评估阶段。在普查准备阶段要做好两项工作：一是制订出普查工作的具体实施方案（计划、大纲、登记表格等），明确普查任务，确定普查时间、目标、方法、步骤，落实人员配备。二是为普查工作人员组织学习培训，使他们明确普查工作的目的意义、目标方法，并根据普查任务和个人专长对普查工作人员作出合理的分工，做到各司其职、互相配合。实地考察阶段是普查的重要阶段，应因地制宜、因时制宜，根据不同情况可采用不同的调查方法，如重点走访、抽样调查、开小型调查会、观摩民间艺术家的表演、参与民间手工艺制作及民俗节庆活动等。调查采访者以笔录、摄影、录音、录像等方式真实地记录下现场考察成果，同时还要注意搜寻民间传抄的唱本、长诗、鼓词、皮影脚本、宝卷（宣卷）、经书、图画册页等手抄本。采集到的口头文学、民间艺术品、民俗实物、摄影摄像、仪式的素描，除原件原物外，还要按照表格的要求进行登记。登记的项目，既要有文本实物的名称、内容简介、类别等，也应有讲述者、表演者、提供者的背景材料（姓名、性别、年龄、民族、身份、文化程度、简历、传承系脉、居住地等），还要有采访者（姓名、身份、工作单位、文化程度、联系地址等）及采录的时间地点。总结评估阶段重点要写好调查报告。调查报告应按照普查计划和调查提纲逐一叙述，要对各项内容及要求作出分析和统计，形成完整的书面材料。

普查之后，是对遗产的登记、分类、整理、出版，将普查的结果系统化、规范化、档案化，确定非物质文化遗产保护名录，对遗产设定不同的保护级别。除了图片和文字性的成果出版之外，还应建立以照片和磁带为主的"中国非物质文化遗产影像档案"和用计算机管理的"中国非物质文化遗产数据库"，以及民间传承人档案馆。中国艺术研究院建立的"中国非物质文化遗产数据库（中国非物质文化遗产数字博物馆）"，汇集了丰富的中国非物质文化遗产数字化资源。各省（市）、地、县要努力创造条件，更多更好地建立具有地方特色和民族特色的非物质文化遗产数据库。

（四）完善非物质文化遗产名录体系

建立国家级非物质文化遗产名录的首要目的是推动我国非物质文化遗产的抢救、保护与传承，并在此基础上，逐步完善我国非物质文化遗产保护名录体系，最终形成国家、省、市、县四级名录体系，实现非物质文化遗产的分级保护。国家级非物质文化遗产代表作名录由国务院批准公布；省、市、县级非物质文化遗产代表作名录由同级政府批准公布，并报上一级政府备案。今后我国向联合国教科文组织申报非物质文化遗产代表作的项目，将从国家级非物质文化遗产名录中产生。与此同时，政府应定期公布重要的、濒危的非物质文化遗产名录。

由于各级政府对申报非物质文化遗产代表作的重视，各地相继掀起了前所未有的"申遗"热潮，各省市区都希望有更多的项目入选国家级名录。这种"申遗"的热情值得赞许。但是，"申遗"只是保护文化遗产的形式和手段，它旨在提高人们对被申报的非物质文化遗产的认识和保护意识，从而使其得到最大限度的保护与传承，并获得传承延续所需要的最佳环境和条件，这就要求申报单位和保护主体要切实承担起保护的责任，落实各项保护计划和措施。所以，"申遗"的成功，并不等于"保护"的实现。对于已列入各级名录的非物质文化遗产代表作，要实现全方位的有效保护，还有许多艰苦细致的工作要做。因此，对非物质文化遗产代表作的保护既要遵循普适性的保护原则与方法，又要注重因类制宜，实施科学的分类保护。有针对性的且措施得当的保护，才能达到预期的保护目的。

（五）加强对非物质文化遗产的生产性保护

非物质文化遗产集文化优势与地缘优势于一身，重视其有效的开发利用，对于弘扬地方优秀的民族文化、发展地方经济至关重要。所以，对一些非物质文化遗产资源和项目科学地进行生产性保护，既可惠民、富民，又能增强保护工作自身的"造血功能"，增强非物质文化遗产的生命力和影响力，促使其走向全国、走向世界。

非物质文化遗产生产性保护是指在具有生产性质的实践过程中，以保持非物质文化遗产的真实性、整体性和传承性为核心，借助生产、流通、销售等手段，将非物质文化遗产及其资源转化为文化产品的保护方式。生产性保护旨在"以保护带动发展，以发展促进保护"，这符合一些非物质文化遗产项目自身传承发展的规律。在进行生产性保护实践中，重要的是应坚持可持续性的保护原则，正确处理好保护与开发、继承与创新的关系。

对非物质文化遗产的开发利用及生产性保护，各级政府相关部门要给予高度重视和支持。政府要对非物质文化遗产生产性保护进行价值引导、政策引导和舆论引导，组织开展非物质文化遗产生产性保护知识和成果宣传，利用现有的优惠政策和出台新的优惠政策扶持非物质文化遗产生产性保护，为非物质文化遗产生产性保护营造环境、创设条件和提供服务。非物质文化遗产的开发与利用首先应遵循适度性原则。要不断强化保护意识，开发利用一定要有利于非物质文化遗产的保护。尤其是作为旅游资源来开发的非物质文化遗产，更应该在相关政策的指引下，把开发与保护融为一体，有效地防止对非物质文化遗产的过度开发和损毁性利用。其次应坚持多样性原则，我国少数民族众多，非物质文化遗产开发要有利于各民族间的理解和沟通，有利于促进各民族间的信赖和尊重，有利于各民族间的团结和社会稳定。

（六）建设文化生态保护区（村）

为了使民间原生态非物质文化遗产存活下来，我们就应该重视与其紧密相依的文化生态环境的保护。在一个局部的特殊环境中，采取相应措施，使原生态民间非物质文化遗产存活较长时间并扩散其影响，是完全可能的。一个民族有一个民族的文化，每个民族文化又有与众不同的特色。建立民族文化生态保护区（村），既可对非物质文化遗产的保护设立最安全的屏障，又能将民族文化遗产真实状态保存在其所属的环境之中，使之成为活的文化。

由于我国非物质文化遗产主要分布在广阔的农村，还有相当大的一部分在少数民族地区，因此，乡、村是我们非物质文化遗产保护的重点，特别是在少数民族地区。我们应当在各个少数民族相对集中的地区建设民族非物质文化遗产项目生态保护圈，在保护圈民族聚居区中，对具有代表性、独特性而又濒临消亡和传承危机的民族非物质文化遗产项目建立保护性基地，如特色艺术乡、民歌村等，把它建设成类似"自然保护区"那样的非物质文化遗产项目保护区。

文化生态保护是文化遗产保护的重要内容。建立文化生态保护实验区标志着我国文化遗产保护工作进入一个活态、整体性保护的新阶段。文化生态保护实验区是以保护非物质文化遗产为核心、对历史积淀丰厚，存续状态良好，具有特殊价值和鲜明特色的特定文化形态进行整体性保护，以促进经济社会全面协调可持续发展而划定的特定区域。文化生态保护区建设是非物质文化遗产保护的一种创新机制。建立文化生态保护区是文化遗产保护工作新的尝试，要做好这项工作还需要在实践中积极探索、积累经验。可以实施试点先行、以点带面的做法，将会有效地推动全国各地文化生态保护区建设工作。

（七）做好项目的评估鉴定工作

我们应该在普查的基础上，根据非物质文化遗产的历史、文化、艺术、科学等价值，确立其中重要的、濒危的非物质文化遗产进行重点保护。国家、省、市、县四级政府在认定重要非物质文化遗产项目的同时，重视认定和保护代表性传承人，建立传承机制。目前我国已建立起了适合我国国情的非物质文化遗产项目传承人保护制度，为他们创造适宜的生活、工作条件；对他们的传承进行档案登记、数字化存录，建立专门的图文影像数据库；组织专家对传承人的成就和传承工作进行学术性、专业性的分析和总结，对其优秀成果举办展演、展览和展示；同时安排他们通过授课、带徒等方式培养接班人，使其技艺得到完好的传承。除此以外，有关社会团体和各个保护机构也应为传承人的保护作出努力。

五、加强国际间的交流与合作

加强国际间的交流与合作，也是保护工作不容忽视的重要环节。宝贵丰富的中华文化遗产，既是中国人民引以为自豪、倍加珍视的财富，也是全人类的共同财富，因而保护工作需要国际间的交流与合作。

在非物质文化遗产抢救与保护的实践中，我国各地区的相关部门和机构都积极探索并总结出了一些宝贵的经验和行之有效的方法，为今后进一步做好保护工作奠定了良好的基础。事实上，保护工作虽然有一定的原则，但是却没有固定不变的方法。因此，在非物质文化遗产的保护工作中，我们不必墨守成规，应当在端正保护理念、遵循正确原则的基础上，根据保护对象的不同特点、不同情况，有的放矢地采取相应措施，逐步完善保护体系和方法，使保护工作切实落到实处。诚然，更为重要的是要唤起全民族的文化自觉，使保护文化遗产成为全民的自觉行动。

抢救与保护非物质文化遗产是一项任重而道远的文化工程，只有坚持实施科学正确的方法与措施，才能通过全社会的努力，逐步建立起比较完备的、有中国特色的非物质文化遗产保护制度，包括健全的传承体系，使中国珍贵、濒危并具有历史、文化和科学价值的非物质文化遗产得到有效的保护，并得以传承和发扬。

第三章　文化创意产业及理论构建

第一节　文化创意产业概述

一、创意产业与文化产业

（一）创意产业

1. 创意产业的起源

创意产业（Creative Industries）最早于 1998 年 11 月出现在英国文化媒体体育部发布的《创意产业图录报告》中，其正式提出了"创意产业"的概念，并界定了"创意产业"的具体产业部门。虽然具体的创业产业定义首先由英国提出，但无疑英国对该概念的提出源于澳大利亚人的启发。1994 年，澳大利亚在第一份《文化政策报告》中指出将以"创意国家"（Creative Nation）为目标。英国注意到了这一新概念并立即派团前往澳大利亚进行学习考察，随后便出台了创意产业相关的政策。

1997 年英国提出了关于"新英国"的构想。在"新英国"计划中，工业设计、艺术设计等部分受到了高度的重视。并且成立了"创意产业特别工作小组"（Creative Industry Task Force），并出任主席一职，亲力亲为地发展推进英国创意产业，提倡并鼓励用原创力为英国经济作出贡献。

综上可见，创意产业的发展源于澳大利亚和英国。无论是由澳大利亚提出的"创意国家"目标，还是由英国紧随其后推出的创意产业政策，都是随着世界形势而动的。随着信息化和全球化日益发展，世界发达国家正逐渐向后工业经济社会发展，并向社会经济转型。在这一过程中，驱动经济的增长主导因素产生了结构性的变化，创造力和文化越来越多地为经济发展作出贡献。创意产业所倡导的发展理念为世界经济的发展开辟了新的天地。

2. 创意产业的界定

英国创意产业特别工作组（DCMS）1998 年在《英国创意产业路径文件》中对创意产业进行了定义，将创意产业界定为：源自个人创意、技巧与才华，通过知识产权的开发和运用，具有创造财富和就业潜力的行业。根据这一定义，创意产业是指那些从个人的创造力、技巧和才华中驱动发展动力的行业，以及那些通过知识产权的开发来创造就业机会和潜在财富的活动，创意产业的核心要素为创新思想、技巧和先进技术等知识和智慧，并通过一系列活动来对生产和消费环节的价值进行增值，在创造财富的同时为社会提供广泛的就业机会。

自英国正式定义创意产业以来，新加坡、澳大利亚、新西兰及中国台湾与香港地区在几年内分别根据自身经济、社会发展阶段和文化背景调整了创意产业内涵与外延的界定。

从创意产业覆盖的具体产业领域看，创意产业和文化产业存在着交叉和重复。创意产业是对文化产业的超越，是文化产业发展到一定阶段的新业态。是在工业化和信息化基础上的产业结构自然演化的结果。创意产业和文化产业同时也存在着一定的区别，文化产业强调的是文化的产业化，而创意产业强调的是人的创造力和文化艺术对经济的渗透和贡献。创意产业的含义超越了文化产业的一般意义，它是人类精神生活的一部分，同时也是人类经济生活的一部分。

3. 创意产业的特性

随着人类创造社会财富的形式和人类社会的生产方式发生历史性的变化，创意产业顺应时代发展的大潮而出现。商品价值形式更注重处于劳动过程之外的创意。在《中国创意产业的兴起与发展》中，作者认为创造价值活动的产业链源头是抽象的、无形的创意作为，这一源头与传统的只有资本和劳动力等实体才能生产的观念不同，其兴起刷新了传统产业的发展演变趋势，并在多个环节表现出与传统产业不同的特性：

（1）三位一体性。创意产业是文化、科技和经济相互交融、交互发展的产业。创意产业以文化创意为内容和原动力，以科技创意为手段和支撑，以市场需求为根本导向。其发展方向的确定要同时考虑文化创意、科技创意与市场。小到高端的文化产品和科技产品，大到整个国家的经济、文化、科技，都强调这三者的互补互动和三位一体。由此，可将创意产业进一步细分为文化创意产业和科技创意产业。

（2）横向跨越性。创意产业与许多产业部门具有相当高的关联度，其可以渗透、整合、横向延伸到众多其他传统行业中，也就是说创意产业难以与传统产业类型完全分离。

（3）高附加值性。创意产业基于传统产业的环节进行科技创新，其作为一种高附加值产业而位于价值链的高端。创意产业的核心即创意、创新，其看重个人创造力，鼓励个人将思想转换成产品，将科技创意和文化创意转化为具有高经济价值的产业，并利用这些高经济价值产业来创造财富，改善经济等。创意产业与传统的价值增值理论不同，增加了创新与生产函数的关联性，融入了高新技术，创造了价值增值的新途径，最终带来了高附加值。创意产业附加值的高低以其创意含量的高低来比较。

（4）知识产权性。创意产业具有较少的有形资产，而更多地以信息、知识、文化和技术等无形资产为核心的生产要素，也就是说创意产业与知识产权紧密相连。创意产业的核心资产和其创造社会财富的主要方式均基于知识产权的生成和利用。如果没有知识产权，创意产业将面临任意仿制和随意复制的混乱局面，整个产业都将面临生存和发展的危机。加强知识产权保护是发展创意产业之本。

（二）文化产业

1. 文化产业的起源

"劝业会场"是中国最早系统陈列工业工艺、展览书画的场所。"劝业会场"相当于我们今天的文化产业集群区，虽然当时没有文化产业这一概念，但它是客观存在的。随着社会的发展，人们发现，文化产业不但没有阻碍经济的发展，而且文化产业渗透于经济中，使经济不断快速发展。到了20世纪末，文化产业不再是贬义词，而被贴上了积极的标签，甚至广泛出现在决策圈内。

2. 文化产业的界定

对文化产业概念的界定和把握，是研究文化产业的基础和前提。从文化产品性质的角度、产业的角度和文化的角度对文化产业可以做不同的界定：

从文化产品性质的角度，把文化产业界定为提供文化产品和文化服务的行业。从事文化产品生产和提供文化服务的经营性行业。文化产业是与文化事业相对应的概念，两者都是社会主义文化建设的重要组成部分。文化产业是社会生产力发展的必然产物，是随着我国社会主义市场经济的逐步完善和现代生产方式的不断进步而发展起来的新兴产业。

从产业的角度来界定文化产业，文化产业涉及多个产业。文化产业在第二产业、第三产业都有涉及，不单单由第二产业或第三产业去衡量。文化产业对实体的生产属于第二产业，而提供服务则属于第三产业的范畴。因此，文化产业是一个全新的产业，虽然与第二产业和第三产业都有交叉，但不能把文化产业归为其中，要以一个崭新的视角去研究。

从文化的角度将文化产业定义为以人类脑力劳动为基础的精神生产力发展的现代形态。即文化产业的基本门类是教育产业、智力产业、高技术产业、媒体产业、艺术产业和休闲产业六大产业。

3. 文化产业的特性

（1）文化产业具有双重性。文化产业具有文化和经济的双重功能。文化产业自身的产生渊源决定其文化功能，其经济功能在于文化产业遵循市场经济规律，在市场经济中以价值换取利润。对于文化产业，我们既要考虑它的意识形态，又要重视它的经济作用。双重性意味着文化产业不仅要以企业利益最大化为目的，同时也不能放弃对社会文化的贡献。

（2）文化产业具有创造性。文化产业的创造性在于文化生产是创造性生产，是创新活动。文化产业生产出的产品不是一般的物质产品，而是文化生产者通过劳动生产的文化新特质，是过去没有的东西。文化生产的核心是内容的生产，文化内容的生产在于其"创造性"。文化产业的"创造性"可以通过知识产权来认定，生产出来的文化产品具有不可重复性、不可替代性和不可抄袭性。

（3）文化产业具有关联性。文化产业不是单纯的独立产业，而是交叉于各个产业之间。文化产业是由若干个行业组成的一个产业集合。在这个产业集合中，各行业之间的关系较为密切。当今社会各个行业之间的界限越来越模糊，文化产业渗透各个行业，带动了上下游企业的发展，同时文化产业中的创造性元素被各个行业所借鉴，当今的文化产业已经变成了交叉产业。

二、文化创意产业的界定

20世纪90年代以来,文化创意作为信息时代知识经济的产物而在全球迅速崛起,成为创意时代必然产生的一种新型业态。国内文化创意产业的研究从引进国外的学术思想、研究概念、发展战略和政府政策,到以建设文化强国为目标,着眼于城市转型和经济升级而进行应景式、专题性的研究。文化创意产业的概念最初是我国台湾地区在2001年提出的,随后亚洲国家和地区也开始使用这一概念。

文化创意产业（Cultural and Creative Industries）是一种以创造力为核心,在经济全球化背景下产生的新兴产业,其主体文化或文化因素依靠个人或团队通过技术、创意和产业化的方式开发、营销知识产权。文化创意产业主要包括广播影视、动漫、音像、传媒、视觉艺术、表演艺术、工艺与设计、雕塑、环境艺术、广告装潢、服装设计、软件和计算机服务等方面的创意群体。

文化创意产业就其名称本身包含了文化、创意、产业三个内容,分别代表了文化创意产业既有区别又相互关联的三个阶段,三位一体,共同构成了文化创意产业的内涵。因此,文化创意产业可以定义为:源于文化元素的创意和创新,经过高科技和智力的加工生产出高附加值产品,形成具有规模化生产和市场潜力的产业。

文化创意产业是在全球化背景下,以精神文化的需求为基础,以高科技手段为支撑,以网络等新媒体为主导,以文化、艺术与经济全面结合形成跨国、跨行业、跨部门、跨领域重组或创建的新型产业集群;文化创意产业是指运用个人的智慧、灵感、技能、天赋,采用科技与艺术手段,对文化资源进行重新构建、嫁接、创造和提升,与其他产业相融合,提供具有文化、艺术元素的高附加值产品与服务,以满足人类日益增长的物质需求和精神需求的产业;创意产业在产业价值链上游,是高端产业,并与第一、二、三产业相融合。

三、文化创意产业的兴起与发展

（一）文化创意产业的兴起

进入20世纪90年代以后,文化产业逐步开始向文化创意产业进行转型,这不仅仅是语义上的演变,更是一种以"文本"创造方式为核心的转变过程。

创意产业起源于个体创意、技巧及才能，而在"消费社会"兴起的社会背景下，通过对文化"文本"的创造和利用，文化的符号体系和视觉形象得到了再生产，这对于控制和操纵消费趣味和消费时尚发挥了根本性的作用。因此，文化创意产业的兴起，可以被看成是对"文化产品"的重新构造和新的解读。

随着从生产取向社会向消费取向社会的转型，文化公司要从以往关注"文本"的创作，到现在以"创意"为核心，也就是说，以往的文化公司注重实际可见的文本创造和服务，而现在更加注重开发各种"ideas"。一个典型的例子就是，众多卡通家族、玩偶世界的产生，为消费者营造了一个童话般的世界，把普通的东西变得不普通，把年轻消费者对理想世界的美好想象附着在产品上，实现了符号与商品的拼贴。

创意群体、创意阶层的兴起，是文化创意产业兴起的重要因素。同样，文化产业的兴旺发达导致了"创意阶层"的出现，创意阶层的崛起改变了现有的经济发展格局，也塑造了新的社会形态，在人与社会之间建立了新型的关系：创意人才成为社会经济发展的重心，创意人才之间的联系不再通过组织严密的公司单位，而是通过松散灵活的项目与合同进行，富有活力的创意社群是创意人才乐意参与和加入的组织形式。

近年来，文化创意产业也逐渐由其他国家引入中国，进而促成了文化创意产业的发端。在创意产业中，3T，即科技（technology）、人才（talent）、宽容（tolerance）是最重要的元素。由此可见，中国文化创意产业的发展未来的方向应着力于人力资源的开发和政策环境的宽松。目前的文化创意产业领域缺乏既懂文化属性又懂市场属性的复合型人才；另外，由于文化本身在中国就带有很强的意识形态属性。这也就要求，中国文化创意产业的发展必须要在破除传统思想的基础上，加大对人才的培养力度。

（二）文化创意产业的发展脉络

尽管文化创意产业在20世纪90年代才被正式提出，但从历史延伸的角度来看，文化创意产业是由文化产品、文化工业、文化产业，一步步发展起来的。这一发展脉络能够让我们对文化创意产业的发展有一个更全面的认识和理解。

1. 从文化产品到文化工业的发展

文化是人文科学研究的基本问题之一，"文化"（culture）一词在西方来源于拉丁文 cultura 和 colere，原意是指农耕及对植物的培育。15 世纪以后，逐渐引申使用，把对人的品德和能力的培养也称之为文化。在中国的古籍中，"文"既指文字、文章、文采，又指礼乐制度、法律条文等。"化"是"教化""教行"的意思。从社会治理的角度而言，"文化"是指以礼乐制度教化百姓。一般而言，学界将能满足人们"精神需求"的产品称之为文化产品，其包含了诸多种类和形态。文化是由多种元素组成的一个复杂的体系，这个体系中的各部分在功能上互相依存，在结构上互相联结，共同发挥社会导向的功能。精神要素、语言和符号、规范体系、社会关系、物质产品等都是构成文化产品的要素。总之，文化产品通常是由人类进化过程中衍生出来的、由后天习得的、在一定区域内共有的、具有民族性和特定阶级性的，并在一个连续不断的动态过程中创造的产品。

文化产品作为商品进行买卖早已有之，然而文化真正的商品化是从 20 世纪中期才开始的。19 世纪末 20 世纪初，随着西方工业国家居民收入水平的提高以及闲暇时间逐步增多，人们对文化产品的需求也相应增加，产品的生产和发行呈现出高度资本化的特征，越来越多的产品通过中介、发行人来发行，复杂的劳动分工在文化生产中出现了，接着，更具有专业性和组织性的专业公司剧增，文化产品开始进行大批量的工业化生产和发售。

2. 从文化工业到文化产业的发展

文化产品以一种类似工业生产的模式进行生产的时间并不是很长，随着发达经济体经济和政治环境的变化，文化的产业形态逐步显现。

20 世纪六七十年代，商业环境发生了整体性变革，社会、文化、市场的交织与联系更加紧密，文化产业也开始萌动。发达资本主义国家的经济衰退持续到 20 世纪 90 年代，为了走出低谷，发达工业国家的商业从原有的原料加工、建筑业、农业等向服务业转移，这就为文化产业的发展提供了经济环境。此外，商品的买卖日趋国际化，新兴经济体陆续加入全球分工，跨国公司在全球范围内急剧扩张，文化产业的运作也向国际化靠拢。

与此同时，大约在 20 世纪 80 年代，西方世界的私有化改革，这为文化产业的发展创造了良好的政治环境。具体来看，1980 年以前，世界上大部分的电视、广播、电信机构都是由国家拥有和控制的，新自由主义的兴起打破了政府干预的合法性，商业公司认识到文化、传播和休闲产业中潜在的巨额利润，便积极投资文化产业。文化产品的生产和营销模式发生了根本性变化，突破了传统产业的运作路径，在整个产业体系中扮演日益重要的角色。

3. 从文化产业到文化创意产业的发展

20世纪90年代以后，纯粹服务于精神需求的文化产品生产逐步在市场中独立出来，专注于凝聚智力资源的文化产品投资一度成为市场热点，文化产业日渐向文化创意产业过渡，但文化创意产业并不等同于文化产业，也不仅仅是文化产业的高级阶段或者衍生物。文化创意产业的兴起与发展是对"文化产品"的重新构造和解读，在以消费为取向的社会，消费者和文化公司更加看重"创意"，而非像以往那样更加注重实际可见的文本创造和服务。

在文化创意时代，社会新阶层的出现，即"创意阶层"的出现，改变了以往的经济发展格局和战略，也开拓了全新的社会形态，创意人才一跃成为社会经济发展的关键人群。统观人类发展史，文化创意产业是产业结构、就业结构、消费结构升级的必然结果，在当今世界，文化创意产业作为一种新兴产业在世界经济中发挥着举足轻重的作用，成为新时代衡量竞争力的新标准。

（三）文化创意产业发展的条件

1. 市场化是文化创意产业发展的前提

市场化是文化创意产业的重要特性，发展这一产业的最终目的是产生新的市场增长点，推动经济的发展。因此，创意产业的发展不能仅仅依靠政策支持，还必须有市场化的交易平台和手段。

目前，我国文化创意产业既是市场不成熟、需求不稳定、产业链尚不完整的风险产业，又是有效需求高速增长市场前景十分广阔、经济效益非常诱人的朝阳产业。正是具有如上的这种相辅相成的特点，文化创意产业才需要一个良好的发展环境，高效的政策支持机制，高技术的基础设施，相互接驳的产业链条和一个高度市场化的交易平台。只有通过完善和有效的市场交易，企业才能降低交易成本，我们也才能力争使文化创意产业能依据市场化机制加速发展。

在经济全球化的背景下，文化创意产业的竞争最终是国际性的，在这一点上发达国家的文化创意产业已经延伸到世界的各个地区就是最好的证明。文化经济对经济的全球化发展起着重要作用,也是未来发展的必争之地。因此文化创意企业市场化的经营意识必须培育,经营手段也必须遵循市场规律,逐步向市场化发展。

2. 消费需求是文化创意产业发展的经济基础

居民对文化产品的消费能力是文化创意产业发展的内在动力。文化产品属于高收入弹性的精神消费品,一个国家居民的收入水平和消费能力决定了文化产品的市场潜力。除了作为整体的国民收入水平,同样重要的是收入所呈现的分布情况,它决定了包含不同层次艺术价值的文化产品的消费群体以及消费能力。当前,我国国民收入的平均水平还比较低,对文化产品特别是上档次的文化产品的消费能力还非常欠缺:收入的分布情况一直是城市居民高于农民,东部地区居民的收入水平高于西部地区。尽管改革开放之后,我国的经济发展取得了长足的进步,人们对精神文化的需求在不断增强,文化创意产业的发展有一定的市场消费空间,但收入差距的扩大也将导致文化产品市场流动的不平衡,极大限制了文化创意产业的健康发展。因此,千方百计增加国民收入,努力公平分配收入,才能有效地刺激文化产品的消费需求,拉动文化产品的创作和生产,产业链的发展也才能流畅。

3. 科学技术是文化创意产业发展的支撑要素

文化创意产业在全球范围的出现与现代科技的高速发展是密不可分的。

首先,现代科技的高速发展提升了人们的生活水平和生活质量,精神性的消费需求得以大量地释放,这些消费包括出版、艺术、快乐体验等。

其次,文化的产业化发展必须建立在信息科技发展的基础上,比如大众传媒技术的广泛出现和发展。信息技术一方面提供了文化得以产业化的手段;另一方面,大众传媒的发达也激起了文化的大众化消费热潮,进一步刺激了文化的产业化进程。

最后,高度个性化的文化创意产业领域,一方面需要多样性的文化资源和文化想象力;另一方面也高度依赖于现代电子信息技术手段,只有在虚拟的空间里,才能真正比较自由地实现"没有做不到,只有思不到"的个性创意境界,虚拟技术的普及,正好与个性化的消费时代合拍。真正实现了个人生产、个人沟通、个人消费的三位一体。

4. 知识产权保护是文化创意产业发展的保障

文化创意产业的核心是创新和创造力，而保护知识产权实际上就是对创新成果的保护。我们知道，文化创意产业发展的路径，就是从文化创意变成知识产权，然后再创造财富。由于创意产品通常与科技新产品相比，具有更强的外在表现形式，就是很容易被模仿，倘若知识产权保障不足，原创人员在创作过程中所做的大量投资（如研究、设计、制作等活动所花费的人力、物力投入）便难以收回甚至会血本无归。长期下去，将会严重妨碍文化创意产业的持续发展。

目前，我国软件业、音像业等行业的盗版现象较为严重，若再不加以控制，将会严重削弱技术创新的积极性。因此，我国应该进一步加强对知识创新、文化创新和技术创新的保护，完善相关的政策，促进文化创意产业的发展。

（四）文化创意产业发展的规律

1. 从时间存在的角度分析文化创意产业发展的规律

与以往其他产业的产生过程一样，文化创意产业这一全新的产业也是社会分工日益深化的产物。在工业化时代，创意是依附于其他产业中，只为本企业提供服务。进入知识经济时代后，知识在生产中的地位和作用逐渐提升，直至成为推动经济发展的主要驱动力。在这样的趋势下，创意在产业链中的地位及创造的价值不断提高，为了提高效率和脱离特定产业的束缚，最终从原有产业中剥离，当这种"剥离"形成规模效应的时候，它就成为独立的产业，以第三方的身份提供专业化服务。

和其他产业的发展周期规律一样，文化创意产业也必须经历产生、成长、成熟这些阶段。但其不同之处在于，文化创意产业不存在衰退期。文化创意产业是以创意为基础，人才和文化为核心要素的知识密集型产业，而人才、文化、人类思想的创意是无限的，所以只要人类的思想仍在活动，文化创意产业就能够不断发展，推出新的创意产品。

2. 从空间聚集的角度分析文化创意产业发展的规律

世界上许多国家的文化创意产业及其相关产业，一般倾向于在大城市集聚。例如，洛杉矶、纽约、伦敦、巴黎、柏林、罗马、东京等城市。这些城市之所以成为文化创意产业的集聚地,并不是预先规划出来的,而是在历史文化积淀的基础上逐渐发展起来的。文化创意产业聚集的现象在某种程度上也揭示出文化创意产业自身的发展规律。

首先,文化创意产业的发展来自人的创造力以及与技术、经济、文化的交融。例如,数字艺术产业以数字媒体内容设计和制作为中心,涵盖影视特效、电脑动画、游戏娱乐、广告设计、多媒体制作、网络应用、电子教育等领域。但是,并不是这些领域都能成功地发展创意产业,如果艺术家创造力不强,企业家缺乏激发创造的动力,创意产业就无法形成。

其次,创新城市才能发展文化创意产业。即不仅要提供效率基础结构(公共服务运输、电信),而且要提供创意基础结构(包括高品质的大学、研发设施、风险投资及知识产权保护等法律保障和能够吸引有创造力的人才的环境条件)。

最后,文化创意产业的发展并不仅是个人和单个企业的行为,而是需要集体的互动和企业的地理集聚,这就是集群的环境。文化企业非营利机构和个体艺术家集聚和互动,形成独特的集群发展环境。文化创意产业集群的特征是创意人群生活和工作结合,文化产品生产和消费结合,有多样化的、宽松的环境,有独特的本地人文特征,而且与世界各地有密切的联系。按照文化创意产业的这一群聚特征,相关的机构应深入思考具有创造力的人群的区位需求,研究他们喜欢到什么地方去工作、创业、生活,为创意人群的不同区位需求提供不同的专业化的培训教育机构、灵活的人才市场、多样化的市场需求信息服务和相关的产业支撑。

(五)文化创意产业的发展启示

自20世纪90年代后期兴起到现在,各地文化创意产业的发展在不断发展壮大的实践中积累了丰富的经验。近年来,我国文化创意产业虽然发展迅速,并且成为国民经济的新增长点,但是离国民经济支柱性产业的目标还有差距,作为一种新兴的产业经济形态,中外文化创意产业的发展具有共性,因而借鉴和学习国外文化创意产业发达国家的成功经验,对于促进我国文化创意产业的发展具有重要的意义。"中国文化创意产业是中国文化产业发展到相应阶段的必然产物,它应该具有一个东方文明古国在工业时代中所焕发出的独特精神气质,即自强不息、兼收并蓄、以人为本的民族文化内涵。"[①]

1. 拓宽融资渠道

中国经济正面临转型升级,发展文化创意产业可以推动经济的可持续发展、知识产权培养和就业率的提升。我国的文化创意产业发展面临的困难之一是资金问题,而资金投入是促进文化创意产业发展的重要环节。因此,加大政府支持力度,保障文化创意产业的资金注入,如各级政府每年从财政预算中安排一定额度设立文化创意产业发展专项基金,或者设置行业基金,并保持创意专项基金增速不低于财政收入增速;对文化创意产业、项目和个人实行减税、优惠等多种政策,多方面、多角度地鼓励和推动文化创意产业的发展,可以有效解决我国文化创意发展面临的资金问题。

目前,我国文化创意产业投资主体相对单一,而且文化创意产业的发展仅仅依靠国家的力量是远远不够的,应放宽民间资本准入条件,鼓励民间力量的参与。此外,政府要转变投融资观念,降低市场进入门槛,鼓励民间和外资进入文化创意产业,开辟多种融资渠道,如企业投入、证券投资、银行贷款、民间捐助等,为文化创意产业提供充足的资金支持,同时要注重引进外资,以此来提升我国文化创意产业的国际化程度。

2. 推动文化创意产业转型升级

高科技是现代经济发展的一个重要依托,也是文化创意产业发展不可或缺的推动因素。当前,文化创意与科技创新不断渗透融合已成为文化创意产业发展的必然趋势。一方面,基于高科技平台的网络游戏、动漫、数字娱乐产品等行业获得了高速的发展;另一方面传统的文化创意行业如广播电视、出版发行、表演艺术行业等都借助科技力量获得了新的竞争力,呈现出新的形态。

随着文化与科技的融合日益加深,数字化制作加工、网络、数据库等数字技术对于文化创意产业的发展也越来越重要。除了将传统的文化创意产业与数字信息化结合以外,还要高度重视网络消费市场和网络消费习惯的培育,使中国成为世界上最大、最先进的移动支付之国,高新技术的发展和运用,既丰富了人类物质文明和社会文化的内容和形态,推动了大众文化的演进,又为文化内容提供了多种多样的表现形式和载体,极大地拓宽了人们获取和消费文化产

[①] 梁明,楚国帅.中国文化创意产业发展刍议[J].广西社会科学,2019(6):157.

品的渠道,并且通过网络技术、数字技术、虚拟现实技术和新型显示技术等高科技强化了文化产品的创作力、感染力和文化的表现力、传播力和影响力。文化创意产品借助科技的力量,在全世界流通。网络产品、动漫游戏、艺术表演、广播电视、电影话剧、出版发行等每一个文化创意行业从产品的生产开始,到产品的传播、消费,每个环节都与技术密切相关。博物馆、纪念馆等虽然承载了历史和记忆,但是由于其展现形式多为文字和图案,难免乏味。近年来,很多博物馆和纪念馆都开始运用 3D 技术,再现历史情境和名人生平,不仅增加了生动性,而且也让游客有身临其境之感。这既可以吸引游客参观,增加旅游收入,也可扩大我国的文化影响力。

随着文化创意产业的不断发展,科技创新发挥的作用也越来越重要。我国唯有不断提高科技创新水平并充分有效地运用到文化产品的生产和服务中,才能推动文化创意产业升级,提高文化创意产业的市场竞争力,进而在国家竞争中凸显自身优势。

3. 营造创意人才集聚的宽容氛围

增长率是由劳动、资本、技术三方面贡献的总和来表示的,技术的贡献最大,人才是技术的创造者和使用者,人是生产力中最活跃的因素。文化创意产业是一个综合型的新兴产业,又是一个深度依赖于知识、创意和技术的产业,人才必然是文化创意产业发展的中坚力量,是提升文化创意产业发展竞争力的决定性因素。

文化创意产业的发展高度依赖于城市的环境和氛围,好的城市文化氛围对于文化创意产业发展的影响不容小觑。城市的文化创意氛围浓厚,其吸引的文化创意人才也相对较多,而文化创意人才越多,集聚效应和竞争效应也越强,城市的文化创意氛围也愈加浓厚。创意人才一般具有很强的流动性,他们大多更愿意选择多样化、相对开放和宽容的城市。

创意人才的引进和培养是文化创意产业发展的重要环节。中国是一个人口大国,有丰富的人力资源基础,我们应该优化人才培养,形成良好的人才培养机制。首先,要加强高校与企业的合作,注重产学研相结合。其次,对从业人员进行创意培训,选派人员出国研修,加快培养具有国际化水准的文化创意人才,不仅有利于人员提升自身的能力,而且能够更好地为企业和社会服务,并且有助于增强国际竞争力。最后，积极吸引各国优秀的文化创意人才加盟到我国的文化创意产业中来，增加我国文化的兼容性与多样性，体现文化的多方融合性。不同文化背景下的创意人才经过碰撞、交流，不仅会促进文化交流，还会生出更多的创意，从而有助于文化创意产业的快速发展。

4. 提升国际竞争力与市场份额

在世界经济全球化的趋势下，文化创意产业的发展已成为各国的国家战略。很多发达国家已经意识到文化创意产业对于国家经济发展、国家产业结构转型的重大意义，因此对于文化创意产业的发展更加重视，逐步呈现出以更突出的创意、更高的国家标准为前提，以提高国家经济、文化区域竞争力为目的，大力发展文化创意产业的趋势。文化创意产业不仅对于国家的经济增长具有推动作用，而且对于弘扬国家历史文化、扩大本国文化的影响力和辐射力、提高本国的国际竞争力等方面都具有重大意义。因而，文化创意产业发展强国在发展文化创意产业时，都提出了国际化战略，充分利用国家力量，积极拓展国际市场。

致力于为文化创意产业的发展创造一个良好的环境，不仅要建立一整套完整的产业体系并积极寻找世界性的元素以满足消费者的需求，还要利用学校和财团等民间团体在海外设立大量的中国文化研究和推广机构，通过派遣教员、邀请学者访问和接受留学生等途径促进文化的传播。我国的文化创意产业只有被世界所认可，才会在国际竞争中发挥优势。为了实现这一目标，不仅要支持、鼓励产品走国际化道路，合作、自主开发文化创意产品，学习产品开发、运营的先进理念，还要加强国际合作，借助国外相关企业的平台进行营销推广，抢占国际市场，逐步走向合作、消化吸收、自主发展的国家化文化创意产业发展之路。

四、文化创意产业的成长模式与功能

（一）文化创意产业的成长模式

文化具有区域性和传承性，不同民族、地区的文化形态也各具特色，所以文化创意产业的构成模式因国家、地区的不同，呈现出各异的成长模式。

1. 市场主导型的文化创意产业

在文化创意产业发展相对发达的经济体中，市场的力量得到更多的强调和重视。市场主导型发展模式是指市场在文化创意产业的生成中起着关键作用的类型。在这种类型的文化创意产业的发展过程中，市场是实施主体和主要推动者，产业相关方普遍遵循贸易自由和市场开放的理念，其中以美国版权产业的发展最具代表性。因此，文化创意产业在发展中对政府和市场的双重依赖是无法避免的，而政府的行为空间或许更多地取决于其长期的行为习惯和市场的完备程度。

2. 传统文化保护型的文化创意产业

文化作为一种产业的发展历史并不长，但文化本身却是与人类社会的进步相伴而存在的，甚至可以说人类发展史就是一部人类文化发展史。对于人类自身来说，如何保护地区的多元文明与历史文明遗产，已经超越了国别或民族的单一行为，成为全世界和人类历史文明的共同重大议题。文化创意产业发展中的传统文化保护型模式即是依据本地区的传统文化、建筑、工艺与人文资源等进行传统艺术或遗产文明的保护性移植、复制与传承发展起来的。

在传统文化保护型这一模式中，地区原有的文化艺术、传统、人文建筑、自然景观等文化符号在其中起了关键性的作用。其中，文化休闲旅游业是文化创意产业中最为成熟的行业之一，其价值链就是以丰富的文化资源为依托，带动吃、住、行、游、购等一系列相关产业庞大的经济收益链条。

3. 创意阶层集聚型的文化创意产业

通过"创意阶层集聚"这种方式成长起来的文化创意产业是原生态的经济形态，创意工作者在其中起着主导作用。创意工作者出于创作或资金的考虑，往往选择废弃的厂房、仓库等地区作为创作地点。他们多以个人画廊、工作室为主，进行艺术创作、作品展示、技艺交流、作品售卖。这种富有激情和自由的氛围吸引了艺术商人的青睐和特色酒吧、餐厅、画廊、书店的落脚入驻，随着时间的推移，特色的文化氛围和生机勃勃的艺术家街区逐步形成，并对周边经济发展起着积极推动作用。

4. 社区合作型的文化创意产业

在区域性文化创意产业发展中，无论是政府、市场、社会团体还是艺术家阶层单方面的力量都是有限的，将多种主体凝聚在一起共同推动产业发展的模式被称为社区合作型模式。具体来讲,社区合作型是指在公共发展的区域政策指导下,调动财政、税收、金融、补贴、科研、规划等政府力量的同时,充分发挥市场、社会、企业等各方力量,制订出可持续发展与提升区域竞争力的计划,并通过改善基础设施,促进交通,吸引各国各地创意阶层共同参与,形成复合性的区域创新商业模式。

(二)文化创意产业的功能

1. 经济功能

在知识经济的背景下,文化创意不仅是走出危机的先导产业,是经济实现加快发展的新战略,而且已成为改变世界的重要力量。文化创意产业属于创新型业态,是指依靠创意人的智慧、技能和天赋,借助于高科技对文化资源进行创造与提升,通过知识产权的开发和运用,产生出高附加值产品,具有创造财富和就业潜力的产业,对加快经济创新具有积极的促进意义。

综观世界经济发展的实践,不难发现,在知识经济的背景下,文化创意不仅是走出危机的先导产业,是经济实现加快发展的新战略,而且已成为改变世界的重要力量。任何一场经济危机发生之后,总需要由创新带来突破,由发现新市场战胜困难。

从文化创意产业的功能来看,文化创意是促进产业转型的重要途径。文化创意产业倡导开发人类创造力、解放文化生产力、提升产业竞争力、增强国家软实力,强调创意和创新,强调把文化、技术、产品和市场有机结合起来,不仅能够为人们提供文化含量较高的产品和服务,满足人们的精神需求,形成新的消费市场,更重要的是它还可以和其他产业融合发展,促进产业创新和结构优化,有效地推动中国的经济转型和经济创新。

随着人们生活水平的不断提高,消费者往往不再满足于商品本身的使用价值,而更关注商品中的观念价值,即其中被注入的文化要素。文化创意产业正是通过观念、感情和品位的传达,赋予传统意义的商品某种独特的"象征意义",提升其文化附加值,从而满足人们的精神需求和个性化消费,并加快促进消费增长。

发展文化创意产业也是创造一种新型生活方式,在促进消费的同时,还有利于提升生活品质。比如中国台湾地区的文化创意产业发展初期就强调,要通过发展创意生活产业,提升人们的生活品质,提倡"把生意做成文化",创造出具有文化品位和情调的创意生活方式,不仅满足了人们的个性化消费需求,还在精致农业、休闲生活等领域积极与大陆合作,拓展了产业消费的市场空间。

2. 社会功能

利用中华文化元素和价值理念发展文化创意产业,既能使我国以鲜明的文化特征区别于世界其他地区,又能增强中华儿女的文化认同感。发展文化创意产业不仅能共享共赢,还将加深区域间的交流合作,增进文化认同,增强民族凝聚力,共同为我国人民谋福祉。我国具有共同的文化母体,发展文化创意产业,在加强文化交流的同时,又能促进产业发展。一方面可以进一步增进文化认同感,加深友情;另一方面还能够产生社会经济效益,文化与经济双赢的交流,有利于增进合作共识。

文化是我国血脉相连的纽带,如果说经济合作像手携手,文化交流就是心连心,文化创意产业融合了经济和文化,其发展必将进一步促进中国的文化认同,增强中华民族的凝聚力。

从文化层面看,我国发展文化创意产业,先是彼此间文化的认同与合作。比如,"和"文化是中华文化的精髓,通过"和谐""和睦""和美""和顺""和悦"等的创意发展,既可以加深中华民族的血肉联系,也有助于强化中华文化精神的弘扬和传承。从产业层面看,发展文化创意产业,对于开辟中华民族共同创造和积累财富的新路径,提升中华民族整体经济实力,增强我国的国际竞争力也不无裨益。比如,北京深厚的文化积淀、良好的文化氛围,吸引了一大批文化创意人士驻扎。从事与文化创意相关的产业,并共同打造的"妈祖文化旅游圈"项目启动,"海峡两岸文化产业园""两岸艺术品交易中心"也在厦门建设等,这些均有利于我国内部各方发挥各自优势,形成具有互补效应的中华文化创意产业体系。

3. 文化功能

文化创意精品的传播影响远大于说教式的宣传,优秀的创意产品不仅可以传播和普及文化知识,而且会潜移默化地影响人们的思想观念、价值判断和道德情操。只有提升创意转化力,才能将资源优势转为经济优势,并借势扩大中华文化影响力。

随着现代化进程的加快,许多传统文化濒临灭绝,而文化创意产业利用高科技和多媒体等创新手段将传统文化中的精髓延续下来,既有效地传承,又在内容或形式上有所创新。中华文化是我国人民共同的情感记忆、精神遗产,发展文化创意产业,有利于推动我国文化创新力、文化影响力和文化吸引力的整体提升。

中华文化创新力的提升,是基于对传统优秀文化的创新性传承、对外来先进文化的包容性吸收,以及对历史文化资源的创意性转化。传统文化只有在创新中传承,才能得到发扬光大。我国发展文化创意产业,就是促进中华文化的创新创意性发展,是对中华传统文化赋予现代阐释,使其在服务当代人的文化精神需求中焕发出新的生命力。

发展文化创意产业不仅需要增添新的内容,而且需要对异质文化吸收和融合,这种融合性不仅体现在产业运作上,还体现在对文化内容和形式的重新编码和整合上,有利于推动中华文化的价值创新,进一步优化中华文化基因。为此,我们应以包容和开放的胸怀来吸纳和借鉴其他民族的先进文化,扩大国际文化创意的交流,从而拓展创意空间、提升创新能力。

中华文化是一个巨大的财富宝库,只有提升创意转化力,才能将资源优势转为经济优势,并借势扩大中华文化影响力,其中的关键环节就是对历史文化资源的创意性转化。

增强中华文化的吸引力,展示其独特魅力的主要方法是要借助现代高新科技成果,大力发展文化创意产业,推进文化交流和传播手段的升级换代,改造传统文化的生产经营和传播模式,促进传统艺术样式的升级换代。比如传统舞台美术与多媒体技术结合形成的视觉效果使人目不暇接,由此创新形成的实景文化旅游演艺节目吸引了众多游人,各地游人纷至沓来。以有"上海演艺产业名片"之称的《时空之旅》为例,其成功之处是在传统杂技基础上,运用多媒体声光音响技术,融合现代音乐舞蹈,并打出"秀一个上海给世界看"的主题,巧妙融合各项艺术元素,营造出绚丽的多媒体效果,实现了"艺术与技术共融,传统与现代对接",让人震撼于现代高科技和文化结合的魅力。

文化创意产业通过美学符号的诠释,既塑造了区域文化的个性,也增强了城市的文化吸引力。文化创意产业与旧城区改造形成有机互动,有利于历史文化遗产的保护和城市文化品位的提升。一方面，通过保留具有历史文化价值的建筑，可以避免城市文脉的中断，使得历史与未来、传统与现代、东方与西洋、经典与流行在这里交叉融会，为城市增添了历史与现代交融的文化景观，给人以城市的繁华感、文化底蕴的厚重感和时代的生机感；另一方面，孕育了新的产业业态，避免了产业的空心化，对城市经济的更新和可持续发展，以及就业率的提高等产生了巨大的推动作用。

五、文化创意产业的类型划分

（一）根据产业结构划分

产业结构是指各产业的构成及各产业之间的联系和比例关系。在经济发展过程中，由于分工越来越细，因而产生了越来越多的生产部门。由于各产业部门的构成及相互之间的联系、比例关系各不相同，对经济增长的贡献大小也不同。因此，把包括产业的构成、各产业之间的相互关系在内的结构特征概括为产业结构。在此，我们以产业结构为标准研究文化创意产业的类型划分主要包含两个方面：一是研究并确定文化创意产业在国民经济产业分类中的范畴归属；二是细分文化创意产业的类型。

1. 文化创意产业在国民经济产业结构中的归类与作用

从文化创意产业的发展来看，作为知识经济时代社会生产又一次分工产物的创意产业，体现了产业融合的产业发展新趋势。因此，很难将文化创意产业划归到传统的第二产业或第三产业中。

从统计观点来看，文化创意产业并不专属于国民经济的第三产业，而是还包括了第二产业的部分，是横跨第二、三产业的产业。而从国家制定的国民经济行业分类标准来看，并没有一个文化创意产业，只有文化行业的内容与此相近，文化创意产业并不同于文化行业，但目前也只能执行统一的行业划分标准，因此文化创意产业统计的基础仍是文化行业统计。在现有条件下，核算文化创意产业实质上是从相关的行业部门中，将属于文化产业的部分剥离出来，即文化服务业。文化服务业是指专门从事各种文化工作的服务部门，包括摄影娱乐服务业、体育业、教育艺术业、出版业图书馆业、群众文化业文物业、文化经纪与代理业、广播电影电视以及不属于以上分类的其他文化服务业。

尽管在产业类别的确立上存在分歧，文化创意产业与传统的三大产业密切结合，并在一定程度上促进三大产业间相互融合。例如，昆明世博会，在其核心价值人类创意——"世界园艺博览会"的基础上，就既有农业种植，又有工业生产和建筑，还有服务业，三者密切结合。关于这一点，也可以从文化创意产业的内涵中考究一番。我们知道，文化创意产业的根本观念是通过"越界"促成不同行业、不同领域的重组与合作。这种越界主要是面对第二产业的升级调整，第三产业的细分，打破第二、三产业的原有界限，通过越界，寻找提升第二产业，融合第二、三产业的新增长点，也就是第二产业向创意化、高端化、增值服务化过渡以推动文化发展与经济发展，并且通过在全社会推动创造性发展，来促进社会机制的改革和创新。当然，文化创意产业往往是在制造业充分发展，服务业不断壮大的基础上形成的，是第二、三产业融合发展的结果。文化创意产业中既有设计、研发、制造等生产活动领域的内容，也有传统第三产业中的一般服务业，更有艺术、文化信息、休闲、娱乐等精神心理性服务活动的内容，是城市经济和产业融合发展的新载体，是现代服务业的重要组成部分。

综上所述，我们由此认为，新的产业分类应当是四大产业——农业、工业、服务业和知识产业，文化创意产业属于知识产业的范畴。将知识产业从传统的服务业中剥离，二者的区别主要在于所提供产品、服务的技术含量不同。这里采用知识产业的概念，而不使用信息产业或文化产业的原因在于：无论是信息产业、文化产业，还是其他新兴产业——内容产业、文化创意产业等，均属于知识产业的范围，它能够容纳带有新经济特征的所有产业。至于不将传统的三大产业归于一类，理由是这三大产业在全球范围内所占的产值比虽然有所下降但仍不可忽视。何况传统的三大产业为新兴知识经济提供了发展的物质基础，因此在现阶段它们仍然应该享有独立的产业地位。

步入知识经济时代，我们要积极打造中国自己的文化创意产业以加快文化产业的发展。但是，如果仅仅停留在依据三大产业划分标准来对产业进行归类的传统观念上，我们就无法真正认识文化创意产业在新的世界产业结构调整中所扮演的角色，也无法正确估计它对中国文化产业发展乃至整个经济发展产生的影响。因此，随着文化创意产业的兴起与发展，统计部门应组织力量进行调研，一方面要对原有文化产业分类目录进行补充与调整；另一方面可以着手准备，编制我国的文化创意产业分类目录。这将对规范文化创意产业的口径与范围，促进这个新兴产业的健康发展,起基础性作用。

2. 根据产业结构划分标准细分文化创意产业

由于文化创意产业的核心——创意,可以渗透到许多产业部门,所以文化创意产业很难从传统产业类型中完全分离出来,而是与传统产业互有交叉,位于传统产业价值链高端,富有高新技术和文化内涵的行业的融合,是在传统产业中注入了知识产权、技术创新、文化理念的元素,以创意为卖点的产业。因此,文化创意产业在产业的划分上与传统的产业划分截然不同,它是对传统产业中涉及"创意"的相关行业的一种整合,既包括相当多的第三产业中的行业,也包括第一产业中的一部分和第二产业中的一部分。

按照这种思路,我国文化创意产业也应当立足于当前的产业结构,结合实际情况,提出适当的文化创意产业范围。在此,我们将文化创意产业分为三大类:一是第一产业中的创意行业,即"创意农业";二是第二产业中的创意部分,主要集中在工业设计上,包括制造业设计、建筑设计、工艺设计以及"文化创意地产"等;三是服务业中的文化创意产业,主要包括广告、视觉艺术、设计、时尚休闲、电影、音乐、表演艺术、艺术品及古玩市场、出版、软件与信息服务电视与广播等,这是文化创意最集中的部分。

(1) 创意农业。从文化创意产业本质来看,任何有智性活动参与的产业都在其范围内。从这个意义上讲,创意农业也是文化创意产业的一个组成部分。比照文化创意产业的定义,结合农业的特点,创意农业指的是对农业生产经营的过程、形式、工具、方法、产品进行创意和设计,从而创造财富和增加就业机会的活动的总称。创意农业主要包括以下四个方面的类型:

①规划设计型。规划设计型包括两种情况,一种是看不见的农业发展或农业产业(项目)规划;另一种是可以看得见的农业园设计。

第一,农业发展或农业产业(项目)规划:规划是在现有基础上,对未来进行设计的一种创新活动。因此农业产业发展规划或农业项目规划在整体上就是一个创意产品。

第二,农业园设计:不管是以科技展示为主题的农业科技园,还是以观光休闲为主题的农业观光园,都是创意农业设计最集中的地方。为吸引游客,农业园的设计要富有特色,具有唯一性,首先在整体景观设计上就要突出创意和与众不同；其次，各种小品设计要与农业园区的主题相匹配，并突出大自然的气息。如树叶状的坐椅，蘑菇状的休息亭、展厅、休息室；以猴子尾巴、松鼠尾巴、山羊角的形状做成水龙头等。

②废弃物利用型。将农业或生活中的废弃物，通过巧妙的构思，制作成实用品或工艺品。如用废弃的鱼骨作画、用农作物秸秆作画；编织草鞋手提袋、动物、宠物篮、杂物篮等；用树叶或树枝粘贴写意画；用鸟蛋或禽蛋壳做工艺品（花盆、彩绘蛋雕等）；用树根做根雕等；用贝壳做各种造型的工艺品；用核桃壳、杏核桃核等做雕刻工艺品；用玉米苞叶、松果、棉花壳等做成干花等。

③用途转化型。改变某种农产品的常规用途，赋予其新的创意。例如，通常用来食用的各种豆类，可以用来制作画、小饰品，如手机链、项链、手链、脚链、门帘等；通常长在田间可供食用的果树或蔬菜，可以将其微型化，做成观食两用的盆果、盆菜，如朝天椒、彩色西红柿、彩色茄子、五彩椒、盆栽草莓等；用干谷穗做干花等；通常用来治疗疾病的中药材，可以用来画画；经过抛光和防水处理的五谷谷粒，通过巧妙构思，粘贴在一起，则可成为一幅精美的图画；木材做木炭画等。

④文化开发型。

第一，动物工艺品：利用各种动物的童话传说、文化内涵和生物特性，开发精美的工艺品，如蝴蝶、瓢虫、金龟子等。

第二，变形瓜果：在瓜果生长的一定时期、套上方形、三角形、葫芦形等形状的模子，就会生产出与模子形状相同的西瓜、苹果等。

第三，刻（印）字瓜果：在瓜果生长的一定时期通过适当的方法将吉祥字、生肖字或画，姓氏，奥运标志如五环吉祥物或会徽等印刻在瓜果上，赋予其文化内涵和精神需求特性。还有利用激光技术在果皮（如香蕉）和玫瑰花上刻上表示爱情或祝福的字或画，市场前景也十分看好。

（2）制造业中的创意设计。第二产业主要是各种制造业，包括采矿、电力、燃气、石油、制造、建筑，以及各种轻工业等。产业中表达创意最常见的方式是设计，它是把创意展现在图纸上，并变为产品的过程，最后可以通过物化为工业产品或建筑产品等形式表现出来。在第二产业中，设计主要包括工业设计、建筑设计以及"文化创意地产"等。

①工业设计。就批量生产的产品而言，凭借训练技术知识，经验及视觉感

受而赋予材料、结构、构造、形态、色彩、表面加工，以及装饰以新的品质和规格，叫工业设计。进入 21 世纪，工业设计所设涉及更多的是技术与文化的融合，是创造一种更为合理的生存（生活）方式的行为。从这个意义上来讲，在许多具体的工业品如家具、机器、日用品、食品等的创意设计都属于文化创意产业的范畴，甚至于制定一个企业、一个部门的工业策略也可以划入文化创意产业的工业设计之中。事实上，设计对象已经由物质产品延伸到非物质产品，这预示着工业设计不再是"为工业而设计了"，它已成为一种社会文化形式，影响着人类生活的各个方面，解决着人类现实和未来的间隔，引导、创造着人类健康的生存方式。

在工业设计中还有一个非常特殊的设计分类，就是工艺设计。被纳入文化创意产业范畴的手工艺或工艺美术，不是由于它可以成为某种既定的生产手段替代品，而是被作为一种后工业时代的文化价值而被肯定的，它是将人文价值、情感价值包括在内的"物超所值"的重新定位。因此，不管是传统的工艺产品设计，现代工艺品设计，还是我国的工艺美术产业、外国的工艺业，都可以被纳入现代意义的文化创意产业。

②建筑设计。建筑设计是指为满足一定的建造目的（包括人们对它的使用功能的要求，对它的视觉感受的要求）而进行的设计，它使具体的物质材料在技术、经济等方面可行的条件下形成能够成为审美对象的产物。在广义上，它包括了形成建筑物的各相关设计。如按设计内容分，建筑设计有建筑结构设计，建筑物理设计（建筑声学设计、建筑光学设计、建筑热学设计）、建筑设备设计（建筑给排水设计，建筑供暖、通风、空调设计，建筑电气设计）等。在设计过程中，建筑设计除需含科学因素外，还必须注重创意理念的运用，这是建筑设计的一个基本特征。所以，以建筑设计为主体，辅以装潢、图文制作、建筑模型，所形成的建筑功能、装饰、饰材、家居等设计产业链从属于建筑设计创意产业也在情理之中。

③"文化创意地产。"文化创意产业和房地产从表面上看似关联较小，一个是知识产业，一个是第二产业，但是非常有意思的是，在中国这两个产业的结合似乎开始成为一种时尚，因此有了专门的门类，称之为文化地产、旅游地产还有创意地产等。"文化创意地产"不仅仅是文化创意与房地产的简单结合，否则再好的创意加上地产也不会有高效益。究其本质，"文化创意地产"中创

意才是核心和关键，地产不过是创意产业化的一个载体，正是创意的越界和渗透，才赋予了地产在开发、销售、服务上一系列的差异化色彩。从这个意义上说，文化创意地产正是创意越界促成不同行业的重组与合作的成果，它是文化创意产业中的一部分。

当然，在现阶段"文化创意地产"还处于比较低级、简单的形式，表现在仅仅是将房子盖成古色古香的、欧美风情的、稀奇古怪的，或者说以建筑为文化载体，将地产加以雕琢，随后出售。这些操作手法的目的都是为获得一次性的地产附加值，追逐短期利润，没有长远的发展思想。因此在当前和未来，如何将一次性的现金流变为永续的现金流，如何最大限度地开发运营文化创意，这些都是文化创意地产可持续、高赢利发展所需要思考的，也是人们将在文化创意产业化的过程中要思考的。

（3）服务业中的文化创意。文化与创意都与人的精神思维有着密切的联系，尤其是创意，源于人创造性的思维，属于高度化的知识，文化创意产业因此可以说是知识性的产业。它不生产任何物质产品，却能以创意创造财富，服务于社会，从这一点来说文化创意产业是服务业。

①广告。现代社会被认为是广告社会，生活中与广告绝缘的人几乎没有，我们都生活在广告的包围中。广告是为了商业或其他目的而作的付费信息发布，通过广告策划、设计、制作、发布调查效果评估等方式获取利润的过程就形成了广告的产业化。归纳起来广告业主要包括：创作广告；在各类媒体上投放广告；策划广告在媒体上的投放；购买媒体投放广告等活动；制作生产广告材料；广告代理服务；广告市场研究服务等。文化创意产业中的广告更强调的是广告的策划与设计，广告创意蕴涵在广告策划当中，是广告创作中最重要的环节，并且影响着最终传播效果。广告创意是经过精心思考和策划，运用艺术手段，把所掌握的材料和文字、图片、声音等元素进行创造性的组合，突出广告主题，塑造一个意象的过程。一个优秀的广告策划创意可以创造出一个经典的广告，可以给商家带来巨大的经济效益。

②视觉艺术（绘画、雕刻和摄影）。视觉艺术顾名思义，就是用眼睛能看到的艺术，但是用眼睛看到的不一定都是艺术。现在的视觉艺术形式有很多，主要的有几个大类：包括绘画艺术、影视艺术、雕塑艺术、服装艺术、人体艺术、动漫艺术、环境艺术等。在此，我们将文化创意产业的视觉艺术限于绘画、

雕刻和摄影,缘于这三类都是传统的视觉艺术,其他几类的视觉艺术也都相应地划分在文化创意产业的其他行业。绘画、雕刻和摄影之所以能通过艺术感染力吸引受众者的视线,是因为这些艺术形式的风格,内涵是由创意诠释出来的,或标新立异,或独辟蹊径,除了给予人们在精神上的享受外,还创造了财富。现在意义上的绘画、雕刻和摄影已不再只是传统的欣赏,而是趋向于商业化结合,建产业化的道路。

③设计(平面设计、环境艺术,服装设计、化妆设计等)。设计源于世界万物(物质与非物质形式)信息传达方式的创造、美化与提升,是实现创意的一种手段和表达形式。在此基础上设计的好坏也直接影响创意的纵伸延展,当然在现代社会里这也会直接影响到经济效益。纵观英、美、澳等国文化创意产业中设定的设计业,大都包含工业设计、室内设计、环境设计、时尚设计、产品设计和图形设计等活动。

④时尚休闲。时尚休闲涵盖的范围非常广泛,既有流行时尚,也有体育休闲等,简而言之,它是时尚产业与休闲产业的综合体。

其中,流行时尚是指可以给人以美感愉悦的时尚流行类生产行业活动,包括时装饰品奢侈品设计;新潮消费品消费。在这些设计中,不同的元素的运用安排搭建,不同的造型,不同的材料,处处体现了设计者独特的匠心,凝结了其智慧和创造力。这些设计可产生不同于原有作品的效果,带来新的美感,并最终产生经济效益。在消费社会背景中,它们具有较高的"创意贡献率"。而休闲产业是指与人的休闲生活、休闲行为、休闲需求(物质的与精神的)密切相关的产业领域,特别是以旅游业、娱乐业、服务业为龙头形成的经济形态和产业系统,已成为国家经济发展的重要的支柱产业。休闲产业一般涉及国家公园、博物馆、体育(运动项目、设施、设备、维修等)、影视、交通、旅行社、导游、纪念品、餐饮业、社区服务以及由此连带的产业群。休闲产业不仅包括物质产品的生产,而且也为人的文化精神生活的追求提供保障。

文化创意产业中时尚休闲多涉及流行时尚业、网络时尚业及体育休闲业等,这些产业相互促进,将带动旅游产业甚至现代都市型农业,再带动其他周边衍生的服装、制造或电子竞技等相关产业,最终将带动整个区域的经济大发展。

⑤电影产业。创意无疑是电影产业发展的不竭动力和源泉,一部电影生产的每个细节都包含了创意的存在,大到投资运作的方式、宣传的策略,小到电

影片名的几字之差,都有可能影响到影片最终的收益和影响力。作为电影产业的核心内容——电影,要想其引人入胜,具有很强的观赏性,独特的创意是关键;另外,当代文化创意产业的科技化与科技产业的文化化,越来越以内容为王,以创意为王,未来的电影产业除了必须与新兴高科技、新媒体信息文化产业联手外,如何利用好的创意让整个电影产业链条更加发达,创造出更加可观的价值,也已经成为当今电影产业关注的焦点。

⑥音乐。音乐的价值不仅仅表现在文化艺术方面,作为文化创意产业的重要组成部分,音乐本身还具有巨大的产业价值。音乐创意产业作为文化创意产业的组成部分,就是要将抽象的音乐文化直接转化为具有高度经济价值的产业,把音乐文化资源与其他生产要素相结合,实现音乐文化与高新科技、工商企业互相交融的经济模式,满足人们精神文化的需求,揭开经济领域的产品附加值。音乐创意产业包括六个方面的内容,具体而言有:

第一,音乐文化产品和娱乐产品。例如,作词作曲、音乐节目创作、制作与营销,录音产品的制造、分销与零售等。

第二,音乐文化服务和娱乐服务。例如,音乐会、音乐剧、歌剧、戏剧舞蹈等内容的原创,表演制作,现场表演等。

第三,音乐文化设备用品及美联产品的设计生产,分销与零售等。

第四,音乐文化旅游和休闲服务。例如,音乐文化名人故居旅游,社区休闲音乐活动,音乐文化博物馆等。

第五,音乐文化研究和学术交流。例如,音乐文化社会团体活动,学术会议,国际音乐文化交流等。

第六,音乐文化关联的其他活动。例如,经纪代理,广告制作与促销,表演服装设计与制造等。

⑦表演艺术(戏剧、歌剧、舞蹈)。表演艺术是以影视、戏剧、歌剧、舞蹈等为载体的艺术表演创造性产业。戏剧、歌剧、舞蹈等的艺术表演构思,是艺术编导在孕育艺术表演等作品过程中所进行的艺术形象思维活动。它包括酝酿、确定主题,选取、提炼题材,塑造人物形象和考虑整个表演结构的布局安排,探索和追求表演艺术最适当的表现形式,是运用别具匠心的结构、方法、画面,用具有鲜明色彩的表演艺术语言,以达到从艺术表演的内容到表现形式的完美统一的过程。因此,表演艺术的构思,在表演创作中是个极其重要的问题,它

将直接影响整个戏剧、歌剧及舞蹈等表演艺术作品的成败。表演艺术构思的完成也意味着表演设计框架的结束，一个完整的表演就是一个创意的构思。

⑧艺术品及古玩市场。艺术品及古玩市场这一类又可称为艺术品业，包括销售、展出绘画；雕塑品；工艺印刷品；家具和家用品；投资（包括名人书画、陶器、邮品、玉石、钟表、摄影作品等）；收藏（包括陶器、玻璃制品、玩具和玩具屋、广告和广告包装物、邮品、钱币、磁卡、字面瓷器、玉器、钢器、宝石、名人印章、明清家具、创刊号报纸、门券、烟标、火花、图书、像章、藏书票、根雕、牙雕、请柬等）；服饰（包括珠宝）；古董；武器；金属制品；书籍、装订物、签名及地图等工艺品，金银珠宝的设计、制作和切割等。

⑨出版。知识和创意驱动印刷出版业和电子出版业发展各种文字作品：小说、诗歌、教材、专业书都被翻译出版，各种新闻被翻译，以报刊和杂志的形式广泛传播。无论是文化产业，还是经济发展。出版印刷都是创意产业的重要行业。在技术方面，电子出版业的增长趋势，使印刷传媒正在面临新挑战。根据世界各国出版业的贸易数据显示，电子出版业与印刷出版业可以同时生存。图书销售网点，由于装备了网上销售功能，加强了对读者的吸引力。

⑩软件与信息服务。自1990年以来，世界信息和通信技术迅速发展，加快了全球信息基础设施的建设，"信息社会"的兴起，加快了全球化发展的进程。软件与信息服务正如名称所表述的，是一种虚拟联络体。高度依赖信息和通信技术的数字设备，像计算机、手机、数字电视，当前软件与信息服务是文化创意产业最新领域。

在文化创意产业领域软件与信息服务的涉及面非常广，它包含的主要是数字化的创意内容，如软件、卡通、电子游戏等互动数字产品。另外，软件与信息服务也可以视为一种网络工具，成为其他文化创意产品的营销或分销渠道，像音乐电影、图书、新闻以及广告、建筑设计等创意服务都可以通过软件和信息服务进行销售。

⑪电视与广播。电视和广播是最大众化的创意产业。当前，电视和广播都处于技术转型期，从模拟系统转向数字化系统，从地面转播转向卫星转播和有线接收。电视与广播包含以下两方面内容：

第一，广播电视服务：包括广播、广播电台和其他广播服务；电视、电视台及其他电视服务。

第二，广播、电视传输：有线广播电视传输服务（有线广播、电视传输网络服务，有线广播电视接收）；无线广播电视传输服务（无线广播电视发射台、转播台，无线广播电视接收）；卫星传输服务，在卫星传输服务中包括的文化创意活动有卫星广播传播服务，即卫星广播传输、直播、覆盖服务，卫星广播接收服务、卫星广播监测服务，还有卫星电视传播服务，即卫星电视传输。直播、覆盖服务，卫星电视接收服务、卫星电视监测服务。不包括电信卫星传播服务。

（二）根据产业性质划分

从文化创意产业的核心是创意这个角度而言，文化创意产业的本质就是知识服务业，或者说它的性质就是知识服务，只不过这里的知识与一般的知识内涵不同，它指的是具有创造性的知识创意。同时，文化创意产业与其他产业有着共同的产业属性，不仅要明确供给和需求（生产和消费）关系，还要强调产业化和市场化手段和运营。其中，在文化创意的产业链条上，供给（生产）的是生产性的知识服务，需求（消费）的是消费性知识服务。所以在文化创意的产业链条上，处于生产环节所生产的是生产性的知识服务，而消费环节上消费的是消费性知识服务。基于此，我们将文化创意产业划分为含设计（含工业设计、建筑设计以及平面设计、环境艺术等在内的所有创意设计）、广告、软件、咨询策划等生产性服务的内容，以及含信息、文化艺术（表演艺术、视觉艺术、音乐、艺术品及古玩市场等）、出版时尚休闲和视听产业等消费性服务的内容。

1. 生产性服务类的文化创意产业

所谓"生产性服务"指的是可用于商品和服务的进一步生产的非最终消费服务，或者说是生产者在生产者服务业市场上购买的服务，是为生产、商务活动而非直接向个体消费者提供的服务。在文化创意产业，就有为制造业服务的生产性内容，当然也有为农业提供服务的。

（1）设计。文化创意产业化的最终目的是获取最佳经济效益。简而言之，就是为了出售文化创意产品以获利。设计，不论是出于美化外观，还是为了提升内在，它都是为了生产而服务，所以我们将设计归在生产性服务类的内容中。设计产业涵盖的范围广，包括为工业建设服务的工业设计、建筑设计（含室内设计）、城市规划，为人们生活服务的平面设计、环境艺术、服装设计、形象设计等，还有近代兴起的信息设计、网页设计、互动设计、动画设计、人机界面设计以及三维设计等。

（2）广告。广告业主要包括：创作广告；在各类媒体上投放广告；策划广告在媒体上的投放，购买媒体投放广告等活动；制作生产广告材料；广告代理服务；广告市场研究服务等。在广告的文化创意活动中，创意是广告创作中最重要的环节，并且影响到最终传播效果。创意是以艺术为手段，将创造者所掌握的材料和文字、图片、声音等种种元素进行创造性的组合，从而塑造出广告。广告创意的好与坏直接影响到广告的质量与效果，影响投放商品的经济效益。

（3）软件。在文化创意产业领域，软件有两方面的含义：第一，它本身就是创意产品，是创意产业化的结果；第二，它是一种网络工具，是其他文化创意产品的营销或分销渠道，如音乐、电影、图书、新闻以及广告等创意服务都可以通过软件服务进行销售。在此，我们更倾向于它的第二个含义，具体而言，软件包括：基础软件服务、应用软件服务、其他软件服务。

（4）咨询策划。咨询原指的是通过某些人头脑中所储备的知识经验和通过对各种信息资料的综合加工而进行的综合性研究开发。咨询与策划相结合产生智力劳动的综合效益，起着为决策者充当顾问、参谋和外脑的作用。在文化创意产业，咨询策划主要是指为企业、社会团队、政府或个人提供各类商务、投资、教育、生活消费及其他咨询和策划服务的活动，一般包括市场调研、品牌策划、金融咨询、会展服务、会议等。

当然，以上四类行业仅仅是生产性服务类文化创意产业的主要代表，除此之外还有许多，但大多都带有交叉产业性质的内容，如创意农业中的规划设计、废弃物利用以及用途转化三种类型就属于生产性服务类文化创意产业，而文化开发型则是属于下面所讲的消费性服务文化创意产业。

2. 消费性服务类的文化创意产业

与生产性服务相对，消费性服务是消费者从消费市场上所获得的最终消费服务。文化创意产业中的大多数类型属于消费性服务的内容。具体而言，主要包括以下方面：

（1）信息。信息类文化创意产业通常和软件类文化创意产业融合在一起，原因是二者所涉及的范围相近，都是指与计算机软件领域及高技术产品生产有关的研发和设计活动。信息与软件一样，也包含两层含义：一是产品属性；二是自身作为其他文化创意产品的一种营销或分销的渠道。主要包括互联网信息服务（互联网新闻服务、互联网出版服务、互联网电子公告服务、其他互联网信息服务）以及新媒体信息服务等。

（2）表演艺术（戏剧、歌剧、舞蹈）。表演艺术涵盖的范围非常大，各国关于文化创意产业表演艺术类的类型划分都不一样，但在内容涵盖上都有一些共同点，戏剧、歌剧、舞蹈等表演形式也不例外。这些表演艺术类文化创意产业都包括了表演内容编排；表演内容创作；各类现场演出和巡回演出；表演服装设计和制作；灯光制作和调试等。

（3）视觉艺术（绘画、雕刻和摄影）。视觉艺术市场的主要特点是要求原创作品独一无二，物以稀为贵。这与强调创意的文化创意产业一拍即合。因此将视觉艺术归类于文化创意产业也就不足为奇。广义上的视觉艺术，只要是眼睛看到的艺术都可以说是视觉艺术。视觉艺术产品包括绘画、美术、雕塑、摄影以及雕刻、雕像、平版印刷、拼贴画等其他的视觉艺术品。

（4）音乐。音乐需要天分并且是文化创意产业的重要领域，对于各类社会都具有巨大的文化和经济价值。随着现代技术的高度发展，音乐的创作、制作、复制、商业策划和消费网络、P2P网络、移动手机和MP3等新的数字化传媒紧密关联。音乐的世界市场已经转变了商业模式，音乐产品和音乐服务，尤其是数字化产品的生产制作，营销和分销方式都转向新的方式。创意也已经不再局限于音乐的创作，在音乐文化创意产业的各个环节上都有创意的加入。音乐应该主要包括：制作、发行和销售音乐唱片；各种对词曲的版权管理运作活动；音乐剧、演唱会等现场演出；管理、代理和唱片宣传的活动；音乐的作词和作曲活动等。

（5）艺术品及古玩市场。我们现在所讲的艺术品一般是指现代和古代融合的艺术品，在艺术品市场上，除了有书画、瓷器、玉器、刻章、家具、铜器、武器、古代乐器等百年以上的古玩外，还有美术、雕塑、摄影、邮品、工艺品、首饰、钟表等现代艺术品。其销售手段除了有零售、批发等（包括非正式的跳蚤市场的出售）外，还有拍卖以及网络交易等近现代的交易方式，而这又涉及贸易经济与代理、拍卖等服务。不管艺术品交易的目的是投资，还是收藏，当今艺术品的交易乃至国际贸易都得到了快速的扩张。艺术品的创作、发现以及交易，它所体现的是文化和贸易交织在一起的经济文化形态，具有典型的创意溢出特征。例如，伦敦、纽约、巴黎、柏林等国际大城市都是世界艺术品及古玩的国际交易中心，是典型的创意经济溢出城市，艺术品交易为城市发展重新注入了经济社会发展的活力，因此这些城市也被称为"创意城市"。

（6）出版。出版指的是通过可大量进行内容复制的媒体实现信息传播的一种社会活动。出版物凝结着人类的思想和智慧，集聚了科学技术的发明创造和社会实践活动的经验与成果，同时它也是创意成果的输出和传播。现代出版主要指对以图书报刊、音像、电子、网络等媒体承载的内容进行编辑、复制（包括印刷、复制等）、发行（或网络传播）三个方面。文化创意产业中，出版业主要包括：报纸出版、杂志出版、期刊出版、图书出版、学术刊物出版，电子出版，这里不包括音乐出版。

（7）时尚休闲。时尚休闲主要是指与休闲旅游、日常消费、生活娱乐有关的体现创造性及其价值的行业。包括文化旅游、休闲娱乐、餐饮购物、休闲体育、婚庆策划等。具体而言，文化旅游包括旅行社服务、风景名胜区管理服务、公园管理服务、城市绿化服务以及动植物观赏服务等。休闲娱乐主要有室内娱乐服务、游乐园及其他娱乐活动，而休闲体育主要指的是休闲健身活动等，这几类产业又相互交叉、渗透，都表现为创意服务产业化的内容和成果，并带来效益。

（8）视听产业（电影、电视和广播）。视听产业从字面理解的意思是凡可视可听的产业都是视听产业，但太过宽泛的内容往往让人无从研究。在这里，我们将视听产业局限于电影、电视和广播等，而新传媒技术的兴起，关于数字化的卡通电影是属于视听产业还是新传媒产业，根据定义已经很难区分。视听产业是最综合的、政治敏感的创意行业，是创意经济发展的动力行业。产业中电影、电视和广播都包含节目产品、发行放映、接收传播等衍生出的服务。换句话说就是包含有文化创意活动的行业体系。

（三）根据产业特征划分

1. 文化创意产业的产业特征归纳

按照经济学理论的界说，产业就是生产同一性质产品或劳务，是基于使用价值来理解的，如工业产品、农业产品、商业服务、邮电服务、教育服务等。

使用价值的不同便有了不同的分类，如社会生产就有工业、农业、商业、文化、教育等产业部门。将分类再细分，就会有产业更小的"集合体"，如就工业产业部门而论，又有纺织、炼钢、造船等产业部门，农业部门又有农业、林业、牧业等产业部门，如此等等。大大小小的产业部门就构成了产业大大小小的"集合体"。但是，产业"集合体"是有一定结构条件的。简言之，作为一个产业部门有很多基本单元，这些基本单元根据一定的条件而构成一个产业部门。这些条件就是集合体诸元素之间存在的共同性，亦即产业特征，归纳起来有以下几点：

（1）生产性。生产性就是创造财富的活动功能。

（2）商品性。商品性是指商品具有的能用于交换的特性，具体地讲就是：针对产品的目标客户，对消费者需求的满足度和与竞争产品相比具有的竞争力的特性。它包含了目标客户、客户需求、竞争能力三个方面的内容。

（3）求利性。所谓求利性，就是通过生产产品和提供劳务获得尽可能多的经济收益，以实现职工劳动的价值，并实现产业的发展。

（4）组织性。每个产业集合体的基本单元，都是有机组成的小集合，因而才能形成某种产品的生产能力与一定规模，或者形成提供某种劳动服务的能力与一定规模。生产社会化的规模越大，社会化的程度越高，这种集合体的内部构成有机性就越强，组织越严密，联系和制约就越复杂和强化。

纵观文化创意产业，其核心的生产要求是信息知识特别是创意和技术等无形资产，可以粗略地说，创意＋技术＝财富，就是文化创意产业的财富制造模式，正是这种模式使得那些具有版权的产品，如图书、电影和音乐的价值远远超出产品本身的价值，将之出口能够比服装和汽车等制造业产品出口获得更多的利润。而从产业发展的趋势来看，文化创意产业的集群化发展使得各个组织更需要集体的互动和协调，形成集群化的环境，即生活和工作结合、知识文化产品生产和消费的结合、国际化与本地化结合的宽松环境，从而获得更大的经济效益和社会效益。当然，由于不同地区生产实践的不同，文化创意的产业特征也有所不同。因此在产业类型的划分上，我们根据产业的共同特征及其与创意的相关程度，将文化创意产业划分为六大类，包括产业设计类、信息软件类、建筑景观设计类、文化艺术类、时尚消费类以及咨询策划类。

2. 根据产业特征细分文化创意产业

（1）产业设计类文化创意产业。产业设计类文化创意产业，主要是指与工业生产相关的研发和设计活动，主要包括工业设计、包装设计、服装设计、商标设计、产品研发设计、流行设计、品牌视觉设计等，在适应功能设计的前提下，力求在造型、色彩、材质、功能搭配和装饰物等的选择上突出时尚化特征。

（2）信息软件类文化创意产业。信息软件类是文化创意产业的最新领域，通过高度依赖信息和通信技术，它已经成为当前产业发展中最为迅速的，且附加价值含量高。信息软件类文化创意产业主要是指与计算机软件领域及网络数字等高科技产品相关的研发和设计活动，包括软件设计（系统软件、合约、解决方案、系统整合、系统设计与分析、软件结构与设计、项目管理、基础设计等）、数码产品设计、数字影视（娱乐）等新媒体、互联网文化创意。另外，许多我们熟知的新兴产业都属于这一类，如软件外包、数字电影、动漫产业、网络游戏、网络互动产业等，当前我国在该领域还亟须加大技术开发力度，以创意为中心，面向市场，构筑我国更加完善的信息软件综合发展平台。

（3）建筑景观设计类文化创意产业。建筑景观的文化创意设计有多种表达方式，有首饰等豪华装饰品的设计，有建筑设计等独特的职业服务，以及对各种室内用品的整体设计等，其主要目的是通过文化创意提高建筑景观的价值并美化外观，获得相应的经济效益和社会效益。具体而言，建筑景观设计类文化创意产业主要指与建筑、环境等相关的研发和设计活动，包括城市建筑设计、历史文化名城保护、建筑景观规划、园林绿化设计、特色街区建筑设计、工程勘察设计及建筑装饰、室内设计等。

（4）文化艺术类文化创意产业。一般认为，文化艺术是人们把握现实世界的一种方式，文化艺术活动是人们以直觉的、整体的方式把握客观对象，并在此基础上以象征性符号形式创造某种艺术形象的精神性实践活动。在这一过程中，它总是蕴涵了各种因素，如文化情感、创意等，最终以文化艺术品的形式出现，这种艺术品既有艺术家对客观世界的认识和反映，也有艺术家本人的情感、理想和价值观等主体性因素，创意在其中不可或缺。在文化创意产业领域，文化艺术类主要是指在文化艺术领域的创作和传播活动，包括文艺创作表演、广播、电视、电影、音乐制作、出版发行、摄影创作、艺术品创作、工艺美术设计、艺术品交易等。

（5）时尚消费类文化创意产业。时尚消费因其产业特点和国际贸易的巨大发展潜力，成为备受关注的创意领域。全球的时尚消费产业不断扩大，其范围也在不断扩大，大到国际性旅游、全世界的体育休闲业，小到我们日常生活里的时尚产品，如香水、首饰和丝巾、钱包、皮带等饰件。时尚消费类文化创意产业主要是指与休闲旅游、日常消费生活娱乐有关的体现创造性及其价值的行业，包括文化旅游、休闲娱乐、餐饮购物、休闲体育、婚庆策划等。

（6）咨询策划类文化创意产业。创意蕴涵在咨询策划当中，是决策中极为重要的环节，并且影响到最终决策的优劣。在咨询策划中，经过创意，运用种种手段，把所掌握的材料和文字、图片声音等元素进行创造性的组合，从而形成最有效的策略。在文化创意产业，咨询策划主要是指为企业、社会团体、政府或个人提供各类商务、投资、教育生活消费及其他咨询和策划服务的活动，包括广告、市场调研、品牌策划、金融咨询、会展服务等。

（四）根据文化类型划分

1. 文化创意产业的文化类型归纳

文化类型是由于自然环境和生存方式差异，以及观念信仰、兴趣、行为、习惯、智力发展方向和心理性格不同而形成的具有相似文化特征或文化素质的地理单元。

文化是社会发展与人类创造的才智在历史上所达到的水平，它既体现在物质财富中，也体现在精神财富中。文化因素及其分布、组合和发展在地域内存在复杂的相似性和差异性，因而划分文化类型缺乏统一的分类标志。根据所采用的指标，可划分出不同功能的文化类型。例如，以文化变迁和精神素质为基本依据划分出两类主要文化类型：农业文化型和游牧商业文化型。农业文化型体现自给自足、安定保守型的文化素质特征；游牧商业文化型趋于流动、进取和机敏型的文化心理。

与整个社会的文化类型难以划分一样，文化创意产业的文化类型至今没有统一标准。原因除了文化本身所涵盖的范围和意义非常广、发散之外，文化因素及其分布、组合和发展在地域内存在的复杂差异性也是重要原因。加之各地的经济发展水平不一，经济基础的不同也造成了文化创意产业中文化因素的巨大差异。本书中关于文化创意产业文化类型的划分，也仅是纯以各国在文化创意产业划分经验上的一个主观总结和判断。我们将文化创意产业的文化类型划分为三部分：设计文化、艺术文化和电子媒介文化。

2. 根据文化类型细分文化创意产业

（1）设计文化类文化创意产业。设计是对产品表面和形状的创意。在对包括众多对象设计的过程中，设计创意所涉及的种种因素经创造性组合成型后，不自觉地形成一种文化因素。当今许多的设计师在进行设计时，也会加入许多很本土化的文化因素。一件好的设计作品，设计师在"创新"时应融入一个民族、一个地域的文化精髓，并通过作品所营造的环境来启迪大众，同时提升大众的消费审美观，引领大众生活文化、消费文化的进步。设计文化类文化创意产业就应当肩负起这样的社会文化功能。

设计文化类文化创意产业主要包括工业设计、包装设计、服装设计、商标设计、产品研发设计、流行设计、品牌视觉设计等产业类设计，还有城市建筑设计、历史文化名城保护、建筑景观规划、园林绿化设计、特色街区建筑设计、工程勘察设计及建筑装饰、室内设计等在内的建筑景观设计，以及新兴的信息设计、网页设计、互动设计、动画设计、人机界面设计以及三维设计等。

（2）艺术文化类文化创意产业。在人们的社会生活中，文化与艺术天然相随，艺术已经成为人们诠释文化内涵的最佳方式。艺术种类的繁杂让人目不暇接：表演艺术有音乐和舞蹈；造型艺术有绘画、雕塑、建筑；语言艺术有文学和诗；综合艺术有戏剧电影电视；实用艺术有建筑艺术、工艺、园林艺术与现代设计等；另外还有曲艺、杂技、相声等。艺术的产业化过程中，为能吸引市场和大众，添加了许多艺术创意，当然原创艺术本身就是一种创意。总的来说，有社会就会有艺术文化氛围，也就会有创意。艺术文化类文化创意产业包括表演艺术、视觉艺术，音乐、工艺品及古玩、出版艺术、体育休闲、时尚艺术、民族民俗文化保护、大众化中的生活艺术以及文化研究、文化艺术代理等。

（3）电子媒介文化类文化创意产业。信息时代电子媒介技术发展迅速，造就了一大批新兴的媒介文化产业。与传统文化中所谓的体验相比，电子媒介重塑了大众的感知方式，改变了人们与外部世界联系的方式，使大众对信息的接收依赖于媒体。它以声像传播，尤以影像传播为主，这些具象性符码具有极强的表现力，不但可以使媒介制造的虚拟世界与现实世界混同为一，而且可以为商品追加无尽的象征意义。新媒体的迅速兴起，为创意在其中的应用效用得到无限扩大，最终成为创意经济中最为庞大的发展平台。当前电子媒介文化类文化创意产业主要包括广告、影视、广播、数码娱乐（卡通电子游戏、网络游戏、网络服务、网络文化创意等）、软件及计算机处理服务等。

（五）根据文化传播特点划分

传播是人类信息交往的总和。人类历史就是一部传播活动的历史。从原始的身体器官呼唤和手势、体态到口语的产生、文字的发明，从印刷术的应用到广播电视的诞生和互联网的运用，传播在传承文化播撒创意方面已经发挥过，正在继续发挥着并必将发挥出更加巨大的作用。

在人类漫长的文明发展史中，作为人类物质和精神财富的文化创意同样也经过了相当长的形成、发展和完善的过程，同样它的传播也是经过了由简到繁，传播途径也是经过了由单一走向综合、由简单走向复杂的过程。以传播途径为划分标准，现代文化创意的传播大约可以分为三个不同阶段：印刷媒介传播阶段、电磁传媒传播阶段、数码技术和网络技术传媒传播阶段。印刷媒介在前工业社会就已经产生（如中国发明的印刷术），但直到工业动力和机械技术出现，才使得它得以实现真正的大规模复制。纸质传媒的出现极大地刺激了文化艺术的两个传统环节——创作和保存，推动了"工业革命"发展，并使人类文明开始进入了"大众化"时代。

电磁传媒，即将广播与电视并称，加上录音、录像等一组技术总称为"播放式媒介"。这组技术极大地拓展了各类文化"创作"和"保存"的可能性和"现场"空间，由此而出现了所谓"文化工业"。

进入"传播媒介"时代，数码技术和计算机网络的加速发展使复制与传播技术登峰造极，并实现了所有传媒手段技术基础的统一。它从最高层次自上向下整合资源，造成各种媒体的汇流趋势，改变着传统媒体和整个文化产业的产业格局，并进而改变着整个经济生活的面貌。

以文化传播的特点为参照，我们将文化创意产业划分为三类，即印刷媒介传播类、电磁传媒传播类、数码技术和网络技术传媒传播类。

（1）印刷媒介传播类文化创意产业。印刷媒介主要承担的是文字和图形形式的文化创意的传播。在印刷时代人们主要使用文字语言和图形，它使文化创意的传播突破了时间、超越了空间，第一次在真正意义上实现了"人体个别器官的延伸"，使大规模的社会传播成为可能，人类有史可循的文明车轮由此启动。文字语言和图形的传播样式为诸如报纸、书籍、杂志之类的印刷品。今天，文字语言及图形的传播媒介人们早已司空见惯，作为传统媒体仍然具有广阔的活动空间。在现代，印刷媒介传播类文化创意产业主要包括设计（工业设计、建筑设计、咨询策划等）、报纸出版、杂志出版、期刊出版、图书出版、学术刊物出版以及其他纸质媒体出版和发行业，新闻服务包装装潢及其他印刷等。

（2）电磁传媒传播类文化创意产业。电磁传媒的出现，是人类文化传播历史上一次空前的革命，它极大地改变了生存于其中的人类生活。经过一个世纪的发展，电磁传媒和文化传播已经牢不可分地结合在一起，学界普遍称此时的文化为"媒介文化"或者"媒介化的文化"。文化创意产业中大众传播的文化就是典型的"媒介文化"。当然文化创意产业就是媒介文化的一个重要载体。电磁传媒传播类文化创意产业主要包含在电磁传播产业当中，包括广告、电影（电影制作发行放映业）、电视（电视制作、发行、播映和电视网络经营业）、广播、音乐（音像制作、出版、发行业等）、动漫产业、时尚休闲、艺术品及古玩等。

（3）数码技术和网络技术传媒传播类文化创意产业。数码技术和网络技术传媒又被人们称为新媒体，它是我国文化创意产业最新领域。在新媒体类别中，包含更多的是广泛的数字化创意内容，数字化创意抽象、超前的艺术设计与尖端科技融合而成的新媒体艺术，正在成为文化创意产业的一个崭新品牌。新媒体艺术能促进多元创新艺术、概念设计、规模化的创意产品，是发展文化创意产业的"引擎"，蕴藏着巨大的商机。数码技术和网络技术传媒传播类文化创意产业主要包括网络新闻传媒业、专业性网络传媒业、商业性网络传媒业、数码娱乐（网络休闲业）、电子商务网络广告、软件及计算机处理服务等。

六、创意设计与艺术产业

文化创意产业最核心的内容就是文化与创意的相互融合。每一个创意经过长时间的积累之后就会成为文化，而文化在长期的发酵和酝酿之后就能够为创意提供生发的空气和土壤。

（一）创意设计

设计业在文化创意产业中是顶级的一个行业，它的附加值在整个文化创意产业中也最为明显。从目前我国设计业的发展情况来看，它还有很大的提升空间。随着中国经济结构的调整，设计业势必成为中国最新的经济增长点，因此国家对设计业的发展给予了高度重视。近年来，中国设计业呈现蓬勃发展的趋势，为了促使设计业的顺利发展，国家对设计业的体制不断地进行改革和完善，从而保证设计业发展的渠道是通畅无阻的。现在，在中国众多设计行业中，最为活跃且商机最为集中的领域就是建筑设计、室内设计及时装设计。在我国新的开放政策下，许多海外设计公司，包括个人设计师事务所、各类综合性设计公司、有政府或大公司背景的设计公司、厂商的附属小型设计室等都在以不同的途径抢占中国设计市场，以扩大自己的市场占有率。

（二）艺术产业

文化创意产业在中国的发展备受关注，以艺术家群落为特征的"画家村"作为文化创意产业的新形式在全国各地逐渐发展起来，其中尤以北京的宋庄画家村和深圳的大芬油画村最为著名。中国艺术产业的发展水平体现着中国文化创意产业的发展水平乃至中国整体经济社会的发展水平。随着我国经济水平的提高，人均收入的增加，会有越来越多的人加入艺术品收藏者的队伍中。在这些收藏者当中，有些人是出于欣赏的态度而收藏，有些人则是出于投资的目的，把艺术品作为一种投资理财对象来收藏。在中国经济多元化发展的今天，越来越多的投资人开始调整自己的投资取向，中国艺术品市场成为投资人新看好的一块肥沃土壤。

第二节　文化创意产业的基本性质

一、文化创意产业的内涵阐释

创意与其他带有原创色彩的词语不同。首先，创意没有计划和企图，它是一种意念上的创新，是思维突如其来的释放，具有独立性。创意既不依赖于固有的答案、不受他人暗示的影响，在逻辑范畴上属于超出原有论域的思维。拘泥形式、墨守成规都不可能产生创意。其次，创意具有个体性。不同于设计、策划可以是集体智慧的结晶。创意只能是个人灵感的迸发，源于日常生活的积累。虽然集思广益可以促进创意的产生，但归根到底它是个体的产物。最后，创意还具有不可替代性。创意的产生需要从多方面和多种联系中理解问题，从而找到解决问题的突破点。思想肤浅、抓不到问题的重点，根本无法产生创造性思维成果。创意思维在思维的高度、广度和深度等方面比常规思维有着更明显的优势。

文化创意产业的内涵十分丰富，世界上不同国家和地区对文化创意产业的界定都不太相同。文化产业是经济发展在文化领域的反映，它不仅具有文化内涵更有着经济意义。基于文化产业这种双重属性，文化创意产业自然也是文化与经济的结合，它不仅是指将对经济利益的追求和文化创新结合起来的创意，还包括将文化产品和经济创新相结合的创意。所以文化创意产业不仅仅包括文化创意，还存在经济创意的这一问题，是文化创意和经济创意的结合。文化创意产业源于文化并高于文化，在对文化资源创造性的开发和利用的同时，也体现出文化对经济社会发展渗透力、影响力的拓展和挖掘。

文化创意产业就概念而言，包含了文化、创意、产业三个内容，分别代表了文化创意产业既有区别又相互关联的三个要素。三位一体，共同构成了文化创意产业的内涵。因此文化创意产业可以定义为：基于文化要素的创意和运用，通过高科技和智力紧密融合的创作、生产方式，生产、提供以文化内容为核心或重要元素的高附加值产品及服务的，具有规模化生产能力和广阔市场的产业。

二、文化创意产业的本质分析

文化创意产业的兴起和发展是当代经济、文化、科技融合发展在产业层面的具体表现，它以其独特的形态演变和运行方式与其他产业发生广泛而复杂的联系，极大地影响一个城市、一个国家的经济运行和社会文化发展。而引起这一"蝴蝶效应"的核心因素正是文化创意产业的性质。

文化创意产业的核心是创意，它属于知识性的创造劳动，创意的产业化相当于知识服务化的过程。同时，在知识经济发展的背景下，知识与科技资本、资源等各种要素相互结合构成"合力"，发展的路径与传统经济相比较而言较为迅速，从而使整个社会加速步入新的经济时代。文化创意产业在这种知识经济大背景下，形成一种新的运行模式。这种运行与知识服务知识发展密不可分。因为文化创意产业依赖的是文化资源与其他生产要素紧密结合，强调以文化产业化和产业文化化为创新，是一种文化科技与经济互相渗透、互相交融、互为条件、优化发展的经济模式。具体来说，它的运行模式以创新为灵魂，强调人的主体地位和主导作用，使经济运行建立在文化知识、智慧、价值观念、精神动力、人文环境以及高科技和文化发展所形成的巨大创新能力和高素质人力资源之上。

三、文化创意产业的根本观念阐述

文化创意产业的根本观念是通过"越界"促成不同行业、不同领域的重组与合作。这种越界主要是基于创意的强渗透性，正是这种产业间的渗透从而带动了国民经济中产业发展的新增长：农业注重科技与创意，节省资源耗费，发展呈科技化的趋势；第二产业的产业结构升级，并带动企业进行调整；第三产业不断细分，打破第二、三产业的原有界限，服务经济的观念深入人心。

文化创意产业一方面是在过去总体的文化产业基础上发展起来的产业，另一方面又是不同于过去文化产业的新的产业形态。文化创意产业往往是在制造业充分发展，服务业不断壮大的基础上形成的，是第二、三产业融合发展的结果。但与原来的第二、三产业发展不同，在当下的全球化消费时代，市场的全球性，传播的全球性，需求的精神化、心理化、个性化、独特化，消费的时尚化以及网络的一体化，使得文化创意作为产业从根本上改变了过去固化的稳态工业发展模式，而代之以不断变动的创意策划、创意设计、创意营销、创意消费。而所有的这一切产业链，主要依赖于创意阶层，靠创意群体的高文化、高技术、高管理，特别是创意阶层中最高创造性的高端创意人才。

四、文化创意产业的基本属性

文化创意产业是产业发展新阶段的产物，特别是在人类进入 21 世纪之后，文化创意产业的发展已经超越文化产业，已经成为新世纪的朝阳产业。同时，文化创意的产业属性越来越显著，文化与创意的产业化不断助推生产力的发展，而生产力发展中又蕴涵着新的文化，文化与经济呈一体化发展。文化和创意是受时空限制最小的全球性资源，文化创意产业是极具扩张性、开放性、带动性的产业。它不仅能创造出无穷的新产品、新服务、新市场、新就业机会、新社会财富，而且能极大地提升产业能级。

第三节　文化创意产业的特征表现

文化创意产业发展的时间虽然不长甚至至今尚不能推断其已进入了成熟阶段，但却展现其不同于传统产业的特征。"文化创意产业的产业优势还在于它始终处于文化产业的上游。"[①]

文化创意产业具有创新性和文化性、高科技含量和强辐射性、产业关联度强、高附加值性和高风险性等行业特点。只有掌握了这些特征，才能把握文化创意产业运作规律，才能推动文化创意产业又好又快发展。

一、文化创意产业的特性

文化创意产业的出现，意味着社会财富的创造形式发生了历史性变化，人类社会开始了一种崭新的生产方式，处于劳动过程中的创意，已成为文化创意商品价值形式的重要因素。这种创造价值的活动把抽象的、无形的创意作为产业链的源头，改变了以往只有资本以及劳动力等实体才能生产的观念。它兴起至今，时间虽然不长，却刷新了传统的产业发展演变趋势，展现其不同于传统

---

① 唐建军．关于文化创意产业的几点认识[J]．东岳论丛，2006，27（3）：75．

产业的特征。

（一）文化创意产业的创新性

传统产业虽然也离不开创新，但是与它们不同的是，创新是文化创意产业的本质特征。文化创意产业的创新性，主要是指在文化产品的生产和营销过程中，独具特色的文化创意贯穿始终。众所周知，文化创意产业生产的文化产品，一定要能充分吸引消费者的眼球和注意力，要能击中他们的心灵，只有这样，才能既在市场上获得经济效益，又在社会中获得社会效益。而创意产品的特性，即以文化、创意为核心，运用知识和技术，创造出新的价值，是创意在特定行业的物化表现，成为推动市场供需的重要因素。

在文化创意产业中，人力资本是核心的驱动要素，创新成为第一生产力。但是，我们并不能忽视生产手段对经济的普遍意义。在文化创意产业中，只有在生产和服务中融入创新要素和文化元素，只有当创意与科技相结合，实施严格的知识产权保护，建立高度市场化的交易平台，创意才可能渗透到经济之中，参与经济循环，为社会创造财富。

（二）文化创意产业的文化性

实际上，任何文化创意产业都必须以一定的文化为基础，任何创意既是对一定文化的创新，同时创意本身也必须是有文化的。任何文化创意活动，都是以知识和智慧创造为特征的文化符号的积累、生产、交换和消费的产业活动，它同传统的以自然资源为基础的物质生产活动相区别。文化创意产业生产的是无形的文化产品，而传统产业生产的则是有形的物质产品。文化创意产业既有经济属性，又有意识形态属性。文化产品不仅具有商品属性、知识性和娱乐性，而且更重要的是它还对公众的价值取向和情感产生重要的影响力，对整个社会的伦理道德、文化环境、人文精神、科学文化等产生重要影响，可以产生一般物质产品无法比拟的社会效应。文化创意产业还是知识密集、信息密集、技术密集的产业形态，数字化网络化已成为必然的发展趋势，它既可成为一个国家实实在在的强大经济实体，又是一个国家软实力的表现，因此，世界公认文化及其产业肯定是一个国家综合国力最直观、最具体的反映，文化创意产业是一个具有无限生机的经济增长点。

（三）文化创意产业的高附加值性

文化创意产业的核心生产要素是信息、知识，特别是文化和技术等无形资产，它是具有自主知识产权的高附加价值产业。文化创意产业的这种高附加值性，主要表现为创意赋予商品以观念价值，而经济发展的状况证明，商品的价值中观念价值所占比重越来越大。在经济发展水平低下，技术比较落后，物质还比较短缺的时代，人们重视的是商品的使用价值，当我们在走向知识经济时代时，技术交流与更新的速度加快，商品日益丰富并趋向同质化，于是商品中"精神性"的观念价值所占比重就越来越大。因此，当文化创意产业向传统的制造业渗透时，便有利于推动传统制造业向高附加值产业升级。

以服装行业为例，服装行业成为一个高传统产业，但当我们把许多创意加进去以后，服装行业又成为一个附加值行业，它具有知识密集型的特点，能够有效克服城市土地资源瓶颈的约束，保持持续快速的发展。另外，文化产品尤其是原创性的文化产品，都是高附加值产品。所以，文化创意产业也必然是具有高附加值的产业。因为从事文化创意产业的劳动是复杂劳动，而复杂劳动的价值是简单劳动的倍加；特别是从事制作原创性文化产品的劳动，其价值更是远远大于简单劳动，这完全符合经济学的相关规律。正因为投资文化创意产业的回报远高于其他产业，所以，众多的投资者才会趋之若鹜。

（四）文化创意产业的融合性

文化创意产业具有广泛的融合性，即它能与各行各业相互融合、渗透。这种融合性就把技术、文化、制造和服务融为一体，有利于产业的延伸，拓展了经济的发展空间。具体而言，一方面，文化创意产业与传统文化产业在互动中融合。高新技术，特别是信息化催生的文化创意产业表现出强大的生命力，这一生命力不仅表现在它的高速成长，而且表现为对传统文化产业的高度渗透。另一方面，文化创意产业各个部门之间互相渗透。由于信息技术的广泛应用及其生产方式的根本转变，传统的各个文化部门之间的界限被逐渐打破，导致了各部门之间更多的渗透和融合，并使与买卖双方密切相关的市场区域概念转变为市场空间概念。文化创意产业的发展对优化产业结构促进产业升级、转变经济增长方式具有广泛而重要的意义。

(五) 文化创意产业的强辐射性

文化创意产业具有强辐射性,这是由文化创意产业的文化底蕴所具有的辐射性决定的。在知识经济社会,产品竞争的实质是通过产品所倡导或体现的文化来影响或迎合公众的意识形态、价值观念、生活习惯等,从而使公众乐于接受某种产品。放眼市场,任何一种有价值的产品,都凝聚着一定的、丰富的文化内涵。当人们对文化内涵的追求趋于强烈,文化的传播和影响就会有力推动富含文化内涵的产品在市场上的扩张,这也就是文化创意产业辐射力的重要体现。换言之,正是由于产品所包含的文化个性、文化精神,才促使这一产品在一定的消费区域和消费层次里增值、走俏、辐射。到了 21 世纪,人们进入一个体验经济时代,开始消费更多的文化。这种消费方式的转变和消费结构的升级带动了产业的升级。

(六) 文化创意产业的知识产权性

文化创意产业当中有形资产较少,其核心生产要素是信息知识、文化和技术等无形资产,这就将其与知识产权紧密联系在了一起。另外,从文化创意产业的定义中,我们知道文化创意产业是通过知识产权的开发和利用去创造财富的产业,因此没有知识产权的开发和利用就谈不上文化创意产业,知识产权的生成和利用成为文化创意产业的核心资产和创造社会财富的主要方式。

如果没有知识产权,文化创意产业将面临任意仿制和随意复制的混乱局面,整个产业都将面临生存和发展的危机。因此,加强知识产权保护是发展文化创意产业之本。

(七) 文化创意产业的人才特征性

如果说创意是文化产品的生命,那么,具有创意的高素质人才就是文化创意产业的灵魂。一方面,创意人才决定着文化创意产业的生死存亡和发展;另一方面,创意人才也是十分难得的,他们的培养和形成是有别于传统产业人才的。创意人才主要是知识型劳动者,是能激发出创意灵感的设计高手和特殊专才。创意人才的工作有其特殊性和不可替代性,他们不断创造新观念新技术和新的创造性内容，职业能力既来自个人经验积累，也来自个人灵感的迸发。生产方式是以脑力与体力、手工与信息化等现代化手段相结合，实现智能生产与敏捷生产。

在发达国家，随着工业化的发展和后工业化社会的进步，教育、研发、文化、金融等众多领域的创意人群在人口中所占的比重正在增加。我国要加快发展文化创意产业，就必须加大培养专业的创意人才，只有形成一条创意人才链，这些人才聚集到一起才能碰撞出火花，才能把复杂的文化创意产品像流水线一样生产出来。

二、文化创意产业的发展特征

文化创意产业的出现，意味着原本蕴含在劳动过程中的创意已加入商品的行列。文化创意产业所带来的重大影响都是基于其本身所具有的不同于传统产业的发展特征而发生的。

（一）高风险与高附加值的并存

文化创意产业也是高风险的行业，主要在于文化创意产品的市场需求是不断变化、难以确定的，文化创意产业的产品不是生活必需品，需求弹性大。文化创意产品包含有精神、文化、娱乐等诸多元素，主要是满足人类的精神需求，与此同时，文化的差异、时尚潮流、宣传策略、社会环境等不确定因素对受众的选择会产生很大的影响。另外，文化创意生产机制和产品利润回流方式的特殊性以及创意载体化产品的非保值性，使得其创意产品缺乏风险分摊机制，也导致了文化创意产业的高风险性。

正是遵循市场"高风险、高回报"的基本原则，知识、信息，特别是文化、技术和艺术等无形资产都是具有高度自主产权的高附加值要素，文化创意产业的核心生产要素以这些要素为主，同时也就具有了高附加值的特征。此外，文化创意产业处于技术创新和研发等产业价值链的高端，从这个意义上而言，其也具有高附加值的特性。文化创意产业通过多元化的运作改变了产品的外在特性和其在市场上的地位，无形之中为其产品增加了价值。

文化创意产业的高附加值还体现在对资源的节约和环境的保护方面。不同于传统的产业，文化创意产业所提供的产品或是服务的核心资源为文化、创意、知识，传统产业在生产过程中要消耗大量的物质资源、能源，而文化创意产品最重要的投入要素是无形的文化和创意，无论前期的创作生产，还是后期的营销推广，都不会大量耗费自然资源，对环境的影响也很小。

（二）产业关联度与辐射性突出

产业关联度是指产业与产业之间通过产品供需而形成的互相关联、互为存在前提条件的内在联系。文化创意产业具有高度的产业关联性，它跨越了传统的产业边界，能够与各行各业相互渗透、整合。主要表现在：在产品的供需方面，文化创意产业的产品可以成为其他产业的生产要素，同时，其他产业的产品也会被其作为生产要素来使用。在产业的技术供给方面，文化创意产业的生产需要其他产业为其提供技术水平层次相当的生产手段，同时，它的发展也推动了其他相互关联产业的技术进步，从而使整个产业的技术水平不断向更高层次推进发展。例如《米老鼠和唐老鸭》可以是一部喜剧动画，可以编写为图书出版发行，还可以制造相关的玩具、开发主题游乐园。文化创意产业可以拉动多个相关行业的发展，有利于产业的延伸，不断拓展、延长市场链条，形成多元化、多层次的赢利模式。

除了通过知识传播和技术创新在产业之间形成关联性之外，文化创意产业还具有很强的辐射性，使得经济之外的其他层面发生明显改变。在经济全球化大背景下，蓬勃发展的文化创意产业造成的影响范围不再仅限于一个地区或国家。全球经济、政治、文化的交流使国家和地区之间的联系更加紧密，文化观念、传统习惯、核心价值观等因素在碰撞中相互渗透和融合，这样的大背景也使文化创意产业的影响更加扩大。现代知识经济社会，产品竞争的实质是通过产品所蕴含或提倡的文化来影响或迎合消费者的意识观念、消费传统等，使大众认可、接受此种产品。例如，好莱坞大片的输出，其实是美国文化在全世界范围内的传播和发扬。文化创意产业强辐射性的重要表现是，当人们强烈追求文化内涵时，文化的传播和影响力就会促进富有丰富文化内涵的产品在市场上扩张。

（三）知识文化要素密集性与创意人才的强依赖性

文化创意产业的兴起和发展重点依靠创意阶层：文化水平高、科技素养高、管理能力强、创意水平高的高端人才。任何文化创意产业都与文化密不可分，必须以某种形式的文化为基础，同时又是对文化的创新和升华。区别于原来以自然资源为基础的物质生产活动，文化创意活动是以文化、知识、智慧活动为代表的文化符号的创造、生产、销售的活动；不同于传统产业生产的物质产品，文化创意产业的产品可以是有形的商品，也可以是无形的文化产品。创意本身就是富含文化的，文化创意产品的核心是文化、创意理念，是人类的知识、智慧、想象和灵感在产业化时代的物化表现。

正是由于文化创意产业知识文化要素密集的特征，使得具有创意的高素质人才成为文化创意产业发展的核心，甚至可以说，创意人才决定着此产业的发展空间。创意具有综合性，不能简单地等同于智能或知识的叠加，而创意人才不同于传统产业人才，人才的培养需要花费更多的精力和时间。创意人才主要是知识型工作者、能够迸发出灵感的设计高手和特殊人才，其工作具有特殊性和不可替代性，一个完美的创意需要多种因素共同作用才能实现，创意工作者要用创新的理念和办法解决繁杂的问题。从工作条件来说，相对自由的工作时间和宽松的氛围对触发他们的激情也是十分有利的。

第四节　文化创意产业的相关理论

一、创意经济的理论基础

近年来发生了一系列的经济和社会变革，它们互相融合交汇为人们的工作和生活带来了巨大变化。在这个变化的时代里，创意力将代替单纯的科技或信息而逐步成为经济发展的首要推动力，这种创意力也正是20世纪后期经济增长的最主要动力。创意经济的概念最早由英国政府明确提出。英国于1998年11月在《创意经济路径文件》中首次提到"创意经济"，并在随后的《创意经济专题报告》中定义创意经济。21世纪后，创意经济理论逐渐成为研究热点。目前，我国对创意经济的研究同样经历了从单纯消费性创意经济研究到综合生产服务性创意经济研究的变化。

创意经济最初由英国工党政府定义，其在《创意经济专题报告》中将创意经济定义为：源于个人创造性、技能与才干，通过开发和运用知识产权，具有创造财富和增加就业潜力的经济部门。广义的创意经济的定义，即：创意经济是一个不断演进的概念，其包含了经济、文化和社会方面与技术、知识产权和旅游目标之间的互动，是一系列具有发展维度的以知识为基础的经济活动，是一个可行的发展方案，要求创新的、多领域的政策回应和各部门的协调行动。

二、创意城市的理论基础

创意城市已成为 21 世纪世界各城市的战略目标，创意产业也越来越发挥出积极的作用。创意城市网络设立了七种创意城市类型：文学之都、电影之都、音乐之都、民间手工艺与艺术之都、设计之都、媒体艺术之都、美食之都。目前，创意城市网络由来自 54 个国家和地区的 116 个成员城市构成。

创意城市并非严格的学术概念，不同的学者对创意城市有不同的理解。我国学者结合我国国情对创意城市进行了大量研究，对创意城市定义的研究着重于创意产业；西方学者在定义创意城市时普遍具有三个关注点，即经济研究、创新型人才和创意城市开放性。

三、创意生态的理论基础

创意生态起源于生态学，且每个组织系统的内部均为一个生态系统，多样、改变、学习和适应的生态思维使这个系统运行并创造价值。创意生态同时具有自然生态和创意生态本身的特性，如图 3-1 所示。

图 3-1 创意生态的特性

第一，开放性：①输入：源于自然、社会、人文、经济等思想的认识。②输出：经过创意主体的一系列加工，形成创意阶层的创意和创意经营者的创意产品。

第二，整体性：①各个要素价值只有在构成有机联系时才能发挥最大价值，且最大价值远超各个要素简单加和的总价值。②只有各个要素相互联系作用，才能使创意生态具有特定特征，功能和演化规律。

第三，协同性：创意主体间相互改善，互利性地协同进步。

第四，多样性：多样性是创意生态良性发展的生命力，对创意生态的生产力和稳定性具有重要作用。

第五，适应性：①创意生态系统根植于某个地域，地域要素是创意生态的背景。②不同地域的创意生态会有不同的特性和发展水平，地域的情况也会受到创意生态的影响。

第六，进化性：①环境是一个不断变化的输入端，科技在进步，经济具有浮动性，人文积累不断加深。②创意主体的素质和层次在不断提高。

第七，自由组织性：①创意生态是一个开放性的系统，且开放性程度较高。②创意生态系统具有非线性作用，各要素之间的因果关系是多对多的错综关系。③创意生态受环境和内部主体影响，使其在不同时期呈现不同状态。

第四章　文化创意产业运行与发展探究

第一节　文化创意产业的运行机制

一、文化创意产业的主要运行机制

"机制"指的是有机体的构造、功能和相互关系，泛指一个工作系统的组织或部分之间相互作用的过程和方式，如市场机制、竞争机制、用人机制等。文化创意产业的运行机制是指文化和创意产业系统的各个构成要素之间相互联系、相互作用、相互制约，以推动整个系统运转的形式和功能。它是以组织系统为载体，以利益和竞争为推动力，通过市场价格、供求和竞争等手段实现优化资源配置，调整文化创意产业结构；同时，政府又通过不同的政策手段实行产业的宏观管理与调控，以推动文化创意产业的健康、协调、持续运行。由此，可以将文化创意产业的运行机制分为三部分：组织系统、动力机制和调控机制。

（一）组织系统

文化创意产业运行的组织系统可分为文化创意生产企业、提供文化创意服务的企业，以及创意中介服务机构等。文化创意生产企业主要实施对文化创意产品的策划、撰写、编辑、编导、摄录等创意设计工作，如报社、杂志社、出版社、音像与影视制作公司等都属于文化创意生产企业。提供文化创意服务的企业主要包括直接从事文化旅游业和休闲娱乐等的企业或公司。而创意中介服务机构，是为文化创意生产企业和文化创意服务企业提供各种服务，以保证这些企业在市场中正常运行，主要种类有：代表不同利益的各类行业协会和社会团体；文化创意代理公司、文化创意经纪公司；技术交易等市场中介组织；仲裁机构、公证机构、计量和质量检查认证机构等市场监督组织。经过细分的文化创意产业组织充当不同的市场角色，各尽其能，对文化创意产业市场运行的规范化、制度化发挥着极其重要的作用。

（二）动力机制

产业运行的动力机制是指具体的动力要素，如技术创新、社会网络关系、低的交易成本、信息流动、环境、企业（包括企业家）及其因素等的深入与综合，是支撑和驱动产业不断运行的力量结构体系及其运行规则。

各经济主体由自身的经济利益产生对经济目标的追求，就将形成产业运行的经济动力。利益调节和约束机制是构建动力机制的核心。在利益关系明确的前提下，市场发挥资源配置的基础作用，引导技术、资金、人才等要素向利润率较高的文化创意产业转移。由于新技术决定了文化创意产业的后劲，资金为产业扩大再生产提供了血液，人才决定了产业创新的动力，因而科技进步机制、投融资机制、人才吸纳机制等就构成了文化创意产业运行的动力机制。

科技进步是文化创意产业发展的内在动力，它推动文化创意产业的发展和转换，推动其产生一系列的变革。先进的科技手段生产出高科技含量的文化创意作品，如数字图书、数字电视和电影、网络文化产业等，推动了文化创意产业的快速发展，促进社会的不断进步。文化创意企业为追求更大的利润，也不断追求科技进步以降低生产成本，或凭技术领先创新文化创意品种，形成竞争优势，促使资金和优秀人才流向这些利润大的企业。

（三）调控机制

文化创意产业运行的调控机制，其基本功能是将产业系统内的各个利益主体、决策主体的经济动力与经济运行目标挂钩，使微观主体的活动与产业经济运行相衔接。

市场配置机制是市场机体内的价格、供求、竞争等要素之间互为因果、互相制约的联系和作用。我们知道产业化的文化创意活动是一种经济活动，市场中形成的文化创意产品价格是调节文化创意产品供求的最好信号，供求通过价格波动而达到均衡，从而实现文化创意产业的资源配置。文化创意产品和服务进入市场后，为赢得顾客，获得经济效益，必然出现产品的竞争。所以，要使文化创意产品和服务在流通中畅销，除了增强质量意识外，还要强化竞争机制。

市场虽然不能创造产品的价值，但它在实现着产品的价值。生产者生产出的创意产品，在市场上由消费者去选择、去挑剔。这样，市场机制作用下的竞争，可以使企业优胜劣汰，让经营好、成本低的企业保存下来，经营差、成本高的企业淘汰下去，最终有利于经济运行效率的提高。这就促使文化创意产品的生产和服务企业都要有应对市场竞争的能力，时刻注意满足消费者的需求，不断调整产品的品种结构，以特色赢得顾客，使生产、经营、服务都达到最优化运行。

二、文化创意产业运行的过程

文化创意产业的运行与文化创意的传播不同，它大体上经过生成、开发和消费几个过程，创意的传播不过是其中的一项环节。深入研究文化创意产业的运行可以揭示出产业运行的特殊性，分析其运行的最终目的是提高产业运行质量，构建合理的产业运行机制，推动产业竞争优势的形成。

在文化创意产业运行的三个环节中，与之相对应的三种市场主体是创意人、开发人和消费者。创意人的主要任务是生成新创意；开发人的任务是致力于创意的商业化开发，并向市场出售创意商品；消费者则通过消费创意商品来体验和享受蕴涵于其中的创意价值。

在文化创意生成过程中，创意人生成创意的主要投入是自身创造力和社会公共知识。而新生的创意也是一种知识，构成社会公共知识增量的一部分，所以这个过程也是知识产权创造过程。创意人拥有创意的全部知识产权，他可以将创意的全部知识产权分解为多个互不重叠的部分，分别授权、许可给多个或一个开发人使用。

在创意开发阶段，开发人从创意人那里有偿获得部分或全部创意知识产权，以此为基础进行商业化开发，以向市场出售创意商品的方式获得报酬和补偿。开发人最关键的投入要素是整合资本、劳动、技术等资源的能力，他们的作用与职业经理人或企业家相似或相同。在文化创意产业运作流程中的商业化开发阶段，开发人具有推动或促进创意产业成长的作用。

创意生成、开发阶段可视为文化的生产过程（包含营销）。文化生产作为一种特殊的商品生产，无论内容还是形式，都兼有精神和物质的双重性，受价值规律与文艺规律双重支配。因此，文化的"生产、分配、交换、消费"必然遵循商品生产的普遍规律，即价值规律，接受价值规律的调节。同时，文化艺术作为人类的精神行为，它所追求的是传达生产主体的审美价值，满足人们精神上的独特需要，必然受到文化艺术作为精神行为的固有的规律的深刻影响。

价值规律和文化艺术自身内在规律的共同作用，构成了现代文化生产的全部运动。另外，科技与文化生产的结合，产生了文化工业化体系，于是相继有了造纸工业、印刷工业和出版工业等的发展。现代科技的发展，尤其是信息技术、传播技术广泛运用于各类文化艺术活动之中，已经导致新兴文化形态的崛起和传统文化形态的更新。高新技术越来越成为文化与创意传递的主要载体，文化创意产业越来越多地运用科技手段，越来越成为高新技术的重要内容。

创意被消费时，具有需求多样化和消费个性化特征的消费者是多种创意商品的消费主体，创意的价值正是通过消费创意商品的过程才得以实现。创意消费从属于文化消费，它既可以满足消费者的精神需求，又可以促进文化经济的发展。例如，消费者的体验、感受以及新想法也会对创意开发乃至创意生成环节产生影响。消费艺术品过程能够体验艺术的美学价值，观看手机动漫和手机电影可以享受文化快餐，同时，消费者的意见和感受也可以通过互联网等媒介形式迅速反馈给开发人，甚至是创意人。于是文化创意产业的运行得以不断地完善，价值链更加符合市场化，创新的可能增加。

第二节　文化创意产业的发展模式

"21世纪是知识经济发展的时代，随着经济全球化的发展，各国纷纷把文化创意产业的发展当成国家经济水平提升的重要手段，文化创意产业也脱离了以往理念设想的局面进入创造经济效益的新阶段。"[1]文化创意产业作为一种新兴的产业形态，不仅丰富了城市的精神层面，也使城市的个性形象更加鲜明。因此，很多国家都以产业战略的高度来推进文化创意产业的发展。此外，为了提升城市功能，优化产业结构，许多工业企业从市区迁往郊区，遗留下来的大批工业建筑在传统产业外迁后仍能保持较好的结构形态，自然也就变成了文化创意产业生根发芽的肥沃土壤。由于发达国家文化创意产业起步比较早，已经形成了相对比较成熟的发展模式。发展模式的概念源于经济学，是指既定的外部环境和内部因素相互作用后，所反映出来的要素组合方式和资源利用方式。

---

[1] 刘学文,王铁军,鲍枫.文化创意产业发展现状及对策探析[J].云南民族大学学报(哲学社会科学版),2013,30(6):20.

一、文化创意产业的城市转型模式

不管是传统工业城市，还是资源型城市，发展到一定阶段，都会面临转型问题。自 21 世纪以来，随着经济全球化的快速推进、新科技的广泛应用以及资源和环境的巨大压力，在世界范围内开启了城市转型的热潮。城市转型是文化创意产业发展的重要模式，它不是单纯的文化创意产业推动城市转型，也不是城市转型单向促进文化创意产业的发展，两者之间相互反馈，融合发展，形成共生共进的联合体。城市转型模式是以城市为基础，承载产业空间和发展产业经济，以文化创意产业为保障，驱动城市更新和完善服务配套，进一步提升土地价值，以达到文化创意产业、城市、人之间有活力、持续向上发展的模式。

自 20 世纪 90 年代以来，文化创意产业作为后工业社会的城市型产业，在发达国家中迅速兴起并成为世界财富创造的新源泉，有力地推动了城市复兴、城市空间结构的功能重塑和城市治理制度与政策的全面创新，从而促进城市转型。文化创意产业作为城市转型的催化元素，从文化、社会、经济和空间等多方面推动着整个城市的转型。文化创意产业与城市旧区改造的有机结合，可以避免城市文脉的中断，不仅能够保留具有历史文化价值的建筑，而且通过历史与未来、传统与现代、东方与西洋、经典与流行的交叉融会，为城市增添历史与现代交融的文化景观，不仅对城市经济的发展产生了巨大的推动作用，而且使城市更具魅力，给人以城市的繁华感、文化底蕴的厚重感和时代的生机感。

在城市转型过程中，城市形象的转型、城市文脉的延续和城市功能的提升是文化创意产业发展的主要表现。首先，传统工业城市的一些老建筑、老厂房，通过文化创意产业的有效利用变成了具有文化内涵和历史底蕴的旅游胜地，从而改变了原本老旧、沉重的城市形象。其次，文化创意产业使蕴涵丰富历史文化内涵的建筑遗产得以重新利用，并发挥新的价值，从而使城市文脉能够长久地延续下去。最后，文化创意产业的发展还会使城市功能发生改变，通过发展文化创意产业来为城市经济吸引更多的投资者与技术工人，从而改变资源型城市功能的典型案例。此外，在文化创意产业与城市的融合发展中还催生了创意城市、设计之都、时尚之都的出现。

创意城市、设计之都和时尚之都是在经济全球化的背景下，由产业转移和产业升级推动、伴随城市更新和创意产业兴起而出现的一种新型的城市形态，是建立在消费文化和创意产业基础上向社会其他领域延伸的城市发展模式，是科技、文化、艺术与经济的融合。创意产业的兴起赋予了城市新的生命力和竞争力，并以创意的方法去解决城市发展中遇到的种种问题。这三种城市形态能吸引创意人才与创意企业，是推动文化经济、知识经济的重要平台，也是未来城市发展的必然趋势。

二、文化创意产业的技术驱动模式

技术驱动是文化创意产业发展的重要引擎，凭借文化创意与科技创新的融合发展，文化创意产业的表现形式将更加丰富，从而更具高科技含量、高文化附加值和丰富创新度。技术驱动模式是指在数字技术、网络技术、新型显示技术等高新技术的驱动下，内容产业和数字经济（包括文创设计、动漫、电影、广告、网游等）生产更便捷、品质更精良、销售多渠道、体验多方位，进而提高文化创意产业的产品美誉度和市场占有率。

随着数字技术、网络技术、新型显示技术等高新技术在文化领域的广泛应用，创意设计、影视传媒、动漫游戏、数字资讯等战略性新兴产业不断崛起。科技不仅为文化创意产业注入了生机和活力，而且还使得文化创意产业发展的空间和潜力得到全面释放，科技创新成为文化创意产业发展的重要引擎。互联网和新科技的发展一方面促进了实体经济与虚拟经济的融合，使得产业边界变得模糊；另一方面也通过创新文化生产方式来改造传统文化产业，不断催生出新业态。

近年来，发达国家不断强化技术对文化创意产业的带动作用，从而提升文化创意产业的科技服务能力、提高文化创意产业在经济发展中的支撑作用。文化创意产业中注入科技的含量，不仅创造出新的文化产品形式，而且还使传统的文化消费方式得到了改善，更加推动了公共文化和文化创意产业的发展。而科技领域注入文化创意元素也有助于提升产品延伸价值，扩大需求市场，从而创造双赢。在云计算技术、未来物联网和数字商务的基础上，文化创意产业将会发生重大变革和新的突破，并向更高阶段的智慧化演进。

三、文化创意产业的资源活化模式

资源活化模式在实践中广泛存在，因而是文化创意产业发展的基本模式。

一方面，历史文化资源、物质与非物质文化遗产以及工业遗产本身种类丰富、数量众多，可以通过创意将其转化为继续发展的动力；另一方面，各类社会文化资源与文化创意产业相融合也可以延伸出新的文化产品。文物建筑、历史遗迹是静止的、沉默的，甚至很多历史文化是无形的。因此在历史文化资源、物质与非物质文化遗产以及工业遗产的开发中要将静止的、沉默的、无形的文化遗产变成可理解的、与现代生活相关联的，甚至是对消费者有吸引力的文化创意产品。这就需要对遗产文化进行活化，化无形为有形，使文化遗产变得可感知、可利用、可传承，并发挥其文化价值效益。总体而言，资源活化模式主要包括四个部分：前提是要开拓资源的新视野，看到废弃旧厂房、发电厂等工业遗迹的利用价值从而赋予新的用途；基础是要梳理资源新谱系，以便发现城市和国家的潜力，为资源的开发和利用打好基础；本质是要挖掘资源新内涵，从而让废弃的资源展现出不一样的光彩；关键是要找准资源的新卖点，这对于资源的活化来说至关重要。

文化创意产业具有资源产业的特征，它既可以满足人们的需求，又可以实现价值的增长，更为重要的是能够创造新的需求，完成资源的"服务增长—修复再服务"循环链，成为一种新型的资源。工业资源和历史文化资源是阅读城市的重要物质载体，对其实施保护和合理利用不仅有助于维护城市历史风貌，保持生机勃勃的地方特色，而且还有助于改变千城一面的城市形象，具有特殊的意义。此外，文化创意产业在老工业区的聚集发展也将工业区转化成文化区，带动了本地区的经济发展和文化复兴，不但盘活了工业建筑遗产和历史文化资源，使之成为新的生产力的载体，而且使其凝聚的历史价值融入了艺术气息。可见，文化创意为老城空间注入了新的文化内容和经济活力，使得传统生活的原真性和现代文化的时尚感融合在了一起，其最终形成的文化创意空间更是让资源得以活化再利用。对历史文化资源实施合理的保护、开发措施，并适当地融入现代元素，使得历史文化资源古为今用，成为极具特色的艺术展示和人们乐于光顾的交流空间。

四、文化创意产业的产业升级模式

产业升级是文化创意产业发展的必经之路，主要是指产业结构的改善和产业素质与效率的提高。产业结构的改善表现为产业的协调发展和结构的提升；

产业素质与效率的提高表现为生产要素的优化组合、技术水平和管理水平以及产品质量的提高,总体来看,文化创意的产业升级模式通常表现为产业融合和产业集聚两种形式。

(一) 文化创意的产业融合模式

文化创意产业的发展离不开技术进步和产业融合的推动。自20世纪80年代互联网技术逐渐普及以来,特别是数字技术在传媒领域广泛应用以后,推进了出版、电视、音乐、广告、教育等产业的融合浪潮,全球文化创意产业正在经历着产业升级引发的变革。在信息技术的渗透影响下,创意产业不仅会引起产业内不同行业边界的模糊化,而且还将通过产业之间的互动促使新业态和新产品的诞生。这里主要探讨文化创意产业与工业、农业、旅游业、建筑业的融合发展。

文化创意与工业的融合,在纵向延伸和横向服务两个维度上,激发了产业转型和升级的活力文化创意与工业的横向服务链融合,主要是通过对工业产品的外观、结构、功能等进行创意设计来提高质量、提升附加值,从而大幅提升工业产品的价值。文化创意与工业的纵向产业链延伸,主要是通过创意设计来促使产品制造、配套服务、品牌服务以及专卖商店等的联动,给消费者带来情感、审美、体验等方面愉悦的心理感受,从而有效提升产业链后端的价值。闻名世界的迪士尼公司就是一个典型的代表,通过采用"讲故事——系列人物形象"来吸引消费者,并因此获得了消费者的青睐和忠诚度。

文化创意与农业的融合,主要体现在农业领域创意水平和设计水平的提升,同时也促进了农业与文化、科技、生态、旅游的融合。对休闲农业及其经营场所进行创意设计,建设集农耕体验、田园观光、教育展示、文化传承于一体的休闲农业园区。纵观国内外的农业发展,我们发现,如今的农业经济,是农业经济、工业经济以及知识经济等多种经济形态的融合,其发展理念与以前已经有了根本性的区别。比如"新田园农业""绿色农业""生态农业""休闲农业"等。"新田园农业"在我国台湾地区比较兴盛,"休闲农业"受到亚洲很多国家的青睐。借助文化创意产业的发展理念,将科技和文化要素有效地融入农业生产,有助于拓展农业功能、提升农业价值,从而把传统农业发展为集生产、生活、生态为一体的现代农业。

文化创意与旅游业的融合，有利于发掘旅游项目的文化内涵，打造极具魅力的旅游产品。在文化创意引领下，以旅游业为主导，复合其他相关产业，实现旅游业与文化创意之间的相互影响和相互驱动，形成多种新的旅游业态、旅游产品。通过旅游搬运效应，既能够带动旅游的综合消费，又能提升文化产业的附加值，延伸产业链条，拓展产业空间，真正实现产业之间的互融和共荣。旅游与文化创意的互动融合，不仅促进了文化资源的保护和传承，提升了文化资源的价值和影响意义，同时也为旅游业的发展注入了新的活力，成为旅游业新的增长极。因此，文化创意与旅游业的有机结合，便是运用文化创意的手段来激活旅游资源的潜在价值，为旅游业注入更多的文化内涵，在促进文化创意产业蓬勃发展的同时，也助推旅游业的健康发展。

文化创意与建筑业的融合，有助于改善人们的居住环境，提升城市整体的艺术水平、文化水平和人性化水平。文化创意与建筑业的融合主要体现在以下三个方面：第一，建筑布局与文化创意的融合，有助于建筑与环境的协调以及最高效地利用土地；第二，建筑结构与文化创意的融合，有利于展现地方特色，提升建筑的文化内涵；第三，建筑材料与文化创意的融合，能够提升宜居性和舒适度，并使建筑与周边环境尽可能和谐。例如，全球历史文化名城布拉格，不仅将古城发展的历史脉络完整地保留了下来，而且将新城的建筑风格与古城保持一致，虽然新旧不同，但却毫不违和。政府为了突出老城与新城的特色，复原布拉格文化的悠久历史文脉，分别对其进行不同程度的保护和开发，并通过各种各样的文化节庆来传承城市精神和文化。

此外，我们熟知的媒体、出版、广告、设计、建筑及表演艺术等多个领域都或多或少存在产业融合的现象。开放和创新的经济环境是文化创意产业发展的重要基础，因此文化创意产业中的创新活动总是活跃于一些高科技产业高度聚集的全球城市，从而促进全球各城市之间的交流和互动，实现城市联动发展的局面。

（二）文化创意的产业集聚模式

纵观世界各国的发展实践，不难发现，集群化是文化创意产业发展的一个主要趋势，即在大都市形成集聚区，通过发挥创意企业聚集的竞争、叠加和溢出效应，对不同地域文化资源的有效整合与开发，形成区域性不同产业的集聚，带动文化创意产业和其他相关产业的发展。产业集聚是增强文化创意产业市场竞争力的重要组织形式，它具有降低交易成本、获得竞争优势、聚集经济效益的功能。文化创意产业主要集聚在具有创新性和原创性的区域，这些区域一般位于大城市的内城及其边缘地区，周边较为深厚的历史文化资源，如城市标志性建筑物、工业遗产及旧时民居等为文化创意产业集群的发展提供了"新生产的空间"。在文化创意产业集聚过程中，一些历史文化空间成为重要的生产资料和产业载体，使得新的消费空间在旧的生产空间中得以萌芽并茁壮成长。大部分集聚区都普遍具有这样一些特点：首先，它们都有相对宽容的社会文化环境，并且得到政府的大力支持；其次，它们还特别注重通过集聚效应来打造完善的文化创意产业链；最后，它们充分发挥区位优势，从而发展相关产业及支撑产业。

五、文化创意产业的价值链模式

（一）文化创意产业的价值链内涵阐述

1. 价值链的内涵

价值链是指提供一种系统的方法来将企业划分成一些相互分离的活动，可用来研究企业中这些活动之间的分工协作过程。企业的价值活动可以分成两部分：基础作业和辅助作业。

（1）基础作业由从投入到产出的转化、交货和售后服务直接构成，是产品或服务在实质上的创造，包括：①进货物流：有关作业包括接收、储存、散发和输入物质到生产中；②生产运营：投入最终产品或服务的转化，包括加工、装配、检验、包装和设备维护等作业；③出货物流：收集、贮存、发货给客户；④市场营销：有关的作业包括提供买主可以买到产品的方法，并引导消费者去买，如广告、售货、选择渠道、定价、促销等；⑤售后服务：提供服务以维持或者增加产品价值，如安装、培训、修理、保养等。

（2）辅助作业支持基础作业，由企业员工来完成，包括：①基础架构：包括行政管理、财务、法律、计划和会计制度等，基础架构支持整个价值链，帮助或阻碍成本竞争优势的形成；②采购：原材料、供应品及其他消费品和资产的购买（不包括被采购的原料本身）；③技术开发：包括与改进产品及生产流程所做努力相关的作业；④人力资源管理：包括所有参与招聘、培训、付酬等作业。

最初的价值链理论只是局限在企业内部，随着理论的不断完善，价值链模型发展为三个层面：产业价值链、企业价值链以及企业运营活动价值链。企业价值链只是整个产业价值链中的一个环节。整个产业价值链是由从原材料供应商到顾客的一系列环节构成的，包括供应商价值链、企业价值链、渠道价值链、买方价值链，美国哈佛商学院著名战略学家迈克尔·波特称其为价值系统。

价值链管理的核心就是价值增值，而价值增值的前提应该是掌握关键的价值活动。价值增值应首先是顾客的价值增值，而要达到这一目的，仅仅依靠一个企业所拥有的资源是远远不够的，因为顾客的需求不断变化，市场竞争日益激烈。原来那种推行纵向一体化战略，依靠对原材料供应、产品制造和销售全过程的控制而达到作业活动创造价值的目的的企业，已无法快速响应市场的瞬息变化。在这种情况下，以利用其他企业资源为目的的横向一体化战略成为众家企业成功的原因之一。比如，耐克公司通过将精力集中在产品设计和市场营销两个环节上，利用一个由低成本供应商组成的海外网络对生产过程进行外包。制造商这样做的目的显然是追求低成本和高质量，最终目的是提高自己的竞争能力。因此，后来价值链的概念更加注重围绕核心企业的网链关系，即以核心企业为中心，向上一级是核心企业与供应商、供应商的供应商之间的关系；向下一级是核心企业与用户，用户的用户之间的关系。

2. 文化创意产业的价值链内涵分析

文化创意产业是具有原创性、具备明显知识经济特征和高度文化含量的一种产业，它将具有原创性的产品规模化、产业化，使之产生经济效益；它以创意为核心，借助高新技术将创新性思维直接转换成具有高度经济价值的产业。文化创意产业的基本价值链可以概括为内容创意、生产制造、营销推广、传播渠道和消费者这五个环节。

（1）内容创意。内容创意包含创意生成和创意开发两个部分。创意生成是对不同想法的一种出乎意料的新组合，或是将两个无关的想法，抑或是两个元素做出创新结合，从而让人以一种全新的视角来看待一件事情。创意存在于人的头脑之中，体现的是人的智慧，具有无形性、抽象性的特点。一个好的创意会变成企业甚至产业的策略。创意是创意产业形成的原动力，位于创意产业价值链的顶端，它控制着整条价值链的有效运作。

仅有创意还不够，还必须有创意的开发。创意开发是把人头脑中的创意转化为创意产品，即对创意的表达。可以说，创意开发的本质是创意的产品化过程。创意产品是文化创意产业的价值载体，它是创意的表达形式，它通过有形载体来体现无形的文化创意，实现其自身的产业价值。从更深层次而言，文化创意产业主要是以版权为主的知识产权为基础而衍生出来的一个产业，能得到知识产权法保护的并非创意本身，而是创意产品。因此，文化创意产业的一个认定标准就是是否进行受知识产权保护的创意产品的设计。例如，电影院、书店、博物馆、电视台等都属于文化产业，它们只是经营文化产品、提供文化服务，因此不能界定为文化创意产业；而电影制片、电视节目制作或动画制作、游戏软件设计制作或服装设计等，因其活动的核心是知识产权产品的设计，故应属于文化创意产业。

（2）生产制造。"生产制造"则是根据剧本、方案、工程设计图或者产品设计图等生产制造具体的创意产品，形象地说就是把创意产品产业化的过程。可见，"内容创意"和"生产制造"是文化创意产业价值链实现其价值的基础，是对创意产品价值的创造。没有创意就无法形成创意产品，没有创意产品的生产制造，文化创意产业只能是空中楼阁。

（3）营销推广。营销推广是对创意产品的一种经营方式。制胜的营销推广需要系统地研究消费者对于创意产品的需求及偏好，制定可行的市场分析，并精心设计具有竞争吸引力的产品价值定位，其目的是实现创意产品的产业化。其中，代理商、策划人、经纪人和制作人等作为这一环节的重要参与者，他们通过对市场的把握，运用各种营销模式将其价值和使用价值销售、让渡给消费者。

（4）传播渠道。传播渠道是由一些独立而又互相依赖的组织组成的增值链，产品和服务经过渠道的增值变得更具吸引力和可用性，使得最终用户得以满意地接受。对于文化创意产业而言，价值链的打造必须通过以经济效益为目的的市场行为来实现。具体来说，创意产品只有通过贸易渠道销售出去，才能使文化创意产业部门收回投资，获得经济利益，才能进一步发展与壮大。没有销售渠道，再好的产品也变不成产业。因此，传播渠道也构成文化创意产业价值链上重要且不可或缺的环节。

（5）消费者。消费者是文化创意产业价值链上的最终环节。在价值链中，价值的概念对于消费者而言是指创意产品的使用价值。而消费者要获得一定的价值也需要付出一定的成本，主要有货币成本、时间成本、体力成本、精神成本等。因此，在发展文化创意产业的过程中，企业对市场的把握度，创意产品对消费者的迎合度是整条产业价值链得以维持的关键。

（二）文化创意产业价值链模式的增值

文化创意产业的价值链可简要地分解为：内容创意—生产制作—营销推广—传播渠道—消费者。每一个环节都有增值，都能为我们带来利润。

文化创意产业的主要增值部分在原创知识含量中，因此，内容对于文化创意产业的发展至关重要。例如，英国的哈利·波特系列，以这一人物形象为中心的产品包括图书、电影、动漫、游戏和其他众多的衍生品，包括服装、鞋帽、文具、玩具等。从价值链来看，最前面的就是小说，经过出版商到了书店，拍成电影又到了院线，之后变成了动漫、游戏、海报、玩具等，通过消费渠道到达消费者。在这里，我们可以看出，内容是创意产品的核心，内容创意是构成企业核心竞争力的重要部分，也是产业链的高利润区。哈利·波特成功的关键在于小说内容。所以在传媒、娱乐、艺术等行业当中，内容原创能力和内容资源的创新，才是提升价值的核心环节。

除了内容之外，传播渠道也是为文化创意产业带来赢利的一个重要因素。传播渠道是文化创意产业价值中的重要环节，如果没有畅通的传播渠道，再好的创意内容也无法转化成产品，更谈不上赢利。

媒体的推动作用对文化创意产业的赢利来说也不容忽视。传统消费是直接面对面的交流，不需要策划人、中介等中间环节，而价值链延长以后，需要更多的策划，需要更多的设计，因此很多设计出来、策划出来的创意产品就可能被淹没于泛滥的信息当中，媒体是人们获得信息的主要方式，媒体的运作就能够发现创意产品价值，并且推动价值的实现。

文化创意产业的赢利需要挖掘新的需求。产业价值链之所以能够形成或者发生变化，完全是为了提供满足消费者某种需要的效用系统，而消费者的需求是产业价值链存在的基础。消费者新的需求产生过程也就是价值的创造过程。

挖掘和满足消费者的需求越多，创造的价值和赢利也越多。

（三）文化创意产业价值链的延伸

利益的驱动是文化创意产业链延伸的最直接动力。在知识经济时代，文化创意产业链的垂直分拆将激发创意市场、制作市场、广告市场乃至发行市场的潜力，促进产业的持续强劲；由点到面的规模化效应还将带来强势，推动文化创意产业整体实力的增强。从发展上看，文化与创意的功能不再仅仅停留在为大众提供资讯和娱乐，而是为引导大众形成健康、科学、同社会发展相一致的生活方式提供服务。这种广泛意义上的服务，是将大众所需要的、文化创意产业所能够提供的服务进行整合、打包。这样，大众通过产业链的延伸就可以获得更多的服务。从这个意义上说，文化创意产业链的延伸不仅有利于资源共享、收入多元化、降低经营风险；也可以促进文化创意产业跨媒体、跨行业、跨地域经营，实现产业发展由弱势变为强势的目标。

与其他产业不同的是，文化创意产业链的延伸，又产生新的流通环节。文化创意产业价值链的延伸还必须有一定的条件，这种条件就是一定的服务要求：一是品牌化的服务。价值链延伸中，要求通过高技术含量、高质量的专业服务来创造品牌化的服务。二是个性化和人性化的服务。文化创意必将涉及人文特征，那么其服务就应该是人性化的。三是电子化和网络化服务。当今创意的内容制造、传播以及销售渠道等，都要借助于日益发展的新媒体，所以价值链延伸也需实行网络化。四是规模化和规范化的服务。在连锁的系统内，特别是创意传播与销售过程中，需要统一标志、统一价格、统一管理、统一技术支持、统一传送。

随着市场竞争触角的不断延伸，文化创意产品的价值链也不断丰富与拓展，原先单一产品的单一价值环节如今已由单一产品的多元价值环节所替代。产品价值链的延伸，为企业带来了持续发展的机会与空间，但要把握好这一发展的良机，或者说，要赢得这一发展的空间，关键的问题在于我们的企业如何有效地扩大与消费者的交点。根据市场需求，设计消费者偏好的创意产品，或者在营销中设想出与众不同的方法，投顾客所好等，这些都能影响消费者的购买欲望，增加购买的力度，但是仅仅靠这些是远远不够的，还需要系统的策划和组织、实践，企业需要思考的地方还有很多。

（四）文化创意产业价值链的分化与整合趋势

由于靠纵向一体控制一个长而复杂的产业价值链而获得最大利润已经是不现实的事情，尤其不适合文化创意产业的发展，产业价值链的分化与重新整合就成为必然。先是对传统价值链的分化。把连在一个链条上的供、产、销的一个个的链环拆解下来，从中选择那些本企业居于竞争优势的环节加以保留，然后再把分离出来的链环以业务外包模式交给最佳的合作伙伴，与其形成一种战略联盟。原始价值链经过这样的解构，原来拥有整个链条的企业可能只会保留其中某个或某几个链环，或者每一个链环都会成为一个单独的企业，集中于专长，凭借比较优势将业务集中到具有利润空间的某个环节。

经过分化后的价值链，还需要进行重新整合来提高整体的赢利水平。常见的模式有兼并收购和虚拟价值链两种。

在文化创意产业企业迅速壮大的过程中，横向并购、纵向并购以及混合并购都是可采用的手段。横向并购是生产或经营同类产品的企业之间发生的并购行为，其目的是提高规模效益和市场占有率，从而在这项核心业务的市场上居于霸主地位；纵向并购一般是跨国集团在产业价值链整合中采取的手段，而大多数中小型的创意产业企业是不会有资本支持采取这种方式的；混合并购指并购对象和并购企业不处于同一行业，通过并购主要是发展企业多元化战略，其实这种手段与渠道拓展是结合在一起的。数字时代消除了新闻出版业、广播电视业、娱乐业、信息产业、家电制造业的传统行业壁垒，使众多关联产业共同整合在创意产业中，电信运营商、传统媒体、终端制造商、服务提供商、广告纷纷被整合到新的价值链中而获取更多的利润。

虚拟价值链是价值链不同环节上的企业为了实现某一战略目标而形成的战略联盟，以此来聚合彼此的核心专长，合作创造更大的价值。虚拟价值链基于"双赢"与"合作"的经营管理，通过整合价值链系统中联盟企业的分散资源以及共享信息，扩大市场份额，提高运作速度，分担市场风险，实现优势互补，并且能间接实现多元化、寻求新增长点的目的。

第三节　文化创意产业的可持续发展

一、文化创意产业可持续发展的特征与属性

"可持续发展"，顾名思义，可持续发展涉及两个基本方面：发展和持续性。两者互为联系，相辅相成。具体而言，发展是基础，因为没有了发展，也就没有讨论持续性的必要了；同样，没有了持续性，发展必定行将不远。从社会经济的角度来说，可持续发展是经济和社会发展的一项长期战略，它主要包括资源和生态环境可持续发展、经济可持续发展和社会可持续发展三个方面。首先，资源的可持续利用和良好的生态环境构成了可持续发展的基础；其次，经济发展为可持续发展提供了前提条件；最后，可持续发展的最终目标是围绕着人，以谋求社会的全面进步为目标。

从本质上而言，文化经济就是创意经济，这是文化"经济化"和经济"文化化"相互交融的结果。文化"经济化"即指在文化发展过程中不断渗入经济成分，诸如市场手段、经济管理模式等广泛应用于文化领域的发展进程，文化活动在某种程度上已经被"经济化"了，其结果是形成了一些新兴的产业，如文化产业、文化创意产业等。而经济"文化化"在内涵上与文化"经济化"相对，它指的是在经济的发展过程中越来越注重文化内涵的提升，不仅在商品中文化含量得到提升，在生产、流通、分配、消费等经济过程中也越来越多地注入文化理念和文化内涵。经济的"文化化"提高了产品以及经济运作行为的价值含量，企业也因此获得高效益的回报，经济"文化化"已是当前市场经济发展的重要特征。在文化创意产业，产业文化、企业文化、品牌文化等都是经济"文化化"的重要表现。文化"经济化"与经济"文化化"相互交融，构建出了可持续发展的创意经济、文化创意产业。

作为创意经济主导的文化创意产业，其本身也集聚并散发着可持续发展的特征与属性。文化创意产业充满了文化和创新元素。作为知识性产业，文化创意产业中的人文观念、文化知识等文化元素作为生产力要素投入产业生产，这

些生产力要素体现着以人为本的人文价值,与自然资源、经济资本等相融合,构成了文化创意产业持续发展的动力。另外,产业的创新元素在文化"经济化"与经济"文化化"中,不断得到提炼,最终形成持续的创新能力,成为产业的核心竞争力,推动产业的持续发展。可以说,文化创意产业所固有的文化性与创新性是其得以不断持续发展、成为新世纪"朝阳产业"的重要基础。促进文化创意产业的持续发展,就需要从这两个方面加大力度进行挖掘。

二、文化创意产业可持续发展的必然性

作为经济发展的中心,城市集聚着两大产业:工业与服务业的大部分行业。工业与服务业的发展促进了城市经济的繁荣,特别是工业为城市带来了巨大的经济生产总值。城市必须在资源占用方式、经济增长方式以及产业结构上做出调整,也就是说尽可能地占用再生性资源,加大产业结构中知识服务业的比重,从而走上环境友好型的经济增长之路。其中,发展文化创意产业是最可取,也是最现实的选择,所以说发展文化创意产业是城市实现可持续发展的必由之路。

(一)降低对自然资源的依赖

文化创意产业的特征,决定了它的发展不以依赖自然资源投入为切入点,虽然其发展客观上离不开自然资源的支持。作为以创新和创造力为核心的产业,文化创意产业的发展立足于具有创造性的文化创意活动,立足于创造力、知识、技能等可再生文化创意资源的投入,摆脱了长期以来传统产业对自然资源的依赖症,实现了资源供给的永续利用。另外,一般产业往往占用大范围的空间进行投资生产,再经物流运输进行销售,但文化创意产业的发展改变了这一传统模式,当前信息化、数字化的快速发展甚至只需要一台与互联网连接的电脑,就能实现文化创意的产业化,这极大节省了对诸多资源的使用,降低了产业发展对自然资源的依赖,进而也保护了资源环境。

(二)实现空间资源最有效的配置

城市化发展的过程其实就是城市空间不断向外扩散、工业化不断深化的进程。在许多大中城市,工业化所导致的交通拥堵、环境污染等日益受到人们的关注,为规划城市发展、降低企业成本,传统制造业企业开始搬离出城市,往城市郊区、二三级城镇等转移。如此一来，城市区域所腾出的大量空间资源便被闲置，若将之拆除重新建设，不仅花费巨大成本，原有工业建筑所蕴含的历史悠久、丰富的文化内涵也将被磨灭。文化创意产业的崛起有效地解决了这一难题，原有的旧厂房、旧仓库在经过创意设计、产业化利用后，逐渐成为文化创意的聚集地，吸引着种种文化创意组织（人）的入驻，这就降低了改造成本，实现了空间资源的高配置利用。例如，北京798文化创意产业聚集区就是一个很好的例证。798的前身是718国营电子厂，在城市工业化进程中逐渐落寞，但正是由于一大批艺术人、艺术群体的入驻让这个盛极而衰的老厂重新散发光芒，成为当前文化创意产业聚集地的代表词，创造出大量财富。另外，文化创意组织在地理空间上的集中，也有助于实现文化创意企业、高校、科研机构等组织之间互动所形成的城市创新体系，通过共享资源、技术、服务平台等，既节约了运营成本，又促进了创新能力的培育。客观上，这种集中还避免了企业在空间上的重复建设，使得城市空间资源得到最有效的配置。

（三）推动产业结构的优化与升级

文化创意产业作为一种服务业，从产业划分上来看，可以将之归为第三产业。大力发展文化创意产业，毫无疑问将带动服务产业的发展，加大城市经济结构中第三产业的比重，有效优化了产业结构。从产业的性质上而言，文化创意产业是一种新型的创造性产业，它与传统农业、工业的结合，有效地挖掘出了这些产业不为人所知的价值潜力，造就当前创意农业、创意工业的出现，说到底这是由于文化创意不断渗入农业与工业的研发、设计、营销、管理等部门，文化创意广泛参与价值链环节，推动这些传统产业的结构升级才使得其"含金量"大幅提升。发展文化创意产业是实现创意经济、服务经济的必由之路，通过产业发展调整经济产业结构，从而促进城市经济、社会的和谐发展。

（四）推动城市功能的转型

城市要实现可持续发展，在功能定位上必须要有所改变，也就是说它必须要由原来主要的生产功能向服务功能转变。而这一转变的有效渠道之一即发展文化创意产业。首先，文化创意产业的发展加强了城市经济的服务功能，由于在资源投入上的可再生性，在产业运作上的高回报性，文化创意产业逐渐取代了城市中那些资源高耗性、污染环境的产业,以提供研发设计、娱乐休闲等文化创意服务的方式深化了城市经济原有的功能属性。其次,文化创意产业有助于促进现代服务业发展,推动城市经济产业结构的优化升级,实现城市经济的协调发展。在人口城市化逐渐加快的进程中,人们对于城市居住环境的要求也越来越高,除了需要净化的环境外,还需要有美化的感受。文化创意产业的发展就能满足这些需要,它通过文化创意资源的开发,按照人们心理美化的要求将城市环境塑造得日益个性化、现代化,从而不断吸引文化创意人才与企业的聚集。与之同时,它还带来了高品位、高技术、高附加值的产品和服务,促进了经济产业结构的优化升级,使城市服务功能不断增强,为城市经济与社会的协调发展提供了新的动力。

三、文化创意产业可持续发展的可行性分析

打造完整的产业链,是文化创意产业获得可持续发展的关键,也是文化创意产业发展的成熟体现。文化创意产业不同于传统产业,它更注重产业链的延续和相互之间的配合,基于此,我们应整合好各项产业资源,充分利用文化创意产业所具有的特征与优势,避免产业发展走向瓶颈。党的第十七次全国代表大会所强调的科学发展观,也体现了中国已意识到走持续发展道路才是经济发展的长远战略,资源有限,创意无限,只有建立人与自然间的和谐关系才能走可持续发展之路。

(一)文化创意资源的来源广泛

与其他产业的发展一样,文化创意产业的发展离不开对一定资源的占用、开发。文化创意产业的发展过程实际上是文化创意商品化、产业化的过程,即将文化创意资源转化为文化创意产品、服务的价值增值过程。文化创意资源的来源非常广泛,既有文化因素,又有知识、思维、科技等智力因素,以及理想、信念、价值观等精神因素。丰富多样的文化创意资源不仅保证了产业发展资源投入的充盈,也是多种文化创意行业齐头并进的动力所在。

除了来源广泛外,文化创意资源的特征决定了文化创意产业可持续发展的可行性。首先,文化创意资源不是一个固定存量,它是动态变化的。具体而言,它与自然资源不同,其内容不是一成不变的,因为随着时代变迁、社会变革,

社会文化与人类思想也与时俱进，不断走向进步和高级化。在一个极具生机的资源的投入支持下，文化创意产业的发展必然是可持续的，这个结论我们也可以从上一章的生态分析中得出。所以，我们在发展文化创意产业时，应以辩证的眼光来看待对文化创意资源的开发与利用。其次，文化创意资源是可再生的，可以重复利用。从资源的存在形态上说，文化创意资源可视为虚拟的抽象形态，它不存在用之竭尽的问题，在借助多种形式的载体及介质的情况下，可以反复地投入产业发展中；而矿产、土地等自然资源都是实物形态，随着不断的使用，其存量将不可避免地减少，尽管在现代科技的帮助下，其使用逐步有了可循环的可能性，但却不能从根本上解决问题。文化创意资源的可持续使用，成为文化创意产业可持续发展的基本前提，新兴的朝阳产业也因此充满活力和朝气。再次，文化创意资源是可以继承和发扬的，并非一家所独占。通过人与人之间的相互沟通和交流，文化与创意可以在不同的群体之间广泛传递，而随着现代传媒技术的发展，文化创意逐渐信息化，滥觞于世界各地。在这种情况下，文化创意资源的占有主体遍布各个不同的国度，逐渐被淡化和模糊化，文化创意因此成为一种可供全人类共享的精神财富，得到不断继承和发扬。对于我国而言，在中华民族五千多年的历史发展中，不同民族、不同历史时期的人民共同创造了中华民族的历史，形成了统一的国家和多元化的民族文化，文化创意资源丰富，底蕴深厚，但我们在发展文化创意产业的过程中，应广泛利用一切对我们有利、能为我们所用的文化创意资源，不管这种资源源于国内还是国外，只有如此，才能最大限度地促进我国文化创意产业的发展。

（二）文化创意产业可以促进环境的平衡发展

文化创意产业的崛起和发展，不仅克服了传统制造业低附加值、产业结构落后的弊端，带来了大量的物质财富，而且还能满足作为消费者的大众的精神需求，减少经济发展对环境的污染。所以，我们说作为新的服务业和一种新的利用知识的方式，文化创意产业在促进社会经济、文化发展的同时，也增进了社会的和谐。

在经济社会，所有的产业都将面临产业结构调整、附加值变动的过程，如果其能不断调整以适应外在环境的变化，那么产业的持续发展也就有可能维系并取得不断进步，反之终将被环境所淘汰。而产业要在结构与附加值等的调整上获得进一步提升，就要依托文化创意，依托文化创意产业。我们知道，任何产业发展要获得增值，根本就在于创新，在产业链所有环节上的创新，而文化创意的高渗透性与文化创意产业的创新性、强辐射性则可以实现这种可能。以工业发展为例，工业发展到一定程度，要想大幅度地提高工业总产值非常困难，除了加大资源投入外，还需借助于文化创意。只有从根本上改变工业的生产技术、营销策略，进行管理上的创新，工业发展才有更大的保障。农业和服务业同样如此。因此，文化创意是推动产业结构升级、促进经济稳定增长的最大动力。

另外，文化创意产业的资源投入与其他产业不同。前已述及，文化创意资源是可再生，并可以重复利用的，而且文化创意资源的使用不会过多地消耗物质资源，不会污染环境，相对于其他产业以消耗物质资源、污染环境为代价的发展方式而言，前者不得不说是一个根本上的进步，它彻底消除了生产末端难以治理、解决的环境污染，有力地促进了环境的平衡发展，同时还产生了良好的循环经济效益，这些与当前我们所倡导的绿色GDP，发展循环经济，实现社会经济可持续发展的理念遥相呼应，不谋而合。因此，大力发展文化创意产业，不仅可行，还理应成为实现经济、社会可持续发展的首选与重点方式。

四、文化创意产业可持续发展的主要内容

在现代社会，物质与技术发展科技飞速发展，物质极大丰富，人们对于生活的要求开始由温饱转向舒适，更注重于生活品质。基于此，以自然环境破坏为代价的经济发展方式逐渐被社会所淘汰，代之以人与自然和谐相处的发展理念。经济发展社会背景的这种变化，为文化创意产业的产生与可持续发展提供了充分的条件。

作为新世纪的朝阳产业，文化创意产业对人类社会的可持续发展有着重要的影响。首先，极具创造力的文化创意不但能优化其他产业的产业结构，促进经济循环发展，同时还引导人们生活方式和消费观念的转变，对人们的价值观、人生观、发展观有着深刻的影响。其次，文化创意产业的发展不以依赖能源消耗、环境污染为前提，有助于人类社会环境的可持续发展。因此，我们应以长远的眼光来审视文化创意产业的可持续发展，以系统化的思想作为指导思想，将整个地球、生物圈看作一个大系统，充分考虑我国的资源、环境以及国情，合理利用资源，大力推动自主创新，实现我国由"中国制造"向"中国创造"

的转变。只有大力发展文化创意产业，坚持可持续发展，才能促进经济、社会、资源和自然环境的和谐发展，最终实现人的全面发展。

虽然文化创意资源可再生并且可以重复利用，但文化创意产业的可持续发展并不是无条件的，相反它有着自身独特的条件与内容，具体而言表现在以下方面：

首先，资源有限，创意无限，无形的文化创意要想成为现实的、人们可以享受的产品，必须要借助于一定的声音、文字、图像等外在实物载体，将文化创意外形化、商品化，没有这些物质载体，无论多么赏心悦目的文化创意也仅仅是停留在大脑中的空想，不能产生相应的反响与效益。因此，我们除了需积极培育文化创意、保持创新性外，也需要注重对文化创意资源的保护与整合开发，对文化创意产品进行宣传与包装，唯有内外相结合、内外都获得了提高，文化创意产业才能得以持续发展。

其次，文化创意产品作为一种商品，也有着自身的价值与使用价值。这两种价值的外在表现形式不一，文化创意产品的价值主要外化于其高附加值的经济价值，而使用价值则更多地表现为满足于人们的精神需求的社会价值。经济价值与社会价值共同构成了文化创意商品的价值"含量"，两者相互联系，不可分割。但是，文化创意产业的发展在带来巨大经济效益的同时，也存在着这样一种负面效应，即在市场经济条件下，人们在物质利益的驱使下，往往只关注文化创意产品的经济价值而忽视其社会价值。

再次，文化创意产品及文化创意服务活动方式的背后是文化与创意所依据的观念系统，这种文化创意观念是文化创意系统运作的核心要素。文化创意产品和服务消费传递的是一种价值观念，是人们满足精神文化生活需求的媒介，它必然要有符合人性的、理性化的特征。文化创意观念是文化创意产业的灵魂，是文化创意产业发展的核心，只有健康向上的文化创意理念才是文化创意产业实现可持续发展的内在力量。

在文化创意产业具体发展问题上，应既能把文化创意产业的经济价值与社会价值统一起来，能以理节情，以理疏情，在满足人们的内在精神需求的同时，又不使人沉溺于本能欲望等非理性的片面追求上，这种成熟的理性精神是人类合理把握自身的关键所在，也正是文化创意产业持续发展的关键所在。

五、文化创意产业可持续发展的路径选择

(一) 积极营造有利于文化创意产业发展的氛围

首先,加大力度保护知识产权,这是文化创意产业发展的关键。在社会生活中,人们所萌发的文化创意若想获得相应的经济回报,就需要将之转化为知识产权,投入产业链中进行开发利用、营销方能创造出财富。

其次,构建文化创意产业发展所必需的投资环境。文化创意是具有财富潜力的虚拟产品,要将它出产成有形产品,需要投入资金以带动产业化运作。当前,我国文化创意产业的投资环境还不够成熟,如何通过金融创新改善融资环境是当务之急。从长远看,由政府财政、融资机构和社会集资三方面共同进行资金支持,设立文化创意产业发展基金,是解决文化创意产业融资的重要途径。

再次,优化产业发展环境。主要是优化广大文化创意企业的生存与发展环境,创新企业的经营模式,进而创新产业的发展形态和市场运作模式,促进产业的可持续发展。

最后,不断改善文化创意产业发展的软环境,为文化创意人才集聚营造良好条件。这就要求文化创意集聚中心不仅要具有高效率、包容性,而且更具创造力。打造和谐的文化创意生态环境,文化创意产业可持续发展才具有持久和旺盛的生命力。

(二) 瞄准市场定位不断拓展产业空间

随着人们生活水平的提高,居民对于文化创意消费的需求日益呈现出多样化与高端化的趋势,文化创意产业只有准确确定具体产品的市场定位,提供各种各样具有需求性的文化创意产品,才能保证产业的正常运作乃至扩大发展。

另外,城市普遍面临发展空间有限、资源环境瓶颈制约等问题,对以制造业为主的第二产业进行转型升级已是必然之势,文化创意对传统产业的渗入恰恰迎合并催发了产业的结构升级,人才、制度、环境、创新等文化创意要素成为服务经济、创新经济发展的重要动力。在此背景下,发展文化创意产业就成为提升城市竞争力的重要途径,当然,文化创意产业自身的发展空间也得到极大拓展。但要维持这种拓展,文化创意产品首先必须要满足大众需求,明确市场定位,只有占领市场才会具有创新发展的驱动力。

(三）整合资源加快文化创意产业园区建设步伐

在后工业化时代，许多城市都将发展文化创意产业作为催化经济转型、实现产业升级的战略举措。发展文化创意产业的核心在于形成完整的产业链条，并将这种链条延伸形成规模经济，从而获得最大经济效益。我国要在较短的时间内有所作为，就必须围绕文化创意产业链培育出一批符合市场规律的、富有竞争力的文化创意产业园区。首先，要在科学规划文化创意产业发展战略的基础上，研究建设文化创意产业园区的相关内容。文化创意产业园区内必须要具有知识溢出效应的创新中心，依托创新中心最大限度地发挥园区的集聚效应，实现效益最大化，这些创新中心种类不一，可以是非营利性的大学或者科研机构，也可以是大型或知名企业。其次，建设文化创意产业园区，需要明确产业定位和产业的具体内容，避免产业结构过于单一导致规模不经济。再次，在完成产业布局后，还需要注意企业之间的互补交叉，发挥相互补充的作用，避免各自因重叠所带来的负面效应，壮大文化创意产业集群。最后，文化创意产业园区建成后，需要形成一套科学的符合我国实际情况的管理机制和运行模式，以管促行，以实现我国文化创意产业的可持续发展。

（四）大力集聚和培养文化创意人才

文化创意源于人才的创新思维，有创新才有创意，从这个意义上而言，创新型人才是文化创意产业发展的核心所在。因此，促进我国文化创意产业可持续发展，就必须加快培养、吸引一批有创新精神、饱含创意理念的文化创意人才。文化创意人才不仅仅包括勇于创新的设计师、美术家、工艺师和策划人等创意开发者，更包括那些擅长将文化创意作品产业化与市场化的创新经营人才和营销人才。只有这些种类不同，但都属于文化创意者的人才相互协调、相互合作之后，文化创意产业的整体性发展才能获得源源不断的动力，进而成为经济发展的新增长点。大力集聚和培养文化创意人才，需要注意以下方面：首先要更新社会传统的观念，在社会范围内引入创新理念。在我国，长期的封建教育多是一些官本教育和礼仪教育，缺少指导实践生活的职业技能教育。而在文化创意产业中，技术人才是产生文化创意人才的群体，原因在于诸多的想法和创意最终需要这些人才来实践才使得文化创意成为产业。其次，要大力普及创新教育，在不同的年龄阶段开展创新教育，特别是在高校要弥补文化创意产业学科专业教育的"空白点"，培养高素质、知识全面的文化创意人才。最后，在人才管理上要形成文化创意人才可持续发展的激励机制，通过奖惩激发人才的可塑性与创造性，在实践中磨炼并培养文化创意产业专业人才。

第四节 文化创意产业的跨界融合发展

目前，文化创意产业已成为支撑我国文化经济增长的新动能，而融合渗透成为创意业发展方式转变的重要方式。随着全球化步伐的加快与科学技术的迅猛发展，创意产业的跨界融合不断走向更深层次。"文化创意产业的跨界融合实现了对旧有产业价值链的重构，促成了区域产业一体化发展模式，对于区域经济的发展和产业结构的优化升级有着极其重要的作用和意义。"[①]

一、文化创意产业与城市的融合发展

（一）文化创意产业与城市融合发展的意义

在社会发展的历史进程中，城市是人类文明的标志，城市建设从广义上而言，包括城市的硬件建设和软件建设，甚至还包括展览展示与旅游方面等相关内容，城市的发展是一项系统工程，这体现了一个城市在经济、政治、文化、社会和生态建设整体范围的全面协同发展程度。当前，中国城市在立足自身城市特色发展的过程中，着力寻求文化与城市建设的融合，从各城市的文化资源出发，确立自己独特的品牌和定位，加快建设文化城市、文化城镇。例如，北京的城市战略定位是，坚持和强化首都全国政治中心、文化中心、国际交往中心、科技创新中心的核心功能，深入实施人文北京、科技北京、绿色北京战略，努力把北京建设成为国际一流的和谐宜居之都。又如，上海对照"国际文化大都市"和"具有全球影响力的科技创新中心"的建设要求，肩负新阶段的庄严使命，走可持续发展道路。深圳坚持"现代化国际化创新型城市"定位，将深圳打造成精神气质鲜明突出、文化创新引领潮流、文艺创作精品迭出、文化活

---

① 曹如中，仓依林，郭华. 文化创意产业跨界融合的理论认知与价值功能研究 [J]. 丝绸，2019，56（10）：42.

动丰富多彩、文化设施功能完备、文化服务普惠优质、文化传播融合发展、文化产业充满活力、文化形象开放时尚、文化人才群英荟萃的国际文化创意先锋城市，与深圳"现代化国际化创新型城市"相匹配的文化强市。文化的发展关系到城市的未来，从城市发展来看，一个城市最终能走多远，最终有多少影响力和辐射力，都关乎城市文化的塑造能力，城市文化是城市核心竞争力的重要组成部分。

（二）文化创意产业与城市融合发展的表现

（1）文化创意与城市生活的融合。城市是吸引人才和创意、产生创新和创造财富的中心，对经济和文化发挥着前所未有的重要作用，文化作为强大的社会经济资源，可以帮助城市改变民众的生活品质，文化建设是推动城市现代化发展的灵魂工程，有利于提升人民群众文化素质，培育和塑造城市精神。文化设施是营造城市文化环境必不可少的要素，如图书馆、艺术馆、影剧院、科技馆、体育馆、会展中心乃至环境绿化雕塑等，都体现了城市文化风韵，对城市文化环境的营造都具有很大的影响。举办特色文化活动，如美术展、摄影展、博览会、设计周、艺术节等，激发群众活力，提高市民参与文化活动的积极性，形成城市文化建设的凝聚力和影响力。建设融合商业零售、商务办公、酒店餐饮、公寓住宅、综合娱乐五大核心功能于一体的城市商业综合体，这是城市与文化、地产、商业等的结合体，在带动相关产业发展的同时，还可以辐射到社会的各个方面，在一定程度上满足人民日常生活、娱乐、消费需求。伴随着城市文化环境的改善，城市文化品位逐步提升，城市的整体文化氛围将更加浓郁。

（2）文化创意与城市历史传统的融合。每个城市都有自己的历史和不同的文化积淀，在城市建设过程中，城市承担传承历史文化的使命，深入地挖掘优秀的文化历史遗产，分析文化遗产中可以转化为现实经济优势的要素资源，顺应城市的文脉，发展、革新、创造属于一个城市独特的新文化。注重文化资源的保护和开发，完善文物保护单位的保护设施建设和抢救性修缮工作。例如，山西平遥古城曾经街道路面破烂，文物古迹、传统民居年久失修，城内供水系统老化。自发展文化旅游业后，平遥古城基础设施、环境秩序、管理水平、服务质量均得到明显提升，并成功打造了平遥国际摄影大展、平遥中国年、"又见平遥"大型室内情境体验剧等文化名片。城市历史建筑、古遗址、古文化不仅是城市极为珍贵的文化遗产，也是文化软实力的重要依托和支撑。

（3）文化创意与城市形象的融合。城市形象是人类对于城市中居民素质、民俗习惯、文化气息、建筑风格等的感受所形成的城市总体印象，是城市文明建构的一个符号，良好的城市形象能产生巨大的吸引力和投资力，而展示形象更重要的是靠文化的魅力。城市建筑可以丰富城市建设的文化内涵，坚持城市特色风貌与建筑功能的统一，让城市建筑作为城市形象的名片，是塑造城市形象的新路径。

二、文化创意产业与互联网的融合发展

（一）文化创意产业与互联网融合发展的意义

伴随着信息技术发展的日新月异，以互联网金融、移动商务为代表的一系列新兴电子商务模式不断激发着产业的活力与潜力，文化创意产业面临着互联网技术带来的巨大挑战与机遇。一方面，文化创意产业可以充分运用互联网的技术优势与影响效应，与互联网经济融合，实现产业整体升级转型；另一方面，在经济全球化的背景下，互联网经济带来的产业趋同性使得文化创意产业的独创性与民族独特性面临挑战。

（二）文化创意产业与互联网融合发展的表现

在国家文化强国建设的道路上，嗅觉灵敏、视角前沿的文化创意产业正逐步跳出传统发展的框架束缚，走向与互联网深度融合的创新与传承之路，互联网正成为众多文化创意企业的新战场。

（1）大数据：创意灵感的海洋。目前，国内文化创意产业发展已步入大数据时代，开始注重利用互联网获取用户的行为特征数据，通过对海量数据的挖掘分析，从用户创新角度增加创意获取和形成的概率。大数据技术通过客户行为分析为文化创意产业的产品设计带来了全新的思路。但是过度依赖大数据分析也会影响文化产品的多元性与创新性，一味迎合大数据所传递的流行趋势与消费喜好，而忽略了创意文化产品对文化消费的引领性作用，会导致文化创意有创意无意义，文化产品缺乏持续的竞争力。因此，虽然大数据技术为文化创意产业的发展带来了一种全新思维，但文化消费需求往往具有盲目性和从众

性的特点，数据运用还需基于更海量也更精准的数据搜集，数据挖掘的模型也需不断验证与改进。

（2）社交网络：文化互动新场所。大多数文化创意企业依赖于群体交流中的创意分享，而互联网所形成的庞大、多层次社交网络容纳着当前社会中数量最多、思维最活跃的年轻人群，是人与人交流互动形成和传播文化创意的最佳场所。从某种角度而言，创意产业前期可能不需要太多资金投入，创意往往来源于几个人的脑力激荡或思想碰撞，具有成本低、覆盖广的社交网络无疑成为文化创意产业整条价值链前端创意形成、中端附加值增加、后端产品推广的有效平台。同时，社交网络还能够与文化实体进行有效结合。社交网络可以为人们提供便捷和信息公开的互动平台，成功地将文化创意互动从单一的实体创意园转战至更加开放便捷、性价比更高、渠道更广的虚拟网络中。

（3）网络众筹平台：获取大众融资的福地。互联网不仅通过大数据及社交网络为文化创意的产生和传播提供了创意的"发生器"和"扩音器"，更为文化产品的融资提供了符合其特点的有效平台。众筹融资是指通过"团购＋预购"向网友募集项目资金的模式，它有利于集中市场上的闲散游资，支持较难获得传统渠道融资的创意项目、原创设计产品生产等。文化产品往往具有明显的群体特性，同一群体对自己的文化印记拥有强烈的认同感和归属感，因此得到充分展示的文化创意项目在众筹平台上能够获得目标群体的追捧与支持，如众筹网上的摇滚音乐节筹资项目、电商人社群创意T恤众筹项目等；文化创意活动是以文化传播为核心的活动，强调文化消费者的参与，在网络众筹平台的筹资活动本身就是展示创意项目、传播文化的过程，在项目融资到位启动之前，就已经提前产生引领文化、传播文化的作用，文化消费者通过投资文化创意产业项目提升了参与感，增加了消费满足感和文化认同感。

三、文化创意产业与商业的融合发展

（一）文化创意产业与商业融合发展的意义

在商业经济发展的过程中，文化元素滋养了商业品牌的培育，催生了商业业态的创新，造就了特色商业文化。换言之，商业的兴盛又进一步带动文化艺术的发展，商业理念和商业投资促进了文化的传播，将创意思想转化为创意产品，提升了文化产品的层次。文化和商业是互动关系，两者紧密相连，互相推进。商业和文化的互动是一个良性循环的过程，在这个过程当中，文化作品在体现其商业价值时，需要保持其独立性和特殊性，不以商业价值最大化为终极目标，而是要审视文化作品内容本身对社会的影响。创意产业也是如此，在做出对市场分析判断之后，还是要专注于自身的完善，尤其是文艺作品生产者，需要以内容质量为主、自我特色为胜。

（二）文化创意产业与商业融合发展的表现

文化创意产业和商业的融合主要体现在以下三个方面：

（1）文化创意提升传统商业业态。受互联网、大数据等新一代信息技术的影响，传统商业运营模式受到影响，传统企业借助文化元素转型升级，创新自身的商业模式，以提高抵御风险的能力。传统出版企业转型改革，寻求跨界融合路径。安徽出版集团通过全力打造媒体融合产业体系，将"媒体融合、行业服务、商务运营"进行全面嫁接，实现了传统出版与数字出版产业的融合发展。集团科技文化工程孵化平台建设进展顺利，已开发时代教育在线、时代书香网、时光流影、时代漫游幼儿教育等平台。

（2）文化创意培育创意商务服务。文化与商务服务的融合还体现在对传统消费模式的革新，真正以用户需求为导向提供个性化、细分化的文化产品和服务，在线票务就是其中的典型代表。在线票务是在信息化渗透传统行业、人们消费习惯发生改变以及网上支付业务配套完善的条件下产生的，它突破了传统票务的销售模式，借助技术、资金与资源优势谋求从信息的获取转型服务的连接。

（3）文化创意创造商业产品价值。商品除具有使用、消费的特征外，如果能赋予更多文化内涵，增添更多中国元素，将提高商品的附加值，将商业产品附加文化属性已成为当前商品市场的普遍做法，商品设计来自文化的创意，透过赋予商品本身所蕴含的文化因素，予以分析转化成设计要素，并运用设计为这文化因素寻求一个符合现代生活形态的新形式，并探求其使用后对精神层面的满足，这与文化文物单位发掘文化资源、开发文化创意产品的做法如出一辙。

四、文化创意产业与农业的融合发展

（一）文化创意产业与农业融合发展的基础

农业产业与文化创意产业融合，是现代农业发展的新方向。其融合的基础主要表现在三个方面：

（1）农耕文化的多样性。文化是农业与文化创意产业融合的根本基础。现代农业是农耕文化发展的阶段之一。农耕文化是以种植经济为基本方式的农业社会的文化，是指农业生产实践活动所创造出来的与农业有关的物质文化和精神文化的总和。它是在传统的自给自足的自然经济基础上形成的一种思维方式、价值取向、生活和社会行为模式的总和。内容可分为农业科技、农业思想、农业制度与法令、农事节日习俗、饮食文化等。由于我国地域广阔，地理条件差异大，加上农业发展历史悠久，逐步积淀形成异常丰富的农耕文化。各地根据当地的自然条件而形成的种植制度、根据农事需求而制作的不同的农具、二十四节气、农谚等都是农耕文化的典型代表。

（2）现代农业的多功能性。农业具有多功能性，在世界上被绝大多数国家所认可。被普遍认同的是，农业具有"三生功能"，即生产功能、生态功能和生活功能。生产功能是农业最基本的功能，也是人类社会赖以生存和发展的基础。农业作为自然生态系统的一部分（加入了人工干预）而天然地有生态功能，及调节气候、吸收二氧化碳放出氧气等。农业的生活功能主要是指农业对人们精神生活的满足，如观光农业、旅游农业、休闲农业等。在不同的发展阶段，农业的多功能性表现不同。在传统农业阶段，人们基本上只看到农业的生产功能；在现代农业阶段，农业的生态功能和生活功能被挖掘和放大。不同区域的农业可能还会有其他功能，如京郊农业服务于首都、服务于周边、服务于全国的服务功能。正因为农业具有多功能性，尤其是具有越来越重要的生活功能，因此，与文化创意产业的融合成为可能。

（3）消费需求的多样化。随着人们生活水平的提高，消费需求也趋于多样化。在物质产品日益丰富的今天，人们不再满足于物质消费需求，而是更倾向于精神和文化方面，消费需求从有形转向无形。消费者行为的趋同性是产品大规模生产的历史背景，个性化需求则表现为追求差异性、个性化和潮流化的倾向，消费习惯由趋同性向个性化转变。

与传统产业以产品为向导的价值创造机制不同，创意产业以消费者的需求为导向，顾客是价值创造的出发点和归属点，通过满足顾客的观念需求、文化需求，实现价值提升。于是生产者将大量的故事内容、符号与象征元素（如品牌等）运用在产品的生产与消费过程中，让产品成为文化意义的承载者，也就提高了产品的观念价值。农耕文化的多样性、现代农业的多功能性和消费需求的多样化，共同构成了现代农业与文化产业的融合基础。

（二）文化创意产业与农业融合发展的表现

文化创意产业与现代农业有机结合，借助文化创意思维逻辑，将文化、科技与农业要素相融合，就形成了文化创意农业。我国农业的转型升级势在必行，而发展文化创意农业不失为一种较为理想的发展模式，市场前景广阔。目前，文化创意产业与农业融合的方式主要有以下两种：

1. 综合型文化创意农业

（1）主题农庄。主题农庄模式，是以一个特色鲜明的主题贯穿，以农业要素为主体和题材，辅以花园、果园、田园、菜园、树园、牧园等农业生态环境，主要以为游客提供农事活动体验、农业文化欣赏、居住、游乐、养生等功能服务为主要目的的一种休闲农业开发模式。在主题农庄模式中，可以增加文化创意农业景观，品尝、购买文化创意农产品、工艺品，体验文化创意农业节事活动等农业项目。

（2）亲子农园。亲子农园模式，是以生态农业景观、农作物、畜禽动物、农事活动等为主要元素，供亲子家庭游乐、体验的一种农业乐园。可以将文化创意农业景观、农产品、工艺品、农业技术展示、文化创意农业节事活动体验融入其中，从而提升亲子农园的品位与价值。

（3）休闲农牧场。休闲农牧场，其实是休闲农场与休闲牧场的统称，也有两种结合的情况。此类开发模式主要是以农场或者牧场为经营主体，以农业种植、牧场养殖为主要目的，并辅以休闲、游乐体验服务功能的一种开发模式。同样，文化创意农业的融入，能为其增添更多乐趣与价值。

（4）酒庄。酒庄，一般为红酒庄园。它主要以酿酒葡萄种植、葡萄酒生产为主,并辅以红酒文化体验、展览、销售、休闲度假功能的一种开发模式。同样,文化创意农业的加入与运用,可以为其增添更丰富的产品和更高的价值,增强其发展竞争力。

(5) 现代农业示范园区。现代农业示范园区,主要以生态农业、高效农业的现代农业生产为主,并辅以参观、体验等休闲度假服务。同样,在现代农业示范园区中并入文化创意农业,可以更好地发挥其示范和游览作用与价值。

2. 专业型文化创意农业

(1) 农产品农场。文化创意农产品农场,指的是单纯以文化创意农产品的开发与种植的农场,它以文化创意农产品的种植为主要功能,以批发文化创意农产品作为盈利手段。它的规模可大可小,主要目的为提高传统农产品附加值,增加农民收入,为文化创意农产品消费者提供丰富的消费产品。

(2) 农艺工坊。文化创意农艺工坊,是以文化创意农产品包装、农业工艺品、农业装饰品等设计、创作与生产为主,以销售此类商品为主要盈利途径的一种农业项目开发模式。

(3) 农品专营店。农品专营店这种开发模式,主要结合城市或者旅游服务区,为消费者提供文化创意农产品、农业工艺品、农业装饰品等销售服务,以此来获得盈利的一种农业项目开发模式。以上项目规模较小,项目主题较强,因此盈利模式相对单一。

五、文化创意产业与制造业的融合发展

(一) 文化创意产业与制造业融合发展的意义

创意产业无污染、产品附加值高,对传统产业的跨界转型和升级有着极大的促进作用,创意产业与制造业结缘,能够开创中国制造业转型升级的新路径,提高制造业的文化附加值。

(1) 文化产品的增值离不开加工制造业。文化产业是为全社会提供各类文化产品及服务的相关活动,以及与这些活动相关联的围绕文化消费的活动集合,主要包括文化产品制作、文化产品销售活动、文化用品生产和销售活动等六大类。其中,文化产品制作和文化用品生产都属于制造业的范畴,如造纸及纸制品业、文教体育用品制造业、乐器制造、游艺器材及娱乐用品制造、照相

机及器材制造、家用视听设备制造、印刷专用设备制造、广播电视设备制造、电影机械制造、复印和胶印设备制造、工艺品制造、舞台工美、服装道具制造等。文化产品和用品生产制造的设计理念、效率、质量与方式等影响着消费者的消费感受，制作工艺中还要吸收文化产品的文化元素与品牌价值，文化产品的制作能力是文化产品品牌的延伸，决定了创意产业的赢利能力。

（2）创意产业向制造业的研发、设计和营销推广环节渗透。创意产业与制造业的融合，主要表现在如外观设计、展示设计、制度设计、组织结构设计、盈利模式设计等工业设计、品牌策划以及品牌营销推广等领域的价值创新要素投入，将文化元素和创意思想融入制造业价值链研发和设计等环节。创意设计为传统制造业注入文化与时尚的元素，它所带来的改良性创新可以重塑市场和产业边界，不仅增加了制造业的文化附加值，使制造业结构更趋于柔性化，也将帮助企业实现产品的差异化。

因此，随着创意产业与制造业的深层融合，以工业设计开发、文化用品生产等为代表的中间产业链条，一方面实现了创意产业的深度、高级化发展；另一方面也推动着中国制造业的转型与升级。

（二）文化创意产业与制造业融合发展的表现

从近年来珠三角等地制造业发展的实践来看，文化创意产业与制造业融合主要有以下模式：

（1）文化创意＋传统工业产品。除了用科技革新提高制造效率与品质外，另一条重要途径是以文化创意主动适应、激发、引导市场需求，通过"文化创意＋传统工业产品"，拓展并完善产业微笑曲线两端的研发设计、品牌营销等环节，进而提升产品的附加值，实现制造业的转型升级。

（2）文化创意＋传统制造企业。近年来，一些制造及加工龙头企业，凭借企业长期积累的资本、人才以及行业信息（大数据、资料库）资源优势，凭借对产业链的掌控能力以及对产业发展的前瞻性认识，通过打造行业综合服务平台，实现从单纯的产品制造企业向行业综合服务运营商的转型。例如，部分企业通过向音乐教育产业链延伸，打造音乐艺术教育综合服务平台，形成内容、渠道和互联网平台一体化教育体系，实现从钢琴制造企业向音乐艺术服务运营商转型。

（3）文化创意+传统工业园区。进入 21 世纪以来，随着文化产业的发展以及都市三旧改造的推进，不少处于闹市区的工厂被改造成各类文化创意产业园区，成为城市文化产业发展的重要载体，但也有一些工厂在其产品制造的基础上，充分利用其优越的地理位置、品牌影响力，通过与文化创意产业融合，发展成为工业旅游基地、特色创意休闲基地，从而实现从单一的工业制造空间向多元的文化创意空间转型。比如，中山的伊泰莲娜首饰工业城是国际著名的首饰制造商伊泰莲娜的制造基地，目前已转型为我国首家首饰文化主题公园，成为省级文化创意产业园、"全国工业旅游示范点"。而位于珠江边、琶洲会展中心旁的珠江啤酒厂也已成为以展示啤酒文化为主题，集工业、环保、旅游、文化、娱乐、休闲于一体的多功能城市人文景观。

除了以上三种模式外，基于高科技的文化制造业，如高科技文化主题乐园系列产品的创意设计与制造、建设工程等，及其他智慧型文化科技旅游产品等也是文化创意产业与制造业融合的产物。

第五章　非物质文化遗产与文化创意产业融合思考

第一节　非遗与文化创意产业融合发展的必要性

一、非遗与文化创意产业融合发展是我国发展的必然选择

"文化创意产业跨界融合的功能主要源于特定时期科技、经济、自然和社会的共同作用。"[①] 近年来，"非遗"为我国民众越来越熟知，从 2001 年我国第一个世界级非物质文化遗产——昆曲申报成功，到 2007 年联合国教科文组织将"国际非遗节"落地中国成都；从 2011 年《中华人民共和国非物质文化遗产法》颁布，至 2018 年文化与自然遗产日"非遗公开课"在央视的热播，越来越多的国人了解到了非物质文化遗产在我国文化资源中的重要地位和所散发出的独特魅力。作为我国优秀传统文化代表的中国世界级非物质文化遗产高达 42 项，在全世界名列第一。然而，我国的非物质文化遗产仍面临着巨大的挑战，如非遗的传统功能正在不断减弱，不同类别的非遗由于本身的性质和受重视程度不同，发展极不平衡；非遗传承人培养体系尚未构建，许多非遗后继无人，传承链条面临断裂；由于传承人所在的地域限制和掌握现代科学知识的水平有限，很难将自己的独特技艺进行大范围的传播推广等问题，众多的"非遗"仍面临举步维艰、濒临失传的危险。究其根本原因，在于时代发展的背景与非遗本身所适应的生存环境不再协调。"非遗"作为一种文化事象，如果不能跟上社会发展的进程，展现出新的时代样貌，创造出新的时代价值，满足现代人对美好生活的物质和精神需求，将不可避免地消失在人类文明发展的进程中。

非遗只有实现其形式和功能的现代转化，融入现代文明体系当中，成为人们现代生活中必不可少的一部分，才能获得生产生活的供血和给养。而只有将

[①] 曹如中，仓依林，郭华. 文化创意产业跨界融合的理论认知与价值功能研究 [J]. 丝绸，2019，56（10）：43.

非遗作为一种文化资源，怀揣敬畏之心，保持其核心本真度的进行科学的、可存续性的开发和利用，并将其融入现代产业发展，实现其从"文化资源"到"文化资本"的转变，才能得到根本性的保护和发展。而文化创意产业因为其作为一种以创意为先导，以文化艺术为核心，打破了第一、二、三产业横隔界限的融合型新兴产业，是最契合，也最适合非遗融入的产业类别。因而，非遗与文化创意产业的融合发展是基于非遗本身的历史发展阶段和存续要求的必然。

二、非遗与文化创意产业融合发展是我国发展的迫切需要

文化创意产业是将文化资源融入进行元素提取，并将其融入商品活动中，通过创作、复制、重组、生产、加工等多种创意手段生成文化产品，赋予其知识版权与产权，以满足人们对于高质量生活的多层面需求，并实现文化高附加值的一种产业形式。虽然中国文化产业在国家的大力扶持下取得了可喜的进步和成绩，但与其他文化产业比较发达的国家相比，仍存在很大差距，面临着许多突出问题，如文化消费缺口大的问题、文化贸易逆差问题、文化产业化规模和专业化程度不高、文化品牌建设和管理意识差、文化创新力弱等问题，而这些问题产生的核心原因，还是在于我国文化产业的发展水平和本身所具有的浩瀚的文化资源不适应和不匹配。如何充分挖掘文化资源，变资源优势为产业资源，成为亟待解决的问题。

我国拥有世界级非物质文化遗产 42 项，是拥有世界级非物质文化遗产最多的国家；国务院现已公布五批《国家级非物质文化遗产代表性项目名录》，丰富多彩的非物质文化遗产活态传承着中华文明，弥足珍贵的非物质文化遗产是我国文化产业发展的独有稀缺资源。所以，在我国现今文化产业的发展阶段，迫切地需要非遗这样一种具有深刻内涵和传统魅力的文化资源来承载内容、丰富形式、活跃市场和推动创新，从而使中国的文化资源真正发挥出自己的历史和当代价值。

第二节　非遗与文化创意高效结合的商业模式

"所谓商业模式，是企业为了获取利润进行的各种相关活动的整体性设计与描述，旨在说明企业如何对战略方向、运营结构和经济逻辑等方面一系列具有内部关联性的变量进行定位和整合，以便在特定的市场上建立竞争优势。"[①] 近年来，随着消费水平的普遍提升、新媒体技术的流行、线上自媒体和网络店铺的发展，信息的高速传播和交互已经成为常态。庞大的信息流不断地推动人们主动或被动地发掘自身兴趣，风格化、小众化、个性化的表达需求，使得文化产品消费日益增长，并有无限潜力。我国非物质文化遗产名目繁多，多数富有大众所喜闻乐见的美学表达，作为优秀的文化资源，"非遗"本身就是古老民族文化创意的体现，也适宜作为新时代的文化创意产业的创意原材料。借助新媒体平台，通过非遗与其他文化产业的有机结合生产文化产品，从而将文化变现反哺非遗保护与发展，实现非遗与文创的受众交换，增加非遗文化知名度的同时促进非遗项目自给自足，利于形成良性的传播、盈利、保护循环。

一、非遗与文化创意高效结合的内在联系

第一，符号消费、风格展示的消费者心理。当下，电商发展迅速，消费者平均年龄降低，人们的消费逐渐趋向个性化，直接表现即通过特定的符号消费来展示自身风格特色，积极塑造自身形象。消费者倾向于进行符合自身审美，能够展示自身审美水平及消费阶层的消费，并通过丰富的文化符号展示自己的个性。非遗文化本身富有中华传统文化之美，且其特定文化符号包含许多延伸的社会意义和意象象征，能够很好地传达某种特定期望与风格，通过文创化改造，十分适合进行长期持续推广。即使是较为生僻的非遗文化，也会以其专有性保有一定的吸引力和消费能力。

第二，非遗与文创相辅相成。文创需要大量的创意人才和创意素材，而非遗恰恰能够提供丰富的文化资源。我国非遗名目众多，各个省市均有分布，地方特色明显。在各地的文化场所如博物馆、书店、图书馆、景区等地，已经广

[①] 吴玥. 文化创意产业商业模式研究[J]. 生产力研究，2013（2）：153.

泛出现了与文创磨合共同发展的现象。例如，以故宫博物院为代表的博物馆文创、浦东图书馆与新华书店联动的借阅创意区、山东济南百花洲的古琴展示与免费教学等。

非遗无论是整体参与文创市场（本身技艺化的非遗如演奏技艺、工艺品制作等），还是以文化元素参与文创（如利用非遗作品开发精致周边、利用非遗作品情节和风格开发游戏等），都具有极大的发展空间。

二、非遗与文化创意高效结合的措施

非遗与文化创意高效结合的措施——建构"非遗+"发展平台。非遗文化丰富多样，大多数都有可以加以利用、改造成为文创产品的潜力；与此同时，需要文化作为发展动力和材料的企业或事业单位也有源源不断的文化需求。在此基础上，建立"非遗+"的发展平台，通过线上新媒体平台，实现非遗文化项目与政府统筹、企业合作、高校研究、志愿服务的多方对接，提供信息录入、更新、查询、展示服务和自由对接服务。平台将以中间人的姿态，传达非遗资讯，助力项目引流、成型、落地，并最终形成稳定、创新、可持续的非遗文化创意"非遗+X"商业模式，实现"造血式保护"和活态传承，也兼有公益性质和志愿服务性质。

第一，建立双向选择机制。在平台内部，先由非遗文化方面和企业方面上传信息并展示，进行自由选择，双方双向选择并对具体情况表示认同方可进行更深一步的洽谈与合作。企业对接非遗的同时需考虑品牌调性，同一非遗项目可开放招标式选择，提供更广泛的可能性。较冷门的企业或非遗项目可以通过政府推介并追加项目补贴，推动双向选择。

第二，商业运作对接。除了非遗文化、企业等方面之外，平台同样可以对接专门创意团队（如广告公司）、志愿服务机构、高校、其他各类平台，并邀请非遗文化专家入驻，以提供更全面多元的信息。非遗方面和企业、创意团队、志愿机构之间，可以互相提供需求与满足。这样以平台为中转载体，形成"非遗+文具""非遗+服饰""非遗+电影""非遗+动漫""非遗+游戏"等以非遗对接文化创意的"非遗+X"模式，并且在各模式下仍然可以有进一步的分流，如"非遗+游戏"一项下即可再细分为"非遗+虚拟道具""非遗+实体道具""非遗+外观（皮肤）""非遗+NPC""非遗+剧情""非遗+场景""非遗+手办"等众多衍生发展方向。

第三，联动创意原生力量。除了企业的宣传部门和创意部门，高校也是新生代创意的一大来源。联合艺术类院校和非艺术类高校的设计相关专业，将学生资源对接全国大学生广告艺术大赛、创意星球学院奖、"ONE SHOW"青年创意竞赛等富有含金量的创意、设计类奖项，将非遗作为比赛题目甲方，号召创新发展。

第四，企业择优孵化项目落地。在平台内部非遗与企业直接对接中，最终经过双向选择和深入合作后，企业可以逐个孵化项目，使其转化为实际能够形成经济效益的产品，并从中抽取一定比例的利润返还给非遗方面，完成良性循环的最后环节。在与高校对接的创意筛选中，企业可以择优选择项目进行商业化发展，按一定比例支付奖金给青年学生群体，或提供后续项目参与机会。

第三节　非遗与文化创意产业融合发展的有效路径

一、非遗与文化创意产业融合发展的传承衍生实施路径

传承衍生，这种实施路径以非遗作为产业融合发展的核心，保持原汁原味传承下来的非遗的技艺和精髓，从表现主题、表现内容或表达方式上嵌入现代生活的文化元素，达到与文化创意产业的融合。"传承衍生"，即在传承的基础上的创意衍生和产业融合发展。例如，在"蜀绣"这一国家级非遗项目上，可保持原有的蜀绣的工具、材料和技艺，但在表达主题和内容上可嵌入受市场欢迎的现代生活文化元素，譬如仿真人像元素、卡通熊猫元素，甚至现代的大师名画画作等；又如可将传统的蜀绣技艺和工艺拍摄成纪录片，运用版权买卖、发行等形式将非遗与文化创意产业中的影视传媒板块相结合；还可以将非遗资源和当地旅游文化资源相结合，以旅游的"衣、食、行、游、购、娱"六大元素需求拉动非遗的自我发展，以非遗增添旅游文化资源的多样性魅力。以非遗为核心的现代文化元素嵌入式融合路径，在保持非遗本真度的基础上，实现产业融合对接，有较大的推广价值。但由于非遗自身的特点和特性，在实现"文化资源"向"文化资本"转型方面，还存在着实施范围小、实现效益不明显，

资本诉求满足率低等问题。

二、非遗与文化创意产业融合发展的创意衍生实施路径

创意衍生，此实施路径是旨在挖掘、整理、提取非遗元素的基础上，从多元角度运用现代艺术手段和科技要素，通过再构造与再设计，对文化资源进行深度发掘、解构、整合、开发和利用，从而达到对非遗元素的创造性开发和转化，以崭新的创新产品或业态融入产业发展进程。"创意衍生"，即从文化创意的角度思考非遗元素的提取和再造，创造出新的文化形式和产品。"创意衍生"本身只是对非遗文化元素的运用，本质上已经和非遗脱离了干系，而只是一种文化创意的表达。例如，四川的绵竹年画这一国家级非遗，可以将年画的传统图案、传统颜色和传达出的传统意味进行解构和重组，将其运用到建筑、家具、家居饰品、文具及办公用品的装饰图案中或设计元素中，赋予普通的商品以传统文化意味，突出其中国文化基因和特色，但已经不再使用绵竹年画的传统技法作画；再比如在流行音乐的演唱中融入蒙古长调或侗族大歌的演唱手法，本质上它已经不再是非遗的传统音乐，但却能带给人以历史的民族的世界感，以文化创意的形式创造独特的中国式演唱。这种融入形式与人们的现实生活结合紧密，发挥空间较大，也具有较高的商业价值，但需要注意的是不能将其与非遗混为一谈，避免出现因公众的认知混乱所导致的对非遗本真度的损害。

三、非遗与文化创意产业融合发展的体验式衍生实施路径

体验式衍生，此实施路径是以市场需求为导向，充分挖掘非遗所负载的文化信息，创造性地提取非遗资源的体验性特征，将非遗与旅游、演艺、娱乐产业相结合，通过消费者的体验过程来实现非遗所衍生出的文化内涵，达到陶冶情操、增长知识、提升审美、愉悦身心的具象价值，从而实现和创意产业的融合发展。"体验式衍生"，即通过体验的形式，将非遗所蕴含的审美功能、娱乐功能、教育功能与文化创意产业对接，从而形成创造性的新模式或新业态，激发出更强大的规模效应和市场价值，迸发出新的经济活力。体验式衍生的意义在于能更大地激发非遗在当代生活、生产中的活力，容易形成文化创意品牌，实现规模化经营。但由于体验式衍生对运营者对非遗认知、资本运作、资源挖掘的要求较高，资金回收线也比较长，在实际操作中应注意结合运营企业的规

模和形态来探索适合企业自身特征和发展的赢利模式，否则将可能面临由于资金不足而导致的运营困难。

　　我国璀璨的非物质文化遗产存续和发展到今天，与文化创意产业的融合发展已是大势所趋，也是解决制约我国文化产业发展瓶颈的迫切要求之一，在融合发展的过程中，积极推动非物质文化遗产以不同的路径和方法从"文化资源"向"文化资本"转化，厘清概念、去伪存真、创造转化、创新发展，在国家非遗工作"保护为主、抢救第一、合理利用、传承发展"十六字方针的指导下，进一步探索新时代背景下与文化创意产业融合发展的新道路，对于中华优秀传统文化的传承与发展，具有重要的现实意义。

第六章　非物质文化遗产与文化创意产品设计

第一节　文化创意产品认知

一、文化创意产品的界定

"文化创意产业是以知识产权为核心资产的产业门类,它是一个智力密集型行业,其精华是人的创造力形成的文化创意内容。"[①] 文化创意产品从属于文化创意产业的范畴,文化创意产业是由文化产品、文化服务与智能产权共同构成的。文化创意产品是将文化资源以创意的形式展现出来的现代社会的产品,也是将精神层面的概念进行物化之后形成的产品,这需要设计师在有形与无形的文化中寻找其包含的文化概念,通过策划设计形成草案,再将其转化为当代生活中具有创意和实用价值的产品,其自身便是具有高附加值的商品。这些创意产品通常具有丰富的特定文化内涵和象征含义,以及独特性和差异化,设计师们将文化层面的概念进行解读和分析,或会借助一些当代的技术,将概念转化为符合现代生活,并具有一定实用功能的产品;在对文化进行物化的过程中,有一些传统文化会借此获得新的价值和内涵意义,成为一种文化符号。而文化创意产品便是基于这些文化符号而衍生出的具有实物形态的产品,成为了消费者消费的具体对象,同时也在引导消费者为了文化而消费。大部分文创产品并不属于生活的刚性必需品,而是介于日用品与奢侈品之间的地带,甚至有的文创产品本身就属于高端的奢侈品。消费者在进行了这种高于日常的文化消费后,会获得精神层的高级附加值。

文化创意产品是文化创意产业中的一部分,文化创意产业不仅限于传统意义中的文化产业,而是"文化+智力(创意)+科技",不但融入文化与创意,往往还需要体现新的技术。由文化、创意、科技深度融合而形成的产品,是中国文创的发展方向。

[①] 吴玥. 文化创意产业商业模式研究 [J]. 生产力研究, 2013 (2): 153.

文化创意产品是指来源于文化创意产业领域的产品，其文创内容与外在载体是相互依存、不可分割的。换言之，文化创意产品取材于文化，将具有文化内涵的物质或非物质进行再创造、再设计，最终形成的具有现代意义的产品方可称之为文化创意产品。文化创意产品一般是以文化创意理念为核心，是艺术家、设计者或手艺人将精神层面所领悟的内容进行具象物质化而成的产品，是将非物质形态的创意渗透于设计和生产过程中，所创造出的具有文化内涵、象征意义、美育功能等精神价值的文化产品和服务，文化创意产品也会被称为文化创意衍生品或艺术衍生品等。

文化创意产品是区别于传统工艺品的，它可以脱胎于传统工艺品，但并不是原封不动地呈现，需要融入新的创作形式，可以是新设计、新功能、新材料、新技术等，单纯的传统工艺品和"老物件"并不属于文化创意产品的范畴，但设计师们可以提取传统工艺品上的图案纹样，或将老物件直接应用于创新的设计中，如一枚明朝的青花瓷片并非文创产品，而设计师，在对其经过研究后，精心切割打磨修饰，并对其进行包银、掐丝等工艺制作，最终形成一件具有传统之美的时尚银饰。由此制出的产品既具有传统文化，又适用于当代生活，可称之为文化创意产品。文化创意产品也不同于一般的日用品，它可以具有日用品的功能，但更需要承载一定的文化内涵，通过创意设计，这些产品具有了精神和物质双重层面的功能。

创意产业属于经济形态的范畴，体现了人们具有创造性的设计、生产，以及对新技术的追求与应用。在当今的时代，创意产业逐渐成为一个国家的重要力量，其中不但包含了经济力量，还凝聚了文化力量，文化力量对于推进经济发展有着重要的作用。在达到生存与温饱的阶段之后，人们便不满足于单纯的经济发展，对于发展精神文化的上层建筑也逐渐产生了需求。在推进文化创意产业的进程中，中国需要更注重文化资源、创意手法以及多种高新科学技术的融合，使产品同时具有较高的经济和文化附加值。

文化创意产品包含了三个重要的关键词，其由抽象至具象分别为：文化、创意、产品。首先，文化指的是人类的全部精神活动，包括知识、修养与观念，以及与精神活动相关的产品。它存在共性和个性，世界上的每一个国家、每一处地域，乃至民族、家族都会具备自己所特有的群体性；在每一个群体之内，人们会具备一些相同的社会化属性，即群体内部所共同认同的文化方式。其次，创意强调的是每个创作者独具特色的创新精神，每一个创作个体都需要具备创造力，最后产品，当一个实物形成产业或批量的产品，便不可避免地会带有工业色彩，会具备集约化、规模化的特征。这三者是相互关联，彼此兼顾、不可割裂的。

二、文化创意产品的类型

（一）影视与动漫文创产品

影视与动漫文创产品，此类产品在国外非常多见，在国内的发展时间并不算长。目前国内电影衍生品的开发授权机制尚有不够完善之处。例如，洛可可设计集团设计的《西游记之大圣归来》系列影视娱乐衍生品，如大圣归来彩虹杯套装、大圣棒球帽、手机壳等，都是国内动漫电影衍生品的尝试。又如，电影《大鱼海棠》周边的产品是由几家公司进行设计制作的，如承接该剧角色造型设计的末那工作室，对该剧进行了原创手办模型的制作。末那工作室近年来开始与国内外的一些动漫影视方面机构、厂商合作，主要承接高端产品的定制。再如，北京唐人坊接受《九州天空城》的授权，以现有的条件和规模对该剧的人物进行文创产品研发，推出一系列人偶。过去，唐人坊也多次进行类似的影视剧题材人偶造型，《九州天空城》设计环节的流程和此前的多次订单并无二致，此次最大的不同在于前期的正式授权环节和后期的媒体推广环节。这属于一种具有创新的、跨界的合作尝试，电视播出时，屏幕上会显示直接关联购买产品的二维码，在电视媒体的平台上促进了文创产品的推广，受众定位非常准确，具有宣传优势。

（二）工艺美术品

工艺美术品，也可称为工艺品，具有欣赏价值和一定的实用功能。中国的工艺美术品大致包含陶瓷、玉器、漆器、皮具、首饰、金属工艺、织染印绣类的纤维艺术品等，品种极多。但是，并非所有的工艺品都属于文创的范畴，部分工艺品在传承保留了祖辈工艺的同时，也适应了新时代，有突破改良，化身成为当代生活中的一部分。

在形形色色的文创产品中，工艺品中包含的内容是最具特色的。纵观那些已成为文创产品的工艺品，其中囊括了非物质文化遗产中传统技艺类的诸多项目，最能够体现中国传统文化的精髓与文脉，展现具有独特性的民风民俗，以及精益求精的工匠精神。在国务院提出的非物质文化遗产的十个门类中，传统技艺就是其中的一类，但需要注意的是，并非所有的工艺美术技艺，都属于非遗的范畴。在这些同时隶属于工艺品的文创产品，其中最为典型的是一些具有民族民间特色的工艺品，如贵州黔东南的蜡染、银饰和苗族刺绣、云南大理周城的白族的扎染、黎族手工织造的黎锦等。过去，这些工艺品是少数民族地区的人们生产生活中相当常见的，如贵州黔东南的苗族、布依族、侗族等民族都会穿着蜡染及刺绣服装，上面带有本民族专属的图腾；时至今日，这些精美的民族手工艺品已并非本地与本民族人的专属。那些存在于百鸟衣、鼓藏幡等传统服饰、祭祀用品上的工艺与纹样，如今已被开发和拓展到更多的地方。一方面，这些机构在基于传统的非遗项目进行工艺品制作；另一方面，他们也在与时俱进地进行文创产品的设计与开发。

在一些传统节日、人生仪礼中使用的民俗用品，以浙江温州的蓝夹缬为例，以蓝夹缬制成的被面又称百子图敲花被，在浙南的婚俗中扮演着重要角色，北京的采蓝文化、浙江的乐成蓝夹缬、浙江嘉兴石门镇的丰同裕染坊等，都对此进行了文创产品的设计与开发，被制成包袋、围巾、衣服等产品。一些工艺美术品并不是某地独有，它们在国内的多个地域同时存在，却各有千秋，呈现出不同的面貌、工艺和传统，天津杨柳青、河北武强、四川绵竹、山东杨家埠、河南朱仙镇等多地的木版年画。各地在保留自己艺术特征的同时，也在尝试以此进行文创产品的开发制作，如中国国家图书馆根据山东杨家埠年画推出的年画挂历，将十二张年画直接粘贴在月份之上，将年画的意义在当代进行回归，此举也能解决一部分当地年画的销售渠道问题。全国多个地区与民族都广泛流传而各具特色的剪纸，如河北蔚县和山西广灵的染色剪纸，吉林的满族剪纸，专用于刺绣底样的苗族剪纸，多用于龙船灯花的浙江乐清细纹刻纸等，都属于工艺美术品。工艺美术品还包括各种材质所制的首饰，如黔东南的苗族银饰，北京的花丝镶嵌，苏绣、杭绣、蜀绣、湘绣、苗绣、羌绣等各具特色的刺绣。此外，还包括一些兼具实用性与装饰功能的器件，如景泰蓝、内画鼻烟壶、陶瓷、玉雕、砖雕、木雕、玻璃制品、竹编、瓷胎竹编等器物。

又如，"土布织造工艺"，土布织造工艺属浙江省非物质文化遗产，杭州小巷三寻有限公司基于该非遗项目进行了文创产品开发，杭州市首批文化创业产业扶持政策有效惠及该机构。

（三）文博文创产品与艺术衍生品

文博文创产品是基于文物和博物馆馆藏展品进行设计的文化创意产品，艺术衍生品源自特定的艺术作品，是经过授权并以商品的形式呈现出来的，具备一定的艺术附加值。限量的可复制艺术品，诸如雕塑、版画，都属于这个范畴。原大小或等比例的复制艺术品在理论上不属于文创产品的，但一些文博单位仍将其列入文创产品的范畴。艺术衍生品则包含了一些结合了艺术家经典之作元素的服饰、箱包等生活用品。国内的艺术衍生品市场起步较晚，与国外相比不够成熟。但国内有数量可观的艺术衍生品来源，如中国画、书法艺术、油画、古籍、拓片等。

文博文创产品与艺术衍生品是以某一件、一系列，或某种类别的以文物或艺术品为核心，提取其中的艺术与人文精神，解读艺术家所表达的信息和意图，总结归纳其中的文化与艺术特色后设计而成的。设计师们从不同角度对于文物或艺术品原作进行"再设计"，将文物和艺术品自身蕴含的文化元素与产品功能与创意相结合，并进行多种形式的衍生和扩展，这使得艺术品不再和普通民众保持遥远的距离，而变为日常生活的一部分。食物类的文创产品原本并不多见，近年来日益增加，如文物饼干、点心、茶叶等。

文博文创产品和艺术衍生品多见于博物馆、美术馆等场所，博物馆的文创商店常常被称作"博物馆的最后一个展厅"，一些观众们在观展完毕后会进入文创商店，观众们会把他们对文化艺术的兴趣和认同通过文创产品实物化转为消费的动力。过去，这一类商店里最常见的商品是书籍画册；近年来，文博文创产品和艺术衍生品逐渐增多。

三、文化创意产品的主要功能

文化创意产品不同于一般的产品，其蕴含文化附加值，具有多重功能，首先是最为重要的文化内涵，这使得文创产品可满足用户的一些文化需求，这也是文创产品和其他产品最大的区别。其中的功能性也是不可少的，在具备文化内涵的前提下，受众们更倾向购买一个实用的产品而非单纯的装饰。此外，产品创意也非常关键，这并不只是和文化有关的一件产品，而需要在文化的基础上，加入巧思妙想，融入创意，使文化性与商品性达到浑然一体的境地。在理想化的状态下，设计师为情怀而设计文创产品，消费者因情怀而消费文创产品。

目前，国内的文创产品设计尚在不成熟的起步阶段，但亦有一些富有文化内涵的设计崭露头角。例如，苏州博物馆曾为"衡山仰止——吴门画派之文徵明特展"设计出独具文化内涵的系列文创产品"衡山杯"。文征明号"衡山"，故此杯身如一枚"衡山"印鉴；杯身色泽质地模仿北宋汝窑瓷器风格；杯底有"衡山"之朱文印，凹下之处被施以红釉。这一系列文创产品还包括"文衡山先生手植藤种子"，源于苏州博物馆馆内的文征明手植藤，博物馆对其进行包装和再设计，将藤赋予"文脉"含义，种子更具有传承的象征。此类思路的文创产品不但具有实用功能，更注重文化内涵与情怀。

文化创意产品承载着美育和教化功能，可以引导受众在使用产品时，身临其境地融入其文化氛围。一些文化创意产品是受众们在进行实地参观、游览、学习之后购买的，那么它们就是受众们在实地参观之后的延伸。在展览或学习结束后，受众们还可将这种氛围延伸到家庭和生活中，传达给亲友。值得一提的是，一部分文化创意产品所面向的受众是少年儿童，无论购买者是成人还是儿童，最终文创产品的美育和教化功能都会在青少年的身上得以呈现，这具有更加重要深远的意义。一些文创产品还被设计为"材料包"，引导受众按照产品中附带的教程，在原材料或半成品的基础上来亲手制作完成，不同于常规的教科书，更体现了"寓教于乐"的概念。

文化创意产品和常规的艺术品相比，其通常具有更多的实用功能。表现为具有创意的文化礼品、办公用品、家居日用品、装饰品，其中包含一些较为常见的家庭用品、食物及电器等日常生活用品及奢侈品。在这些日用文创产品中，一些来自各地作为"城市名片"定位的文创商店，如"北京礼物""西湖礼物""秦淮礼物""厦物商行"等。这些文创商店以一种平台的形态呈现，吸纳各个公司中具有典型地域特征的文创产品、艺术家作品、老字号特色商品、经过再包装再设计的土特产品等。

文化创意产品有很强的社会作用和经济效益，它和非物质文化遗产同样具备一定的文化基因，这在增加文化自觉性和提升民族自豪感方面亦有促进作用。

文化创意产品体现了"文化+创意"，二者的结合对于经济发展亦具有特别推动作用，它可以辐射到多个产业的领域，以其典型特征推动区域经济的发展，对于传统行业转型有着关键的启示，更可以使消费者们产生具有文化性的消费行为，提升国人对于本土文化的认知。其功能远不仅仅是当下人们目之所及的部分。它的高附加值、高知识性更体现在文化与高新技术进行融合后所具备的新功能，精准恰当的切入点和设计策划会使得文化创意产品在各方面的附加价值都超出传统行业和传统产品，达到更好的效果。

四、文化创意产品的属性与特征

文化创意产品的属性可以分为两个方面：一是文化创意价值属性；二是经济价值属性。文化创意价值属性是指文化创意产品所表达的人类精神活动内涵及其影响。文化创意产品通过定价和售卖，把无形资本转换为有形的货币价值，带来直接和间接的经济增长和就业增长，这些经济效益的总和就是文化创意产品的经济价值。

鉴于文化创意产品的双重属性，它的主要经济特征有如下五个方面：

第一，文化创意产品的价值主要源自无形资本，其初始创造成本高，而复制、传播成本低。所有的商品的价值，一般来源于两个部分：有形资本和无形资本。对于大多数满足人的生理和物质需要的产品来说，有形的物质成本是绝对产品价格的主要因素，无形资本是产品的附加价值，厂商获取最大利益的竞争力是通过降低有形成本以及提升无形资本来实现的。对于文化创意产品来说，其价值同样是由有形资本和无形资本两个部分构成，与一般产品不同的是，决定文化创意产品价值的主要因素是所包含的无形资本，有形的物质成本一般在产品价格中的比重是非常小的。文化创意产品的价值主要源于无形资本，这并不意味着文化创意产品的创造成本低，相反，无形资本的创造可能比有形资本的创造成本还要高，而且由于它是"无形"的，这种资本的价值实现具有很大的不确定性，因此，无形资本的风险很大。无形资本的创造需要大量的创造性投入，加之它的风险成本很高，所以文化创意产品的初始创造成本往往较高。但是，由于文化创意的无形资本是以信息符码的方式存在的，所以它的复制、传播成本很低。因此，我们可以说，每一件文化创意产品的附加价值很高，但是整体文化创意产品的创造过程的成本并不低，而且有较大的风险。

第二，文化创意产品具有双重的质量标准，即物化的表达形式质量与内容质量。文化创意产品是以物质产品为载体的精神消费产品，文化创意产品的这种价值构成，使得文化创意产品的质量评价具有了一定的特殊性。文化创意产品的质量标准是双重的，既有物质形态的产品质量评价，也有非物质形态的内容质量评价，非物质形态的内容质量评价往往更为重要，更被消费者所重视。例如，消费者购买一本书，对于这本书的质量评价，主要是要看这本书的内容是否对于阅读者有价值（如教育价值、理论价值、情感价值等），纸质、印刷、装帧等物化的表达形式虽然也是对书籍质量评价的重要内容，但显然关于内容的质量评价是最主要的。由于文化创意产品存在双重质量标准，因此在文化创意产品的生产、传播、消费以及市场监管等各个环节都显示出与一般产品的不同来，既需要可量化的质量标准，也需要不可量化的软性质量标准，后者往往显得更为棘手，也更为微妙。

第三，文化创意产品属于人类较高层次的精神需求或附加值生产需求，它的需求弹性较大。弹性概念在经济学中用得很广泛，它是指在一个经济函数中，因变量对自变量变化的反应程度。需求弹性是用来测量一种商品的需求数量对于某些需求决定因素变化的反应程度，更具体地说，需求弹性是一种需求决定因素（自变量，包括产品价格、消费者收入、相关产品的价格和广告费等）的值每变动百分之一所引起的需求量（因变量）变化的百分比。需求弹性分需求收入弹性和需求价格弹性，需求收入弹性是指需求对收入变化的反应程度，需求价格弹性是指需求对价格变化的反应程度。决定商品需求弹性的因素很复杂，需求价格弹性与需求收入弹性也分别有各种的影响因素。如果仅就需求的性质来说，一般情况下，越是基础性的需求越是刚性需求，这类商品的需求弹性越小；越是高级需求越是软性需求，这类商品的需求弹性越大。相对于大量的物质性的产品，文化创意产品基本上属于非刚性的软性需求产品，它主要是满足精神性的直接消费需求或提升附加值的生产需求，前者比如音乐会、戏剧演出、电影等文化创意产品，后者比如广告促销、建筑设计、工业设计等。

人们的收入增长，满足了基本的生存与安全需要之后，那么精神方面的需求就会有大幅度的提升，文化创意产品的市场需求快速增长；反之，如果人们的收入下降，满足或维持基本生存与安全需求是必须的，那么，精神方面的需求往往成为首当其冲要削减的对象，文化创意产品的需求就会大幅度的减少。那些创意设计类的文化创意产品也是如此，它的作用是提升工业或制造业的附加价值，在经济衰退时期它的需求往往不足。文化创意产品的价格变动对于需求量的影响也同样比较显著。比如，书价的增幅如果超过居民的收入增长幅度，销售量就会有大幅度的下滑，尤其在总体收入水平较低的发展中国家或地区。

第四，文化创意产品大多具有公共品的特点，即文化创意价值的消费具有某种程度的非竞争性和非排他性。所谓非竞争性是指，一部分人对某一产品的消费不会影响另一些人对该产品的消费，一些人从这一产品中受益不会影响其他人从这一产品中受益，受益对象之间不存在利益冲突。例如广播，多一个人听或少一个人听，不会影响其他人的收听，大家同时收听同一台节目，也不会因此产生利益竞争。所谓非排他性是指，产品在消费过程中所产生的利益不能为某个人或某些人所专有，要将一些人排斥在消费过程之外，不让他们享受这一产品的利益是很难的。例如，公共文化广场的建造，可以为提供资金支持的市民们提供一个参与并享受文化生活的良好空间和氛围，它的开放性也让那些即使是没有对此作出贡献的人或外国人也能享受到同样的好处。文化创意产品消费的非竞争性和非排他性，在实践中一般可以通过一定的措施和技术手段来规避。比如通过收取门票来获得竞争性消费，通过设置无线接收密码等手段来实现排他性收益。

第五，文化创意产品的供给创造文化需求也创造文化消费者，文化创意产品在消费传播的过程中具有价值循环累积效应。供给创造需求，这个古典经济学的市场判断，随着市场竞争的加剧以及买方市场的出现，逐渐被需求决定供给的认知所取代。其实，更为符合实际的是，供给与需求之间是一种互动均衡的关系，供给会影响需求，需求也会影响供给，只不过在生产力相对不足的时期，供给的影响更大，而在生产力过剩供大于求的市场环境中，需求的市场作用更为突出。文化创意产品的供需总体上也是符合这种互动均衡规律的，但是对于创造性的产业来说，供给的意义和作为显然更为重大。

文化创意产品属于创造性的产出，独特性与超越性是这类产品追求的重要品质，通过创新带来新奇的精神享受或开启新的产业链。比如伟大的艺术作品，可能是超越当下时代的审美观的，它的创造给它的消费者们带来了新奇的艺术审美体验。比如，工业设计，它的价值就是要突破常规，通过不断的创新开启新的产业链，创造新的需求，不是被动地适应市场，满足已有的消费心理，而是要激发新的消费欲望，创造需求，赢得市场。

文化创意产品的消费需要消费者具备特定的文化修养能力，文化供给往往是文化消费的前提条件。因此，文化创意产品的供给培养了专业忠诚的消费者，培育了市场，使得文化创意产品的消费需要不断增长，文化创意产业的从业者和经济效益与社会效益进一步扩大。

第二节 非物质文化遗产创意产品设计的原则

一、非物质文化遗产创意产品设计中的文化内涵

如若将"非物质文化遗产"与"文化创意产品"进行重合而产生交集，核心在于"文化"。非物质文化遗产虽然是个新生词，但其间包容的却是民族古老的过往。倘若去掉文化，那么非遗便没有了灵魂；文化创意产品若只余下创意和产品，也便失去最为独特的内涵。

以剪纸为例，剪出图案的纸张是物质层面的，这只是一种载体，文化才是最为核心的本质。在剪纸中，最重要的文化概念是剪纸背后的文化传统，剪纸和张贴剪纸的习俗和它们所生存的"文化空间"，手工艺人所掌握的技艺，是经由世世代代口传身授的。同时，剪纸中几乎所有的图案都有其特定的含义，中国民间婚俗剪纸之中的常见有"鹰捉兔""老鼠上灯台""龙凤呈祥""狮子滚绣球""扣碗"等图形，它们看似是动物相戏、蔬果丰盈，实则是对男女相合、阴阳相交的一种隐喻，其中的"鹰""鼠""龙""狮子"等象征着婚姻中的男性角色，"兔""灯台""凤凰""绣球"等图形则象征着婚姻中的女性角色，并且在刻画中，人们通常会用"多子"的文化概念来特别突出母体的特征。而诸如"喜上眉梢""福在眼前"，使用的则是谐音"假借"的隐喻之法，"喜上眉梢"被刻画为喜鹊登上梅花枝梢，"福在眼前"被表现为蝙蝠与铜钱的钱眼，"梅"与"眉"、"蝠"与"福"分别互为谐音字。

在基于剪纸这一项非遗进行文创产品设计之时，设计师需要首先深入理解剪纸中所包含的各种文化含义，将具有文化基因的部分提取出来，经过创意设计进行转化。在此过程中，设计师应当尽量保留一定的文化基因，使其在设计过程中不至于被淡化或丢失。例如，"祥云护角——防撞桌角"为台湾地区叶

朵设计有限公司设计，材质为硅胶，创意来源于中式传统家具及木箱四角的金属"包角"，融合了富有吉祥寓意的传统的祥云图案"云头纹""喜上眉梢""福字纹"的剪纸图形及防撞的实用功能。从图形的表意、色彩、剪纸纹样的设计规律等多方面审视这件文创产品，不难看出，设计师用心地保留了剪纸中特有的文化内涵，同时赋予它新设计、新思路、新材质、新功能，这些新的变化都是中国本土设计师探究的方向。相反地，也有很多剪纸的周边产品并不具备足够的文化内涵。例如，近年来市面上常常可见一类变异的"剪纸"，剪纸悠久而丰富的文化内涵最终变成了机械呆板的红白二色，而其中的图案也不再具有传统文化内涵，而被换成了各种各样的卡通形象，生产商为了吸引更多的低龄人群，甚至将一些卡通图案用激光雕刻在红纸上，或直接以红色油墨印刷在纸面上，再辅以若干红色的线条和图案，此类产品并未体现非遗的文化内涵。

二、非物质文化遗产创意产品设计中的手工技艺

尽管随着科技进步，机械与电力驱动工具层出不穷，但对于某些技艺，以及技艺中的某些环节而言，手工之美是无法替代的。因此对于一些以手工工艺为卖点的文创产品，其手工制作便是务须保留的核心原则。手工不是千篇一律的重复，每一件作品都有着差别，行家能在精工细作中看出手工的痕迹与温情，其重要性至今仍然无可取代。刺绣种类繁多，其精工细作的一针一线仍难以用机器代替。一些刺绣技法，如精致入微细如毫发的破线绣。中国的绣种多样，如苏绣、杭绣、粤绣、汴绣、蜀绣、湘绣等，手工刺绣之精美是机绣远不能及的，目前一些工艺仍无法用电脑替代，最为精湛的技艺依然需要依靠人脑与人手来完成，这是机器难以达到的程度。再如，四川青神竹编、浙江安吉竹编，这些技艺，目前，机器仍然无法完成。绣娘们的巧手仍然是不可替代的。使用电脑绣花机可以在短时间内完成大量机绣产品，但其做工和精美程度却远远不及手工之物。机绣产品多用于服装、包袋、日用家装产品，机绣的图案较为结实坚固，且价格较手工更低，耐得了日常的磨损，目前在市场上也很多见。使用电脑进行绣花，也有精致与粗糙之分，二者相差也有天壤之别，作为一种装饰途径，机绣有其积极的一面，但须适当应用。

玉雕中的"俏色"需要玉雕匠人巧妙利用玉石固有的色彩与形态，进行玉

雕创作，常常有化瑕疵为创意的巧思与巧工。这种"俏色"玉雕凭借匠人的思考，凝结了手工艺人天长日久积累的经验与审美；各种各样的手工艺品，包括每一件苗族传统银饰、每一件花丝镶嵌、簪花饰品都是独一无二的。使用机器生产的批量化产品很难体现它的手工精髓，一些出自巧思巧手的手工艺品需要"随机应变"的智慧，机器仍无法完成。一部分机器制品做工粗糙，改变了传统的味道。目前，一些设计师和商家都在以传统手工艺品为基础，截取其中一部分进行设计，这些产品无疑是以手工技艺为核心的。例如，锡绣是一种由锡制成的绣品，是将金属锡丝条捻卷成管后，绣缀于藏青色布料之上而成的。而织金的蜡染格外精致细密，在蜡染成品上再行刺绣。在贵州少数民族地区，这些属于传统技艺类的非遗原本并不用于制作诸如此类时尚饰品之上，而是用来制作日常或节庆时穿着的服装，设计师选择这些手工艺品进行再设计，因其视觉效果极为突出，又兼具手工与文化内涵；而消费者们之所以选择这一类以手工为核心的文创产品，也是看中其中的手工艺术价值，基于他们自身的文化情怀而购买的。

三、非物质文化遗产创意产品设计中的传统图案

所谓传统图案，指的是中国传统文化中涵盖的所有图案造型，包括各个民族的民间艺术、民俗仪式中存在的图形，以及传统的生活方式中使用的器物造型与各种装饰纹样，如各民族的传统服装、生活用具、民居建筑及其中的各种图案。这些传统图案经过千百年的历史变迁，具有形形色色的艺术风格和造型特点，每一个民族，甚至每一个民族的每一个支系，都有着和本民族信仰相关的图形，而其中的一部分，我们可以称之为"图腾"，其中往往隐喻着该民族所尊崇的祖先与所信仰的神灵，和该民族的创世神话多有密切关联。

神话、图腾、信仰这三者是密不可分的，同时也都为民间美术的造型注入了源源不竭的活力。在原始社会，人们以氏族的形式存在，每一个氏族都有自己信仰的神灵，其以图腾（或称族徽）的形式存在。图腾本系印第安语"totem"，意为"属彼亲族"。原始社会的人们相信每个氏族都与某种动物植物或其他自然物有亲属或其他特殊关系，一般以动物居多；作为氏族图腾的动物，如熊、狼、蛇等，即是该氏族的祖先，这些神圣的动物图形便是他们顶礼膜拜的对象。

四、非物质文化遗产创意产品设计中的优质原材料

以染色为例，使用植物染色与化学染色的成本相差较大，因植物染料也各自有别，二者成本的比例大约是5∶1到8∶1，一些民俗旅游景点在进行非遗技艺的展示时使用植物染色，但所销售的产品则使用化学染色，甚至也有全部使用化学染色的。当下，这些机构主要是为了"生人社会"而生产，不是为了"熟人社会"生产，过去，优质的原材料多存在于熟人社会当中的作坊模式。部分染坊在染布时使用化学染料。使用带有毒性的化学染剂不利于环境保护和可持续发展，更不利于人与自然的和谐共处。在处理染色所用的工业废水时，水体会被污染。植物所制的天然染料取自于自然，又还之于自然，主要染料有蓝草、栀子、姜黄、苏木、茜草、红花、五倍子、槐花、薯莨等。染料无毒无害，不会对人体健康造成伤害。所染的织物色彩自然、经久不褪；具有防虫、抗菌的作用，这是化学染料所不具备的，而原料材质的差别有时也和其原产地有关。

以雕漆为例，雕漆在中国有着悠久的历史，在这种传统技艺中，优质的原材料占有举足轻重的作用。雕漆使用的大漆即天然生漆、漆树液，需由漆树中割取。工匠们使用大漆进行传统的漆器制作，而后再进行雕刻。常被称为"化学漆"的涂料和天然漆有着很大差别，这不仅体现在质地和光泽的不同，还体现在环保与健康的层面上。大部分化学漆对人体有害，而天然的大漆则除了会导致一部分人的过敏症状外，对人体还是多有益处，例如具有止咳、止血等重要功能。以大漆制成的器物，可直接用来盛放食物、饮品；而大部分化学漆制品则不可直接接触食物。

再以宣纸制造为例，在传统的工艺流程中，纸张的漂白环节应当经过漫长的日晒，一些匠人嫌其耗时太长，希望缩短造纸的时长，于是使用化学成分的工业漂白剂，其见效很快，但纸张纤维的内部结构随着这些漂白剂的加入而发生变化，其质地因此变脆，韧性变差，使用这种漂白纸进行创作的书画也因此寿命变短，易碎裂。

五、非物质文化遗产创意产品设计中的主要特征

在非物质文化遗产的基本特点中，民族性和地域性都占据着重要的角色。从较为直观的服饰、建筑、语言文字、生产生活方式，及至深层的价值观、哲

学观、审美，都具有较强的民族性。地域性也是使每一个非遗项目都独具特色的重要原因。非遗与周遭的环境密切相关，从非遗项目之中，可以解读出非遗所在地域的地理环境、生态物种、生产生活方式和习惯，包括信仰和价值观念、传统习俗等。即使是同一项传统技艺，在不同的地域和民族中，所表现出的特征也有所不同，这体现在形式、技法、象征等诸多方面。以中国民间的年画为例，分布在大江南北的不同地域，其造型图案、线条色彩、制作技法、概念内涵都各自有别。例如，天津杨柳青的年画除了木版印刷轮廓及若干色块之外，还有精细的手工"脸"，需要勾眉画眼、敷粉点红。四川的绵竹年画在印出轮廓后，娴熟的画工有时会为了赶时间而以手工快速上色，其中有率性洒脱之作，名为"填水脚"。而河北武强年画、河南朱仙镇年画、江苏桃花坞年画需要用到木版印刷与彩色套色这些具有地域性差异的传统技艺，正可以作为独一无二的民族性、地域性特征而存在。

剪纸在不同的民族和地域中，功能、造型都有很大差别。北方风沙较大，旧时尚无玻璃可用，民间常以有韧性的纸张糊在窗格之上，以防风沙。剪纸多以窗花的形式被张贴于方形窗格之上。南方少风且气候潮湿，无须在窗上糊纸，也少见窗花。相应的，南方剪纸多见于灯笼上的"灯花"和祭祀时所用供品表面覆盖的"礼花"。

将非物质文化遗产作为核心价值转化为文化创意产品，并非是简单地通过网络搜索或是阅读一些出版物就能确认其定位、特征与内涵的。这需要设计师身临其境，走进民族的文化空间，深入村寨去感受和学习。地域和民族的真实差异往往会比人们所想象的要大，这也正体现了一族一地文化的独特性。

在进行文创产品设计时，设计师们可以借鉴非遗保护的整体性保护原则。非物质文化遗产所存在的环境是相互依存、浑然一体的。在非遗保护中注重整体性，是指人们不仅要保护非遗的形式与内容，还要保护非遗传承人，及非遗所在的文化空间、生态环境。中国是一个多民族的国家，地大物博，不同的民族、地域和物产造就了不同的艺术形式和风格，这使得中国的设计师在文创产品设计方面承担了更多的责任；同时，设计师们也得以从这些千差万别的民族与地域中获得更多的灵感来源和创作资本。在设计文创产品时，设计师应注重整体性，将与设计对象相关的民族性、地域性等诸多方面进行同步分析，避免舍本逐末。

第三节　非物质文化遗产创意产品设计的方法

基于非物质文化遗产的概念进行文化创意产品设计，既不同于常规的平面设计或工业设计，也不同于传统技艺类非遗的产业化发展。源于非遗的文创产品设计，或称"二度设计"，相对于平面设计而言，增加了传统文化层面的概念和因素，这对设计师有更多的要求，如文化素养、对于非物质文化遗产在广度和深度上的理解力、领悟力和鉴别力，同时也需要更多的创造力和动手能力。

时至今日，中国几乎每一个艺术类院校，甚至一些综合类高校、理工科院校，都设置了平面设计或视觉传达的专业方向；但在相关的教学大纲中却缺少诸如中国美术、艺术或设计史，传统文化，传统图案，民间美术等课程，或是未将其列为必修课程；部分学校设有相关课程，却缺少能够打通传统文化与当代设计的渠道和认知，学生们往往无法真正地"学以致用"。最为现实的一点则是：更多的教育资源和设计力量在向着网络与交互设计倾斜，因为这一类专业学习的"性价比"较高，入门门槛较低，学习时间较短，成效较快；而关于非物质文化遗产和文化创意产品设计的学习，则需要设计师切实地把握对真实世界的认知、对中国传统文化的敏感、对手工造物的敬畏。纵观一些可圈可点的文创产品，其中不乏对于传统手工技艺的深入把握。学习传统手工技艺是一个相对漫长的过程，即使只学习一些基础的技法，也并不如平面设计或是交互设计有立竿见影的成效。不过，对于文创产品的设计师而言，掌握传统技艺的基础技法与当代设计方法便是难得的优势了，这些基本常识可以满足设计师与传承人或手工艺人的顺畅沟通，最终的文创产品可以通过"设计师+传承人"的组合方式设计而成。

通常而言，工业设计专业的设计师会拥有较强的动手能力，那么此时对设计师最关键的考验则是：对民俗和传统文化是否有着足够的了解、兴趣与尊重。一直以来，中国的工业设计的学习理念秉承着包豪斯所提出的概念和方法——工业设计起源于20世纪上半叶的德国公立包豪斯学校——学生所学的多为平面构成、色彩构成、立体构成等设计基础课程，以及人机工程学、设计心理学、产品设计、产品建模等专业课程。这和中国传统文化及哲学思想、传统技艺类的非遗、传统手工造物的思路迥然不同，在中国高等院校的工业设计专业教学大纲中也缺乏本土文化方面的要求，这导致了一个结果，在设计师们需要进行文创产品设计时，面对这个巨大的艺术宝库，只能把这些资源当作没有温度的设计对象，按部就班地对其进行图形处理。

在进行相关的授课时，艺术类院校可以采取"以赛代练""以项目代练"的模式，建立工作室，进行文创产品的实题设计，首先发布命题，讲解赛事或实题的要求、非遗文创设计的思路方法，而后带领学生对中国民间美术和文化遗产、文创设计的概念进行学习；再由教师及手工艺人对非遗文创进行示范修改，提出建议，对设计和制作思路、实现手法给予详尽指导，最终呈现成品。

一、控制传统工艺的材料与品质

非物质文化遗产是一种传统生活表现形式，而在传统技艺类的非遗项目中，传承人通常会使用天然材料进行制作。手工制品有时是难以完全统一标准的，但手工艺人可以凭借精湛的工艺在一定的范围内做到相对的一致。无论是为了控制品质，还是为了提高工作效率，"流水线"都不失为一个可行的模式。此处的流水线可以由不同的人员来完成，也可以由同一人分别于不同的时段来逐批完成。

流水线模式并不代表粗制滥造，事实上，在中国传统手工艺领域，很早就有了分工协作的概念，手工艺人通常能够掌握整套手工技艺，而精于其中的某些环节。有时，同属一门的手工艺人各有所长，在进行这种最初的"流水线"制作时便有所侧重。例如，专门制作北京民间玩具"兔儿爷"的北京吉兔坊就使用流水线模式进行作业，吉兔坊的负责人为了提高生产效率，对人员的技术环节以"流水线"的模式做了专门的分工安排：捏泥人、翻模子、作彩绘，最后还有专门负责审核和包装的，保证"流水线"上每一个环节的做工，由此控制产品的基本品质，同一款产品间会存在手工的细微差别，但不至于出现大的瑕疵和落差。每年的春节与中秋节是"兔儿爷"需求的高峰期，最为繁忙的时候会有几十个匠人同时工作。

二、改进传统技艺及扩展功能

每一件基于非遗的优秀文创产品设计，伴随的是深厚的文化积淀和经验。对传统文化和手工技艺毫无了解的设计师，只凭想象未必能将产品图稿变为成品；甚而在做出样品后，也未必能够对其进行产业化。在基于一些门槛较高的传统技艺进行设计时，设计师会遭遇各种问题。当设计师基于传统手工艺进行形态与功能创新的时候，需要进行思考和探索的不仅仅只是造型，因为随着造型和功能的变化，也需要有能相适应的材质和工艺作为支撑，甚至于一些传统的材质和工艺不再足以支撑新产品。设计师必须要在掌握传统技艺的基础上对其进行新的探索，在这种情况下，存在两种可行的思路：第一，设计师与手工艺人密切配合，这种配合需要是顺畅无阻的，是建立在设计师已向手工艺人习得技艺的基础上的，设计师所习得的技艺未必如传承人一般深入娴熟，但仍需有所了解；第二，设计师在熟练掌握传统技艺的基础上，有强烈的创新意识，并且有足够支撑这种创新探索的知识储备和资源。

三、提炼传统的图案

提炼传统的图案与造型，这种方法是目前文创产品设计师们使用最多的。这一类的文创产品在市面上也是最为多见的。设计师们通常从一些具有视觉冲击力的传统手工艺品中提取富有内涵的经典图案，将其印在包、本、明信片、冰箱贴、挂历等各种产品之上。例如，将苗绣、蜡染、京剧脸谱、年画之中的图形以丝网印刷或热转印等方式印制在服装等载体上。

出于批量生产和保证质量的考虑，在多数情况下，生产者和设计师并不使用传统的技艺方法，而是对其进行修饰或重新绘制，直接将传统图形图案以新方法进行造型或直接将图案印制在产品之上，常见的是通过拍摄或扫描获取图像，再使用绘图软件重新修正和制图。

但在大多数情况下，以这种方法制出的文创产品对于非物质文化遗产的传承人并没有直接的帮助，因为制作所产生的利润很难直接返回到传承人手中。在这个过程中，设计师们并不一定需要借助传承人的技艺，不会产生工时与相应的费用。由于相关的著作权、版权法律尚不够完善，大部分厂商或设计师并没有向作者（手艺人或传承人）支付相关的版权费用。

四、改变传统的材料与造型

一些非遗文创产品直接源自非遗项目，所承担的不仅有宣传中国非物质文化遗产、打开旅游商品市场、拓宽文化创意产业的任务，更重要的是"依靠产业来养活传统工艺"的造血功能。

唐人坊批量生产的"唐娃娃"人偶就脱胎于"北京绢人"。其继承了"北京绢人"中的一些传统工艺，如人偶的梳头方法、头饰的掐丝编制等。同时，唐人坊也借鉴了日本人形美术中的一些造型、工艺、材料，将其融会于"唐娃娃"之中。所谓"礼失求诸野"，日本对于传统文化和工艺的保护和传承值得学习，此时在日本寻回当初遗落的传统，也是一种深入的自省。

为节约物料与工时的成本，唐人坊在部分人偶的服装上不再使用刺绣与手绘，取而代之的是热转印和丝网印技术；且以特殊石膏塑脸，手工绘制面庞；以树脂或塑料制手。尽管改变了技术和材料，但绢人的特征与韵味还是基本被保留了下来。唐人坊在2013年进行了积极变革，开拓市场，加强研发，参加文博会、旅商会、艺博会等各大展会；并受日本BJD娃娃的启发，开始设计"Q版唐娃娃"。其脸庞如动漫人物一样圆润，眼睛被夸张放大，鼻子和嘴都很小巧。较之传统的真人比例人偶，"Q版唐娃娃"体积小、易携带，更适合作为旅游商品推出，但其工序却丝毫不少。相比于真人比例的人偶，"Q版唐娃娃"更受欢迎。

此外还需提及的另一个非遗文创案例是关于"凑合"品牌的拼布系列产品。拼布艺术在国内外诸多地区都有所见，此处所呈现的案例源自河北蔚县。从2014年开始，《蜗牛》民艺杂志团队在河北蔚县开展地方性考察，对当地常见的拼布垫产生兴趣并开始进行田野调查，团队对于蔚县的十一个镇、十一个乡进行了拼布垫的考察、记录与收集，前后搜集到近百件不同样式的拼布垫。这是一种在华北平原广泛流行的物件，在山西、山东、河北等地都有所见，于河北蔚县较为集中。从20世纪90年代末开始，河北蔚县大部分妇女都会做。根据拼布垫的大小不同，做一个大约需要耗时一天，但其材料成本低廉，主要来自边角布料及破旧的衣服。勤俭持家的妇女们平日会收集这些布料，按颜色和花纹进行分类，并将其裁成大小接近的形状并折成三角形，由内至外、逐圈逐层进行手工钉缝。

拼布垫在蔚县人民的生活中非常多见，通常被放置在炕上、沙发上、椅凳上作为坐具使用。蔚县属于河北张家口下辖县，冬天十分寒冷，在蔚县民居的土坯房屋中，都会以土坯砖垒造火炕，未生火之前炕上较凉，生火之后又会过烫，具有一定厚度的褥垫，拼布垫就派上了用场，也有以拼布图形制作门帘的。时至今日，使用传统火炕进行取暖的家庭逐渐减少，而摆放在沙发上的拼布垫的装饰功能大于实用功能，并不属于刚性需求；随着当地经济水平的逐渐好转，很多人不再留存衣物的边角布料，也无暇制作这种耗时耗力的拼布垫。目前在蔚县住户家中所能找到的，大多是以前制作的，但所幸时隔不长，拥有这种拼布手艺的妇女在蔚县还很多见。而将这种充满乡土气息的民间手工艺品推入城市的语境和现代生活，则需要转换思路和设计师的介入。一些传统的拼布垫呈二方连续的纹样排列，也有一部分呈中心对称、扩散放射状，这些极具装饰性的特征被《蜗牛》团队保持下来，并基于此进行转化。

《蜗牛》团队对于"凑合"拼布垫的产业化发展大致可划为两个阶段，沿袭传统的原料加工生产和基于传统拼布垫的再设计。

在第一个阶段，《蜗牛》找到了九位会制作这种拼布垫的妇女，提前为她们统一采购好24种颜色的棉麻布料，并和她们达成约定，包括计件的报酬和要求：创作可以自由发挥，所制成的拼布图案与色彩尽量不重复。图案可以是传统的，也可以是创新的，形状可以是圆形或方形。大家在制作拼布垫时，最初参照的是传统的老样子，而后渐渐熟能生巧，产生了各种各样的新图案。《蜗牛》的设计师为拼布垫专门设计了精致的外包装盒，其中包含一个在四角切出弧线的厚卡纸，可将拼布垫嵌入其中，同时卡纸上方留有圆孔，用户可将外包装盒装框或直接挂起，作为软装饰垂直悬挂在墙壁上；也可以将其取出当作日常用品，放置于坐具之上。

在第二个阶段，《蜗牛》团队以文创产品设计的思路对拼布垫进行创造性的"再设计"。先由设计师拟定产品、绘出图纸，后与当地会做拼布垫的妇女尝试合作。不少人囿于传统的造型，没有见过新图形，认为新产品的制作复杂而麻烦，经过设计师与手艺人的多次磨合与沟通，终于达成合作。在此期间，设计师也掌握了拼布垫的基本技艺，在这种基础上进行设计，提高了沟通效率，也促进了新产品的推出。例如，葫芦垫是缩小了的拼布垫，增加了"葫芦头"和挂绳；猫头鹰布玩具，则是融合了三种技法：贴布、叠压、冒尖，将三者融会贯通，终而形成。

《蜗牛》是一个沟通民间艺术和时尚都市的渠道，又担任了本文中所提到的"经纪人"角色，不断引导设计师介入民间手工艺与非遗传承，更为其补足了民间手工艺人所缺乏的力量，如品牌策划、受众定位、创意设计、宣传推广和营销渠道。

五、引导受众进行手工体验

引导受众亲身进行手工制作是一种深度的体验途径，随着电子商务的普及，一些无法身临其境的受众也可以通过各种途径收到材料包，对手工艺类的非遗项目进行参与体验。针对非遗项目，进行材料包的设计开发无疑是一种更加简单快捷、传播面更广的方法，传承人需要在确定产品后，计算好所需材料的内容与数量，配成相应的材料包。在这个过程中，成熟设计师的参与对于强化材料包的视觉效果、提高实际销售量有着较大作用。材料包中除了手工体验所需要用到的材料之外，制作教程也是必不可少的，对于一些制作步骤相对简单的产品，直接在材料包中提供说明书即可；而对于一些相对复杂的手工制品，有时需要给用户提供制作的电子教程或视频演示，相应的做法是在材料包中提供可以扫描的二维码，用户们可以通过扫描二维码，获得详细的视频教程，在观看后达到手工体验的目的。

以"竹芸工房"原创设计品牌为例，其产品基于历史悠久的乌镇陈庄竹编，品牌理念为"竹编传播家"设计出多种竹制成品和手工材料包，使竹编以一种时下流行的手工"DIY"（即Do It Yourself，自己亲手制作）方式呈现。"竹芸工房"的体验材料包中包含纸质版教程和网络课程，用以传授竹编技艺，材料包中附带的二维码可以让手工爱好者通过微信订阅号直接阅读教程和相关的原创图文；除此之外，该机构也开设线下的竹编课程，对中国传统手工艺、竹编文化的巧思与文化进行传承和普及智慧之美，从而延续中国竹编历史和文化、制作技艺的传承。对于城市生活人群而言，传统竹编工艺中选竹材、破竹篾的环节较难实现，机构在进行材料包的设计时考虑到了这一点，直接提供了已经由竹匠破好的竹篾、竹丝、竹圈、木工胶、砂纸等，这些原材料有着统一的尺寸，精致平整，适用于手工艺爱好者进行体验。

又如，台湾地区的"三和瓦窑"在进行常规产品开发的同时，也推出各种规格的材料包。其中,"熏香组"材料包提供了等比例缩小的砖块和建筑构件,如1/6和1/12的砖块、山墙、花格墙、红瓦屋顶、白胶、砖石专用的泥浆调制原料,同时配有图文并茂的制作说明书。人们可通过自己动手,由砌造过程来了解传统砖石建筑的结构。三和瓦窑为台湾地区南部为数不多的传统瓦窑工厂,使用的仍是最古老的烧窑方式,目前窑厂所生产的成品大部分用于古迹修复。

再如,"兔儿爷"是老北京城的传统节令玩具,呈兔首人身,有骑象、骑虎、骑麒麟、骑马、端坐莲花、坐葫芦以及腾云驾雾的造型,常作中国传统戏曲人物打扮,衣着装饰华丽,蕴含着平安吉祥祝福之意。"兔儿爷"以泥胎制成,翻模后于表面施以彩绘。早在明朝,北京人就有每逢中秋到东岳庙的兔儿爷山"请兔儿爷回家"的习俗,此外还会给亲朋好友送"兔儿爷"。"吉兔坊"是北京一家较具规模的"兔儿爷"工作室,每年"吉兔坊"都要为北京的东岳庙制作千余尊"兔儿爷"。同时,以产业化模式对"兔儿爷"进行生产,"北京礼物"一类的民俗礼品店及各种机构多以此作为商务礼品和旅游纪念品进行采购。工作室的负责人胡鹏飞采用模具进行"兔儿爷"素坯的批量生产,其中一部分就用于配置材料包,吉兔坊完成最初的造型设计、翻模、修整,而后将平整的素坯与丙烯颜料、毛笔等工具材料放在材料包中,同时辅以详细说明。

第四节　非物质文化遗产创意产品的发展对策

"随着非遗保护呼声的日益高涨,将非遗元素融入文创设计使其天衣无缝地与传统文化相结合,从而达到文化传承的目的,成了设计工作者乐于面对的新课题。"[1]非遗文创产品的设计与开发,其最基本的要求应该是便于传承优秀传统文化、弘扬非遗时代精神。当今时代背景下,非遗文化受到如此高度的关注既得益于国家政策的科学合理,也得益于地方政府的积极响应,同样还离不开广大群众的积极配合。非遗保护是难题,非遗的传承与发扬更不易,让非遗文化与文创产品高效融合,使非遗特色与文化创意相得益彰,促进产品贴合

---

[1] 刘文良,邵煜涵."非遗+"文化创意产品创新开发策略研究[J].扬州大学学报(人文社会科学版),2020,24(5):68.

大众生活，已成为非遗传承的必要课题。只有将非物质的文化进行物化，实现非遗文化与文创产品天衣无缝地对接，才可以更有效地进行非遗保护与传承。毋庸置疑，诸多非遗中，有一部分文化元素本身较为复杂，辨识度不是很高，要将其打造成为具有新颖特征的文创产品颇有难度。比如说中国剪纸、纺织技艺都颇具影响力，但其制作工艺较为复杂也十分精密，包含诸多元素，缺少最具代表性的符号特征，与文创产品结合不仅难度比较大，即使结合起来也可能会感觉枯燥。这就要求我们在"非遗+"文创产品的开发中，以非物质文化遗产为根本，遵循"内容为王，创意制胜"的原则，进行合情合理合法的创新设计。

一、利用文化彰显化繁为简

对于非遗文化的再造与创新，需要的是灵巧应对的创新手法，社会的发展规律离不开求新、求变、求发展这三个基本要素，非遗文化的传承自然也需要顺势而行。从非遗文化元素中提炼出精华部分，将最具特色的文化表现出来，可以使非遗文创产品焕发生机。通过对某个非遗文化元素的再造与创新，将本身烦琐的表现方式化繁为简，可以为非遗文化的再造注入新鲜活力。例如，故宫的文化创意产品不仅能够满足消费大众的各类需求，其覆盖面也十分广泛，产品设计中常常选取故宫最具特色的文物元素进行开发，使得产品饱含丰富的故宫文化与内涵，避免了选取过多文化元素的烦琐。比如，将皇帝龙袍上最具代表性的装饰纹样"海水江崖纹"提取出来作为文创开发的核心元素，通过线条与颜色的再设计应用于各类年轻人喜爱的产品中，像纸胶、口红、手包等物品，不仅体现出时代潮流的美学意义，也承载着传统文化内蕴，使得最终效果充满时尚与活力感。这样的文创产品能够较好地满足大众的消费需求，深受人们喜爱，更加显示出故宫文创独树一帜的创新设计理念。

又如，南京云锦，是一种观赏与实用并举的工艺品，图案精美，装饰价值高，耐用性也极高，整个工艺不经意间呈现出一派流光溢彩的风采。很多云锦作品风格独特，表现形式活灵活现、惟妙惟肖。将云锦织造技艺这一非遗与文创产品相融合，有利于拓宽其传承与创新的渠道。织锦是一项制作起来较为复杂的工艺细活，人们往往仅对织出的成品比较感兴趣，而对繁冗的制作过程难免会敬而远之，若是能够将这些复杂的图案或是制作过程化繁为简，以特殊文创的方式带入人们的日常生活当中，让人们丢掉"复杂"的"包袱"进行欣赏玩味，也许会带来不一样的收获。比如，南京云锦纹样种类繁多，其纹样图案包括了吉祥纹样、动植物纹样以及人物纹样等多个类别，通过进一步提取与筛选，将那些容易识别和设计的吉祥纹样挑选出来作为文创产品开发的素材，并尽可能促其符号化，可能会具有较强的代表意义。在对文创产品进行设计时，抛开其他一些烦琐复杂的图形，将团寿和长寿这两种吉祥文字作为代表元素，对其基本形态进行提炼，衍生出四种基本纹样，最终把叠加形成的图形元素设计于各类文创产品，诸如抱枕、笔记本的封面。采用这样的设计方式不仅有助于拓宽文创产品的种类，也能够促进南京云锦文创产品的个性化开发，其视觉表现简单易识别，寓意也更为突出，其简而不单的设计手法可以给人们带来更加美妙的视觉体验。

长期以来，消费者愿意选择一些织有传统图纹的帆布包、布鞋或者其他饰品，但多以中老年人为主。大多数年轻人并不愿意"与之为伍"。消费人群的分化与地域分布不均给这类文创的销售带来一定的不利影响。因而，在保持织造技艺本身特色的基础之上，再注入部分新元素，专门为年轻群体打造出具有时代鲜活之力的文创产品已然成为一个突出的设计重点。比如，将这些复杂图案进行再造之后将其运用于文创产品，对图案的色、形、态进行再修饰，以简约时尚的形态彰显于文创产品中，可以使得其最终效果与传统的纯粹简单复制大不相同。此外，还可以考虑将其图案简化之后运用于艺术品十字绣的设计制作当中，因为织与绣之间有着较为紧密的联系，也能够让人们体验织造的乐趣。现在市场上所销售的十字绣产品多以早已包装完毕的各类作品为主，消费者进行选购时充满了被动性。对于南京云锦织造技艺这一非遗文化，则可以高效利用，使之与文创产品相结合，以简洁而又充满趣味性的十字绣设计来吸引消费人群，让消费者在欣赏技艺表演之后还可以带走这份记忆，回到家中也可以再回味这传统文化带来的高雅趣味。这样化繁为简的设计理念与十字绣的融合再造，旨在进一步彰显非遗文化的传承与体验，使得文创产品区别于市面上随处可见的同质化产品。将个性化定制方案融入十字绣设计中，不仅能满足消费者的个性需求，也可以很好地打造出当地独一无二的非遗文创产品，助力文化发展新时尚。

二、利用符号诠释突出个性

特定地域的文化符号作为一个地区文化特色的象征，可以充分诠释一个地区的文化内涵，更能够传达一个地区文化的精髓。当前，以某些具体符号来诠释产品的例子并不少见，如将皮尔斯符号运用于洛阳文创产品设计中，选取石辟邪文化元素设计出符合用户需求、独具特色的文创产品。文化元素作为完整的符号系统进行解析包括初、中、高三个层级的内容，名称和图像是文化元素符号的初级内容，表明符号的形象特征，具有直接性，例如牡丹的名称和图像表明牡丹的特征。符号往往具有明确的象征意义和联想性，可以对应某一文化的内在底蕴。将符号特征带入非遗文创的设计中，对于非遗文化的内涵可以起到进一步诠释与解说作用。又借助图案为基础来实现对符号信息的传输，如故宫博物院运用剪纸技艺设计出美感和功能性兼具的文创产品就是典型的范例。以剪纸工艺为基础，采用立体纸雕设计方式，融入地方最具代表意义的元素符号，使得一台台别具一格的"故宫日历"在充满立体美感的同时焕发出非凡的"时间魅力"。故宫日历的设计形式摆脱了传统日历用手撕过后剩下的"残骸"模样，一页页充满文化气息的日历纸手撕过后留下来的"残骸"却巧妙地化身为造型优美的标志性建筑立体纸雕，日历纸每天被撕去一张，同时也就意味着剩余完整呈现的立体纸雕每天会多露出一份真容，这期间甚至充满着悬念和期待。极富创意的设计赋予了这一文创产品实用功能与装饰功能的完美融合，为我们营造出一种极具趣味性的用户体验与视觉感受，带给我们无限的惊喜与乐趣。

又如，剪纸艺术，作为民俗文化的一种物化表现形式，是由一系列约定俗成的符号化纹样组合而成。不同地域的剪纸艺术，其符号意义也是有差别的。中国剪纸具有广泛的群众基础和应用领域，交融于各民族人民的社会生活，是多种多样民俗活动的重要组成部分，其通过视觉形象和丰富的造型样式进行信息传达，蕴含着丰富的历史文化信息。宁夏的回族剪纸技艺，其在表现内容上特别突出反映回族人民的生活场景，通过静物来表达安静、唯美的感觉，技法匀称。手法造型逼真，大胆点题，借形寓意，表达了回族人民的质朴观念，回乡气息风格浓厚。银川市西夏区兴泾镇民间艺术资源丰富，剪纸艺术源远流长，回族剪纸在西夏区剪纸中占有非常重要的位置。西夏区有着诸多名胜古迹，吸引着大量游客前去赏览，如果能够将回族剪纸这一个性鲜明的非遗文化与旅游产业相结合，打造出具有非遗特征的剪纸文创产品，将带来文化和经济收益的双丰收。在西夏景区开展相关非遗展示活动时，可以将剪纸特色进行形式多样的展现，并结合其他地域色彩浓厚的西夏地区特产，推出具有鲜明个性特色的

"剪纸+"文创产品。游客不仅可以领会到这一幅幅剪纸所诉说的非遗文化，也能够充分领会"神奇宁夏、神秘西夏"的本土故事。如果将西夏诸景的外貌特征和代表元素进行提取，以镂空装饰图案的形式制作出剪纸文创产品，不仅趣味十足，也有着较强的新颖感，更可以成为人们看得见带得走的文化成果。将非遗、旅游、文创融为一体，能够很好地诠释出该地区的文化特色与民俗古韵，以当地独特的符号特征向人们诠释出别具一格的非物质文化遗产，更加有力地推动当地非遗艺术和文化走向世界舞台。

三、利用产品体验媒体联动

随着5G技术的迅速发展，"全媒体"迎来了巨大的发展空间。的确，在网络技术日益渗透于大众生活的时代背景下，文创产品设计与展示需要与网络媒体相结合，非遗文化的传承与保护同样离不开媒体联动与文创设计的共同打造。将新兴媒体融入非遗产业，可以为非遗文化的推广与传承增添不少活力。如今已进入全程媒体、全息媒体、全员媒体和全效媒体的"全息媒体"时代，无论是旅游文创、博物馆文创或者其他形式的文创纪念品，媒体融合已成为随处可见的"新常态"。文化传播早已不再仅限于过去的纸质传播方式，在当前的社会环境和媒介环境下，线上传播对于文化的推广起到了主导性作用。故宫博物院除了开发实体的文创产品外还开发出诸如互动App、微信小程序等多种形态的数字化产品进行多维度的助力。例如，《故宫博物院院刊》电子版发布在故宫官方网站上，以图文并茂的方式进行呈现，浏览者在欣赏文物的同时既可以与学者一道"研究"文物的历史和价值，也可以将感兴趣的内容分享给更多的朋友。从广义上而言，非遗文创还可以借助现代科学技术尤其是数字技术进行体验式产品展示，让非遗以更加便捷和安全的方式走出"深闺"，以故宫文创为例，其通过全景、VR等技术实现用户与文物之间的互动，更加全面地考虑到用户的体验性需求，受到广泛欢迎。年轻一代自我意识比较突出，他们往往具有强烈的好奇心，喜欢追求、融入乃至创造潮流，针对这一特点，非遗文化的发扬与传承就少不了融合新元素、新时尚。将媒体技术结合在非遗文创产品的设计中，增强文创产品的生活渗透广度和深度，可以更有效地吸引年轻人的注意力。

当前正是"三微一端"（微信、微博、微视频、客户端）为代表的移动社交互联网时代，人们对于网络媒体的依赖程度也越来越高，实现非遗文创与新媒体的碰撞自然成为一种新兴手段。比如，原本颇为闭塞的湘西苗绣工艺就利用移动终端走出了民间手工艺遗产保护与传承的困境。湘西苗绣工艺利用移动互联网的高效性，通过微信、微博等各类社会媒体进行苗绣文化展示与分享，实现了信息的多方位传播，促进了苗绣这一民间手工艺遗产的快速分享。使得更广泛的受众深切地感受到湘西的民间艺术之美。非遗文化多种多样，通过媒体联动推动非遗产业的发展意义非凡。比如，在微博开通专属优秀非遗文化的用户端或者超级话题，将各个地区的诸多非遗进行介绍与解读，图文并茂。实时更新，以丰富的动态展示吸引微博粉丝，提升更多博主的关注度与参与性；还可以发起微博对话进行非遗文创产品的定制活动，使人们不再局限于在实体店进行挑选与购买，增加消费的便利性。当人们在某一文化馆或是非遗展参与活动结束后，可以通过扫码的方式重温非遗展示活动，也可以参与线上的个性化产品定制，寻求最符合自己需要的产品。这样的形式不仅方便了前来观赏的人们，也能够为那些由于各种原因不方便亲自前往观赏的消费者提供了便利，使得他们只要在微博中搜索相关关键词便可以饱览非遗文化的展示并实现文创产品的购买甚至直接参与制作活动。不仅如此，消费者在收到专属自己的文创产品后，通过扫描产品包装外的二维码还可以获得意外收获。这些都是通过图片或者视频的方式展现在观众眼前，也不仅仅局限于平面展示，而是可以通过立体模式，融入VR/AR技术，将非遗文化生动地展示出来，唤醒观众相对疲劳的审美意识。

随着5G通信技术已经获准"挂牌"商用，全媒体获得了强大的技术支撑，也迎来了巨大的商机。以新型媒体技术促进非遗文化展示和互动，吸引年轻人的视线，并通过非遗文创产品的开发，结合相关产业带来质的变革已成为现实。以新理念为引导，以新技术为支撑，实现非遗文化的传承与创新，不仅可以增加人们随时随地了解非遗、欣赏非遗的便捷性，更可以丰富非遗展示的知识性、趣味性。通过媒体联动的方式创新非遗文创的设计和营销，不仅可以丰富非遗文化保护与传承的渠道和手段，更可以有针对性地满足人们对于非物质文化遗产的便捷化、理性化、个性化消费需求。

第七章 非物质文化遗产下的唐卡艺术发展研究

第一节 唐卡绘画及其文化内涵阐释

"唐卡也称唐嘎、唐喀,系藏文'Thang-ga'的音译,是一种独具藏族特色的绘画艺术形式。"[①]唐卡绘画是指刺绣或绘画在布绸或纸上的彩色卷轴画。其凝聚着藏族人民的信仰和智慧,记载着民族发展的历史,题材内容包罗万象,涉及藏族的历史、政治、文化和社会生活等诸多的领域。1400多年来,伴随着藏族生存发展的漫长历史,唐卡绘画用震撼人心的视觉艺术展示着藏族博大精深的悠远文化,体现着藏族文化最本质的精神内涵。

一、唐卡绘画的发展与传承

(一)唐卡绘画的发展

由于藏族有史料记载的历史起始于吐蕃王朝建立的初期,因此唐卡绘画的起源至今尚未能确切考证。但从藏族绘画艺术的起源来看,唐卡绘画的出现至少可以追溯至吐蕃王朝之前。藏族绘画史的起源,可追溯到距今4500至5000年的藏东河谷区以昌都"卡诺"文化,在卡诺遗址中出土的陶器中就有用黑彩绘成的三角折线和三角图案,以及距今2000多年历史的藏族第一宫殿——雍布拉冈墙壁上的绘画,都可窥见藏族绘画艺术的萌芽。

公元7至9世纪的吐蕃时期,松赞干布定都拉萨,藏族的游牧文明开始向农耕文明转化,这为唐卡绘画的创作提供了物质基础。而汉族文成公主与尼泊尔尺尊公主又将繁盛的中原文化和异域文化带入了藏区。随着佛教开始进入藏区,藏民族的政治、经济和文化均受到了佛教思想的熏陶和影响,宗教生活的

---

① 杨智. 论唐卡绘画的艺术特色[J]. 大舞台,2014(4):38.

需要催生了唐卡绘画艺术的产生和发展。吐蕃时期，是唐卡绘画艺术的幼生期，画风多样，主要是模仿印度或尼泊尔的艺术风格。到了吐蕃末期，赞普朗达玛下令灭佛，大批佛教经典、绘画、塑像被毁，唐卡艺术也受到了重创。直到10世纪，佛教在西藏再度复兴。1042年，东印度高僧阿底峡受邀到阿里托林寺弘法，阿里成为藏传佛教的中心，同时印度克什米尔艺术传入阿里，使西藏绘画艺术融入了克什米尔画风。此时的唐卡作品细腻却又不甚烦琐，更多的是以不同的色彩来分清层次轮廓，手法质朴拘谨，色彩变化极少。13世纪后，西藏正式纳入我国的版图，佛教文化进入了全面繁荣时期，佛教艺术也随之大放光彩，唐卡绘画艺术进入了探索发展的时期，各种风格流派大量生成。15世纪的明朝时期，西藏格鲁派兴起，并以拉萨为中心向周边及北方的蒙古地区发展。到了17世纪，五世达赖执掌了"甘丹颇章"政教大权，西藏的佛教艺术达到了鼎盛。五世达赖成立了相当于画院的机构，使唐卡绘画进入了专业化的创作时期。后来，七世达赖格桑嘉措成立了"拉日白吉社"，使佛教艺术普及到了民间，大量的民间画师开始绘制唐卡。至此，多元一体的藏族美术艺术整体上定型定性，产生了热贡艺术现象。

佛教在西藏的长期兴旺，给藏族文化艺术以极大的发展机会。经历了1300多年不断地发展和演变，唐卡绘画在吸收了印度、尼泊尔、克什米尔以及汉族佛教艺术成分的前提下，经过画师们的大胆创新，逐渐趋于成熟和完善，成为具有独特藏族文化特色的艺术形式。

（二）唐卡绘画的传承

流传到现今的唐卡，是在公元五世纪左右佛教传入西藏时，汲取了印度、汉族等外来文化的精华，同时又发扬了西藏特有的民族艺术，随时间的流转不断地变化磨合而形成的一种独特艺术形式。

首先，唐卡绘画的起源和发展与古老的佛教文化息息相关，是佛教文化传播的重要载体。它通过独特的艺术手法，以诸佛、菩萨、护法、坛城等佛教主题为表现内容，通过独特的艺术手法，表现了一个诸佛的世界，营造了一种浓郁的文化氛围。其次，唐卡绘画还从藏族的原始苯教文化中汲取营养，如代表苯教意识形态的八吉祥图。西藏苯教认为自然界的一切生物皆有灵性，表现在唐卡绘画中即是以纯熟的象征手法，简洁地概括出各种图像，体现了藏族人民对于大自然的敬仰和膜拜。

二、唐卡绘画中蕴含的文化内涵

作为绘画艺术的表现形式，唐卡绘画蕴含着丰富的民族文化内涵。

（一）唐卡绘画中的历史文化

作为藏族独有的一种艺术表现形式，唐卡绘画中包含着丰富的藏族历史文化内容，承担着传承历史文化的重要作用。它主要运用写实的记录手法，长于叙事性的表达方式和散点式的突破空间格局的布局结构，记录着西藏民族重大历史事件、历史故事、神话传说或英雄人物的传奇故事。据史作画，以画言史、以画记史、以画传史，唐卡绘画运用丰富的表现形式，使图像与历史故事达到了完美的结合，形成了一种有别于文字的形象化记录方式。一幅幅不同时期的唐卡绘画作品，将藏民族数千年的文明历史用真实的图像创造性地、客观地、立体地、形象地、艺术化地展现在世人眼前，承担着对西藏民族历史文化的记载功能。例如，描绘松赞干布派遣史臣禄东赞入唐求婚历史故事的《禄东赞朝见唐太宗》唐卡、《文成公主进藏图》、《桑耶寺建造图》等。另外，还有表现重要历史人物故事的唐卡，如萨迦法王《八思巴画传图》《五世达赖喇嘛画传图》等，通过对伟大历史人物生平事迹的描绘，反映着不同历史年代中西藏民族的生活状态，以及社会的政治、经济、文化风貌等。

（二）唐卡绘画中的自然科学文化

在政教合一的社会体制下，佛教寺庙不仅是宗教文化的中心，也是政治、经济以及自然科学文化的中心。因此，唐卡在表现宗教文化的同时，也包含着声明（语言、文字之学）、工巧明（工艺、技术、历算学）、医方明（药室、针灸、梵咒等治疗学）、因明（思想辩论规则学）、内明（阐明佛教自宗学）和小五明中的修辞学、辞藻学、韵律学、戏剧学和星象学的等丰富的自然科学文化。画师们根据学科典籍绘制出极具实用功能和文化特色的自然科学类唐卡，这些唐卡对自然科学和社会科学的发展、教学和研究，都具有重要的价值和意义。

例如，著名的西藏医药图谱唐卡绘画，又称曼唐，既承载着博大精深的藏医药学以及传统绘画艺术的知识和内容，又体现着藏民族特有的精神价值、思维方式和文化意识形态。如今保存在西藏博物馆和西藏藏医院的五世达赖时期完整的一套藏医药唐卡，即是根据著名藏医药典籍《四部医典·蓝琉璃》《月王药诊》及其他藏医药内容所绘制而成的79幅藏医药唐卡绘画，包含着丰富的藏医药知识，有人体解剖结构、胚胎发育、经络穴位、医疗器械、药物等，是研究西藏医学和药学的珍贵资料。

藏族是我国历史极为悠久的少数民族之一，其文化是中华民族文化遗产的重要组成部分，而唐卡绘画作为藏族文化艺术的代表形式，必将随着西藏民族自治区的发展壮大，被更多的人所认识和接受，从而为藏族文化的传播和发展起到积极的推动作用。

第二节　唐卡绘画艺术的审美特征表现

一、唐卡绘画艺术的线条美特征

任何一种艺术品都离不开线条，不管是雕刻、建筑、绘画等都是由一定的线条构成，借助线条来表现的。但是，任何一种艺术对于线条的丰富多样性的认识和运用都不如唐卡绘画艺术的丰富和自如。仅就绘画艺术形式来说，西方的油画、东方的工笔画有谁在一幅画面上自由自在地运用了如在唐卡绘画艺术的一幅画面上所运用的如此丰富多样的线条，这一点只要我们展卷比较鉴赏任何一幅油画，工笔画和唐卡画，都能感知到。

线条是唐卡绘画艺术最基本的表现手法之一，也是展现其绘画的主题思想最主要的途径之一。当我们对一幅唐卡绘画艺术进行审美感知的时候，展现在我们视觉之内的就是一系列的由变化的、运动的线条构成的画面。行云流水，升腾着的火焰，飘然的哈达，金碧辉煌的宫殿庙宇，庄严的刹土，崇高的宝座，纯净的莲花草木，这一切把线条的任何一种变化形态都充分地、自如地、表现在一幅画面上，足见唐卡绘画艺术大师们对线条的认识之深、开掘之广、运用之热，可以说是无与伦比的。

在表现密宗诸本尊的画面中，艺术大师们大胆而充分地运用了线条的动感，从而勾勒出诸本尊自身幻变过程的千姿百态，生动形象地展现在我们的视觉之内，使深奥莫测的密宗理论变成可以通过现实形象的直观去把握和理解的东西。而在表现显宗诸佛及其弟子传承的画面中，画师们却又使线条的稳健、凝重得到更加充分的应用和发挥，从而在画面中不断地展现出慈祥、安然、静息的形象。这样，从密宗到显宗，线条的变化确实感到愤怒燃烧的火焰顿时化作了安然祥和的世界，由电闪雷鸣黑云翻卷的氛围突然变到了阳光灿烂，这一切正是线条的跳跃与凝重、腾挪运动与静息稳健高度地结合并使之交替出现的结果。

线条勾勒的细腻入微也是唐卡艺术运用线条独具的特点。人物的神态、体态，服饰的飘动感，甚至衣物上的绸缎、花纹也惟妙惟肖地勾勒无遗。无论画面怎样的复杂多样，每一处极其微妙的地方也得到极其细致的勾勒。例如，在《上师供奉图》中，从大海中生长起来的如意树上画了三百五十七位喇嘛与菩萨像，每一位人物都有自己的姿态和表情。其人物之多，画面之复杂世所罕见，但画师在构图造型时，周密细致地运用线条，使每一位人物都有清晰的交代，他们那种洗耳恭听，急切成佛的心情跃然画面。整个画面，笔气如流水急风，贯彻到底，浑然一体，使审美主题有如身临其境，如闻引人入胜的道法之感。无论是女性神女佛母的柔丽舒展；甚或是兽首人身，怪异面目，都是画师们根据人物的地位、特点、性格、门派等的要求，恰当地运用线条的多样性变化来达到神态各异，栩栩如生的效果。作为整个画的背景装饰，如行云流水，宫殿、花草树木、佛光神气等，都使线条的直、曲、圆、旋等丰富多样，灵活多变的特点得到最大的发挥和创造性的运用，从而使整个画面构成了富有吸引力的非常成功的线条美。

二、唐卡绘画艺术的色彩美特征

唐卡绘画艺术的色彩美，是画师们在运用线条勾勒的基础上运用多种颜料的巧妙配合添彩，从而使线条创造的美更加鲜明化，达到唐卡绘画艺术独具的审美效果的。在色彩的运用上，多用单色、间色、大红、金色作画，自由地增减配合，巧妙地大胆应用，使整个画面在不调合中求得和谐统一，显出热烈明快，金碧辉煌，非常华丽的艺术效果、色彩的这种运用所构成的整个艺术色调，正是藏民族勇敢坚强、智慧勤劳、热情豪放的民族性格所形成的审美情趣的艺术表现。

唐卡绘画艺术的设色特点主要是单色平涂与间色，配色晕染相结合，使画面显出工笔重彩中显笔晕染的主体效果。在对云彩的描绘，整体云朵用工笔勾勒，然后以不同色彩配合晕染，给人一种祥云瑞气升腾笼罩的神秘之感。其他如飞禽走兽，花木流水及供奉的宝物珍品都是工笔勾勒填色平涂与配色晕染相结合，从而既能看出画面的清晰轮廓，又能看出所绘对象的立体感。就是在人物的造型构图上也是如此，不管是显佛、僧、菩萨的慈善安详，或是密宗本尊及法神的威势愤怒，都是工笔勾勒。大面积平涂填充的基础上，对局部的设色过程达到整体的工笔填色与配色晕染巧妙结合，该平涂处大笔平涂，该配色晕染处则精心晕染，从而显出唐卡绘画艺术的独特艺术特征——集工笔填彩与配色晕染的长处于一身，使自身的艺术地位置于西方的配色晕染与东方的工笔重彩之间，显出独特的藏民族绘画艺术的地位和价值，从而在绘画艺术上构成真正的世界屋脊。

唐卡绘画艺术的设色还有一个显著的特点，这就是充分利用对比色彩的反差，从而达到鲜艳明快的强烈的视觉艺术效果。绝大部分唐卡绘画艺术都采用以冷色调作底色、背景，然后大起大落地运用暖色调作正画面的色彩，而以暖色调为主体的正画面中又以恰到好处地运用冷色调作间色，由此构成强烈的色调反差，强化整个画面的视觉感染力。例如，《辛拉沃噶》整个画面呈现古典气派，庄严典雅，古色古香，画面色彩具有强烈的反差。又如，《噶当派十六尊像》以深蓝色为底色，以千手千眼的十面观音菩萨为中心，四周用彩虹圈成的十六个圆圈内绘制噶当派所主要供奉的佛、观音的几位主要幻化身和噶当派的主要人物画像，整个画面构图简练，但色调反差强烈，色彩热烈明快，给人一种庄严，清丽、鲜明、活泼的艺术感受。密宗内容的许多唐卡绘画大都以反差色调处理画面的色彩，以此调动观赏者的视觉运动，由此强化影响，领悟艺术的语言，进入更高层次的审美境界。

唐卡绘画艺术设色另一个显著特点就是用金粉作画，使画面真正的金光闪亮，富丽辉煌，不少的唐卡绘画中，其中心人物放射的光辉、宝座的装饰、身着的锦缎袈裟，背景宫殿的金顶等直接用金粉设色作画。甚至有些唐卡绘画直接用金粉勾勒整个画面的轮廓。

唐卡绘画艺术在调动色彩进行设色过程中所体现出来的上述特点，使唐卡绘画艺术表现出浓烈的藏民族审美情趣的独特艺术品格，从而在世界美术领域大放异彩。

三、唐卡绘画艺术的构图美特征

唐卡的构图形式是十分丰富的，它不管是表现密宗的内容，还是为人物画传，其构图取景的视角都取鸟瞰全局的手法，给人一种视野广阔、人间世事尽收眼底的感觉。唐卡绘画艺术采用散点透视的艺术手法，在广阔的空间背景中布局若干局部画面。这些局部画面既作为整体画面的组成部分，同时又自成体系。从而在整幅画面中既把空间背景的远近景物组织在一起，又把主次大小不等的人物组织在一起。这些远近的景物和大小人物不仅在整幅画面中构成整体的透视关系，而且各自局部自身又构成独立的透视关系。所以任何一幅唐卡画面展示给人的都是一种大千世界，咫尺千里之感。

中心构图在唐卡中是最常见的一种构图形式，是以主要人物为中心，上下左右展开故事情节，以达到画面主次分明，饱满均匀的效果。例如，《三世佛像》，释迦牟尼的背面深色的烈焰腾空而起，四周风火交加，云腾烟绕集密，胜乐金刚、大威德在上方，两边和下方吉祥天母及下属护法诸神以各种动态呈现，使整个图面丰富多变。中心人物占画面统治地位，周围的人物布置均衡，所以画面在气魄上，既有磅礴的动势，又无杂乱之感。这类构图在绘制各类金刚、护法诸神中常用。在绘制度母、观音之类菩萨时，用中心构图法，但背景除头光、身光及盛开的鲜花或用手组成的图案装饰外，多用风景衬托蓝天、青山、绿水、白云、鲜花，这一切经画师巧妙地裁剪组合，给人以宁静优美之感，使观音、度母救苦救难大慈大悲的形象更加突出。绘制历辈高僧，以中间人物的动态、性格、特点配以自然界的景物，这类画的景物特别注意经营位置，尽量发挥写实风景的作用。

风俗画构图在唐卡中应用相当广泛。这种构图多用于绘制连环形式的传记或故事。它不受时间、空间及透视的影响，往往把一个故事或故事情节集中于一个画面。又如，大型系列唐卡《八思巴传》，画面的景物随故事情节的需要而变化，不受历史、时间、空间的限制，画面的人物不受远近透视关系的影响，安排得生动活泼，但整个画面统一在大的基调上，使构图很完整。如布达拉宫、哲蚌寺、扎什伦布寺的巨幅唐卡《释迦牟尼传》《佛本生图》，以及重要历史事件、历史人物的传记唐卡等都用这种构图绘制。这种唐卡面积一般可达几十甚至上百平方米，构图很完整，十分壮观。以表现建筑为主的唐卡，采用鸟瞰全局的散点透视构图法，把建筑的特征、结构充分表现出来，而且围绕建筑展开故事情节。又如，布达拉宫珍藏的唐卡中，有一幅描绘建筑布达拉宫时的宏伟场面，唐卡的每个情节都围绕建筑展开，其中穿插一些传说故事，使画面更富有情趣，从建筑开始到竣工典礼的情节都表现得淋漓尽致。

唐卡绘画艺术在构图时，充分地巧妙地运用画面的有限空间，最大限度地创造出多彩的艺术形象，从而包容了非常深厚的思想内容和潜藏了巨大的理性力量。视觉上的高层建筑，透视角度散点组合，主体形象的鲜明突出，这一切又以内在的规律性有序地结合在一起。而这种规律通过整个画面的构图，依据多样性几何图形的巧妙组合展现出来。整个画面以大的正三角形布局，从而强烈地突出稳定感。同时，在局部又配以大小不等，不拘一格的若干正三角形、倒三角形等图形来安排组织画面，表现与主体形象相关的人物或事情，从而表现出画面的灵活多样的变化感。其灵活多样性就在于这种几何图形的组织造型对称、不完全对称、不对称的巧妙组合。由此使得多种形式的圆、多种形式的方、多种形式的三角形等，都在一幅画面构图中得到合理的表现。

比如，坛城图是一种以几何图形为主的构图，坛城是指佛的宫殿，由外到内以圆形和几何体形式层层相套构成，正中间为主尊或佛，外面图形以水图案及火焰图案装饰，第二层起用圆形的金刚图案、水图案、莲花图案装饰，表示大海、风墙、火墙和金刚墙、莲花墙、护城河。内套正方形图案表示城墙、屋檐，层层深入，最后到达主尊殿，并用红、黄、白、蓝表示东南西北四方，图案结构复杂，抽象和具象手法并用。坛城绘制难度很大，只有具备高超技艺和丰富多彩宗教知识的画师才能绘制，坛城虽为神佛宫殿，但其内容深奥难懂，是佛教密宗专修课。坛城的构图紧凑，图案繁复多变，装饰性强，具有很美的形式感。又如，唐卡《六道轮回图》《四大部洲及风火水土图》《天体日月星辰运行图》《香巴拉图》等，构图更是变化无穷，从地球天体、藏历历法、十二属相纪年、四季变化、人类轮回、天堂地狱无所不有。它不仅给人以艺术享受，而且使人增长许多知识。

藏医学专用的各种唐卡，将人体发育、人体脉络、疾病原因、治疗方法、药物应用等详细绘出。这类唐卡构图简明、写实，内容丰富，形成一套系统完整的藏族医学科学挂图，不仅是研究藏医的珍贵资料，而且在艺术上也有欣赏价值。

四、唐卡绘画艺术的整体美特征

所谓整体美，就是唐卡绘画艺术的线条美、色彩美、结构美综合地展现在审美主体的审美意识中，并且作为审美主体与审美客体之间价值关系的全部情感过程的内容。这正是审美客体本身的整体性和由此客体整体性所揭示出来的审美世界的整体性，在审美主体的视觉观照过程中，由表及里的审美情感的强化、深化过程所达到的境界。

这里所说的唐卡绘画艺术本身的整体性，是指唐卡绘画艺术本身作为审美客体时所依据的构思布局的整体性和绘画技术的整体性。所谓构思布局的整体，就是唐卡绘画艺术家们在进行艺术创造的构思布局时，在观念中形成的对象世界的整体。任何一幅唐卡绘画，当艺术家们还没有提笔设向画布的时候，已经依据所要表现的主题在头脑里进行构思布局。这个过程是艺术家对所要表现的对象世界的理解和体验的过程，在这个过程中，艺术家们在一定的审美观指导下，将壮阔的历史，深奥的教义、复杂的文化传承世系或名人传记进行形象思维，恰当的选择和排列布局，由此构成艺术家观念中的完整的唐卡艺术的思维世界。然后，艺术家们借助线条和色彩的合理运用，将他们观念中构思成熟的可思世界转变成画布的可视世界，这就要求唐卡绘画艺术家们达到对线条、色彩、比例、几何、思维的内在深化的外显具象等一系列相关学科的熟练掌握，因而给唐卡绘画艺术大师们提出了很高的全面发展的素质要求。当我们展卷鉴赏任何一幅唐卡绘画时，不管是表现显密宗教内容的，还是表现民族历史，甚或是为著名政治领袖人物画传，其画面布局的严谨合理，其线条运用的丰富多变，其色彩调动的鲜明热烈，都足以证明唐卡绘画艺术本身的存在即是一种自觉地创造艺术美的形式。换言之，唐卡绘画艺术的整体美是依据自身完美的审美观所形成的成熟系统的美学理论体系的一种艺术形式。所有唐卡绘画艺术大师们也正是在这种审美观下，在这一系统的美学理论作为根本教范基础上经过严格的程序训练和培养出来的有目的地进行创造审美世界的自觉的艺术实践。他们大都是文化科学知识水平极高，各自教派领域成就卓著、个人品性修养很好，并且长期在本民族审美价值观念熏陶过的全面发展的人。唐卡的绘制过程是神圣的、崇高的创造审美世界的庄严事业，必倾其全心全意、全力全才，所以才焕发出了巨大的信仰的召唤力量。

唐卡绘画艺术作为审美客体的整体性所揭示出来的世界的整体性，是指唐卡绘画艺术本身通过画面揭示出来的世界的整体性。这种世界的整体性所表现的历史、传说、故事、文化世系的传承内容，不管是依据文字记载的材料，还是依据客观现实实体的摹写，都已经是唐卡绘画家们在自己的观念中依据自身的审美情感进行了重新创造过的独特的完整世界。正是从这种高度的辩证统一的世界中，既有想象的广阔空间，又有现代科学技术所足以证实的科学性；既可以形象地阐述宇宙的整体状态和深奥的理论，又可以深入审美对象的内在世界，进入情感世界的深层从而使审美过程与认识过程、思维过程、审美主体的自我意识过程统一起来。

综上所述，唐卡绘画的整体美是指在审美主体的视觉过程中，由表及里的审美情感的强化、深化过程所达到的境界。从审美者对唐卡绘画艺术进行直观鉴赏的角度来看，可以说每一幅唐卡绘画是一种境界，令审美主体情感的翅膀振奋起来，并随着情感的振奋，在心灵中不断接近理想世界的最高领域，使自身在审美情感的快感、满足感中达到身临其境，自成画中人之感，由此使自身在一种奇妙的境界中得到美的陶冶，达到自我意识，顿悟自我价值之所在。这正是唐卡绘画的审美价值的理性力量。而这种理性力量正是借助绘画艺术的特殊语汇——线条的、色彩的、构图的丰富多样的特有语汇在观照过程中通过视觉审美主体的体现。这种理想的力量使任何产生这一特定感情意识的人都无法抗拒。一旦观照，就会强烈地唤起这一情感世界的觉醒，并将其整个地占据，当我们观照一幅表现密宗本尊与护法等内容的唐卡时；当光照表现藏民族文化传承世系内容的唐卡时，审美主体立时所感悟到的置身氛围，并且由氛围所引发的心灵跃动的节奏、由外在氛围与内在节奏相碰撞所燃起的思维的火焰，都能激发起一种强烈的起伏、这正是由于唐卡绘画的线条语汇、色彩语汇、构图语汇以及画面中的只有凭借灵感才能感悟的不同内容，在审美主体的纯精神中引起不同共鸣所产生的。唐卡绘画艺术的审美价值，正是这种精神与自然、外在世界与内在世界、审美客体的情感意味与审美主体的情感体味等的共振，才使审美主体在情感上实现自我超越，也即超越特定的时间和空间局限，超越自己现身的局限，抛开一切功利的目的而实现纯精神境界的升华。

第三节 西藏唐卡产业发展的策略探讨

中国具有丰富和悠久的文化，但是在市场经济浪潮冲击下，不可避免对传统民族社会变迁产生巨大的影响，同时也对传统文化的传承产生深远影响。如何更好地保护传统文化是一个紧迫的问题。从具体实践来看，保护的方式无非两种，一种是静态的保护，即民间或官方通过实物保存及实物实境的录音录像文字记录等方式进行的保存；另外一种是动态的保护，即对传承人及相关的文化活动、文化空间的保护，是发展式的、传承式的保护。唐卡在拉萨话称为"唐固"或"唐嘎"，意为"卷轴画（像）"，它是藏族非物质文化遗产中的杰出代表，促进唐卡产业的发展也是对传统文化进行动态保护的一种途径与方式，这是一种内生性的保护与传承，因此，研究唐卡的产业化现状有重要的意义。

在推动文化产业发展的过程中，培养文化市场主体是一个重要环节。随着文化体制改革的日益深入和文化产业的快速发展，西藏唐卡产业这门古老艺术正在随着时代的发展焕发出勃勃生机。作为"文化名片"唐卡产业应当依靠观念创新、体制创新、产品创新和服务创新在保护、继承和发展的基础上开辟新路径。引导不同主体参与到唐卡的艺术创作和创新体系中来，不断做大做强国有文化企业，鼓励兴起民营文化企业，形成以公有制为主体、多种所有制共同发展的文化产业格局，使唐卡资源整合开发，不断提升唐卡的社会化、产业化和市场化水平，为进一步弘扬和发展西藏传统非物质文化树立具有参考意义的典范。

第一，坚持正确引导。制约唐卡产业发展的原因是多方面的，但最主要的是缺少必要的正确引导。比照国家高新技术产业开发区享受的优惠政策，根据文化产业的特点，制定建设国家级文化产业的优惠政策，从财政、金融、税收、土地、融资等政策方面扶持园区的建设和发展。

第二，加强市场管理。各级文化部门要创新管理手段，通过开展唐卡产业的规划、认定和管理工作，加强对唐卡产业和市场规律的认识，对现有唐卡产业进行规范和调整，加强示范引导，防止盲目建设，改变目前现状，积极拓展指导、服务、协调、监管四大功能。这样既可以保证西藏唐卡艺术的水平和质量，又可以规范唐卡艺术市场，促进唐卡产业规范、有序、健康发展，实现西藏唐卡产业的大发展、大繁荣。

第三，创新是发展的核心，着力改革创新。实施区域性特色唐卡产业群项目建设工程。分区域在唐卡产业中建立一批国家级文化产业研究机构和人才培养机构；支持利用地方特色和优势，发展具有中国特色、民族特色的唐卡产业园区建设；支持农村、少数民族地区建设以民族民间文化资源为依托的区域性特色文化产业群。即在保护传承的基础上，探索创新发展路子。比如引导和支持金融创新，加大对唐卡出口的资金扶持力度。针对文化企业的特性，扶持唐卡出口的金融产品，开展艺术品资产评估和抵押贷款。鼓励政策性银行为唐卡出口企业提供免息或低息贷款，有关金融机构给唐卡企业上出口信用保险，许可出口企业开设经常项目外汇账户，为唐卡出口企业提供方便、高效的金融服务。

第四，大力培育骨干型唐卡企业和著名唐卡品牌。集中力量打造和扶植一批规模大、实力强的外向型文化企业，规划和实施唐卡重大项目和重点工程。通过提供资金支持、贷款贴息、税收减免和咨询服务、法律援助、商务便利等形式，鼓励有实力和自主品牌的文化企业收购、兼并、合资参股境外文化企业或资产，在海外建设基地或分支机构，把创作生产销售放到境外，利用境外销售网络和传输渠道，推动唐卡产品直接进入国际主流社会。另外，打造唐卡品牌。集中政策扶持、资金支持，推出一批体现西藏精神和西藏气派，具有核心竞争力和国际影响力的著名文化品牌，让具有自主知识产品的精品品牌代表中华文化进军国际市场。

第五，培育唐卡人才。历史悠久的唐卡文化和丰厚的艺术资源是唐卡绘画取之不尽、用之不竭的财富，是激发唐卡画师创新能力的宝库。加大对唐卡急需人才的培养力度。充分利用科技和教育优势。一是向传统学习，向民间艺人学习；二是支持有条件的高校设立专门的学院，培养唐卡专业人才；三是积极鼓励和扶持有条件的唐卡企业兴办唐卡人才专门培训学校，造就更多的唐卡人才，不断充实和创新唐卡技艺，实现发展与保护双赢的良好图景。在此基础上以企业发展助推文化产业发展形成规模化、产业化，才能将唐卡向更好的方向创新、发展。

第四节 唐卡文化艺术的传承与保护

一、唐卡文化艺术传承的意义

(一) 满足人的精神需要

1. 培养社会文化艺术的氛围

"唐卡是西藏民族文化积淀的产物,体现着藏族文化独特的民族特性与生命关怀,被称为'藏族文化的百科全书'。"[1] 唐卡以其独特的艺术形式,超越了语言、民族的界限,人们可以通过唐卡作品的欣赏,获取自己对佛教、藏传佛法的理解。唐卡特殊的制作工序和设色颜料,会令其长久保存完好,因此它将不仅利于当代人及社会,也将会在久远的未来为人类作出巨大的贡献。此外,唐卡不同于壁画艺术,仅限于某一固定之处,其携带方便,方便移动悬挂的特点,可以实现其在全国乃至世界各地的巡回展览,再加上后期结合画册、绘本、动画等形式,便可让更多的人身临其境地去感受唐卡制作者想要传达的精神内核,感受中国文化,走进佛教世界。因为唐卡的独特魅力需要人们亲自欣赏唐卡作品,才能感受到超出语言描述局限的意境。所以,唐卡在语言、时间、空间界限上的突破,会让更多的人从中受益。

2. 促进共同意识的形成

文化的功能就在于"它能使人们的需要获得满足""人类在自己的活动中可以使用它"。人们需要食穿住行来获得自己生理上的需要。艺术文化的产生在于满足人对声、色、形的浓厚感情的基本需要,在情感体验中使人增强自信,发展道德习惯,并且对于难题抱积极应付的乐观信心和态度。所以,为我国社会和我们的民族提高脑力支持和心理支持就是文化作用的表现。不同的民族在历史发展中创造了文明,形成了文化,文化在民族的发展中发挥着重要作用,文化与民族的发展相适应时,文化就建立起民族的共同意识,推动民族的发展。

---

[1] 温峻巍. 唐卡绘画的文化内涵探微 [J]. 大舞台, 2014 (12): 256.

心理学通过四个部分来分析性格特征：性格的态度特征、性格的理智特征、性格的情绪特征、性格的意志特征。从静态角度看，一个民族的性格结构包含民族性格的态度特征、理智特征、情绪特征和意志特征。例如，在《莲花生大师千幅唐卡》中，藏族性格的态度特征主要表现为：热爱家乡、勤劳、自强、诚信、与自然和谐等。民族性格的理智特征就是民族在认知活动中表现出来的心理特征。

3. 传播中国传统的藏文化

要深刻了解藏文化，则避不开藏传佛教，而要认识藏传佛教，则必须要了解藏传佛教发展历史上最为重要的人物——莲花生大师。莲花生大师于公元8世纪出生于古印度乌仗那，是藏传密宗的开创者和奠基人、宁玛派传承祖师，在藏地被人们尊称为第二佛。在藏传佛教前弘期，莲花生大师将苯教神灵纳入佛教护法神体系，在西藏正式建立了佛法传播的基础，开启了藏传佛教密宗化的序幕，这也为后续毗卢遮那等一大批高僧弘扬密法扫清了诸多的障碍。莲花生大师作为藏传佛教（密宗）的开宗之教主，对于藏传佛教以及藏文化的发展具有举足轻重的作用，他深刻地影响了藏地的人文、历史、艺术、宗教及风俗人情等各个方面，从这个意义上讲，莲花生大师不仅仅是藏传佛教的"第二佛"，也堪称藏民族的"圣人"。然而，对于这样一位对于佛教以及藏文化如此重要的人物，在汉地，乃至世界其他地方却鲜为人知，这对于佛法的弘扬和藏文化的传播不能不说是一种缺失。

同时，在现代社会，随着人类改造自然、创造物质能力的提升，人们生活节奏日益加快，如此殊胜的莲花生大师的传记，也是很难被人所了解。因此，要让社会大众认识、了解莲花生大师，则必须要用适应现代社会文化知识传播的媒介和方式来进行。为了让人们能接触并了解到莲花生大师传奇的经历，也为了让人们能通过了解莲花生大师非凡的弘法事业，了解藏传佛教和藏文化，同时也为了让优秀的民族绘画艺术得到弘扬，《莲花生大师千幅唐卡》应需而生。这一艺术瑰宝将再现莲花生大师的应化因缘，使更多的人深入了解藏地的文化艺术和藏传佛教的历史，从而使汉地乃至世界各地人们深入了解藏传佛教和藏文化，加强汉藏等民族间的交流，为藏传佛法和藏文化的传承写下浓墨重彩的一笔。

(二) 改善人的物质生活

1. 促进个体的唐卡绘画技术

唐卡是我国藏族文化中一种别具特色的文化，它的内容包含藏族的政治、文化、历史等多个方面，因此它也被称作我国藏民族的百科全书。因此，掌握唐卡绘画技术是非常必要的。当画师绘制唐卡时，第一步要做的便是选择大小恰当的画布，根据画布的大小把它嵌在一个小木头做的画框上。画布的颜色大多要选择浅色，厚度和硬度都要适中。将画布稳定好了之后，就开始准备它的"底色"，即将薄薄的一层胶水涂抹在画布上，然后把它拿去晒干。接下来便是画出主要的定位线，一般用金色来勾出画面外层和画面其他地方的边，它被称作"金线"。最后一步，再勾画一次那些要用墨勾画的线条，并且再画上它们的眼睛。这些画成的佛像的穿着和外在图式主要由这些要素决定：画家学习画派属于哪一派，他对此画派的了解和熟练度及画家的绘画能力等。

2. 促进个体信仰的形成

通过《莲花生大师千幅唐卡》的问世，人们会更为清晰地认识到莲花生大师是第一位将密法传入西藏，建立显密圆融，是西藏佛法的伟大创始者和奠基人，是完全觉悟的佛陀，是现身于这个世界的密乘佛法教主，是一切如来语金刚之主宰、西方极乐世界教主阿弥陀佛的化身，是合阿弥陀佛之身、观音菩萨之语、释迦牟尼佛及一切佛之心而成，为三世诸佛身语意总集之化现。以此开启人们对莲花生大师的敬仰，并以此为契机更加深入地研究"密法"的内容，以及"藏传佛教"的内容，藏传佛教与汉传佛教究竟存在着怎样的关系。因此，《莲花生大师千幅唐卡》对佛法及藏传佛教的弘扬以及个人信仰的形成必将存在久远而深刻的意义。

(三) 有益个体身心的发展

《莲花生大师千幅唐卡》作为一种绘画艺术形式，有着丰富的文化内涵，对人们的心理发展也会产生很大的影响。

(1) 有益身心健康。随着电子时代高新技术的发展，现代社会的人们对信息闻知的方式正发生着巨大的变化，其发展领域已经延伸到了对艺术作品的欣赏，以及对文化信息的传播。当绘制者在绘制唐卡时，身心都会慢慢放轻松，头脑里都是神圣的土地和圣洁的心灵，他们每天不停地绘制，因此每天的心灵也都很健康，这是绘画《莲花生大师千幅唐卡》所必须具备的前提，也是绘制者诚心乐意的。

（2）对认知的影响。认知，指通过心理活动获取知识。认知过程是个体认知活动的信息加工过程，通过个体知觉、表象、想象、记忆、思维等认知活动完成。创造性思维是认知活动的重要环节，是《莲花生大师千幅唐卡》常用到的思维方式。绘画者在绘制唐卡时必须时刻把握清晰的思维方式，创造性思维是绘画者所必备的，《莲花生大师千幅唐卡》通过唐卡的艺术形式忠实地反映了莲花生大师当年的弘传佛法的过程，展现了大师不可思议的传奇经历，绘画者在绘制时会根据大师的生平经历来展开思考，才能将大师璀璨的一生淋漓尽致地展示出来。

二、唐卡文化艺术的保护策略

通过对唐卡艺术传承的分析，可以得出传承唐卡艺术是非常重要和必要的。因此，要想维持其持久的生命力，必须根据需要提出相应的行之有效的解决措施，即提高对唐卡艺术传承重要性的认识、营造良好的传承氛围、丰富唐卡的内容以及促进唐卡艺术传承方式多元化。使其在经济诱惑的市场环境下，保持其独特艺术魅力，在民族文化多样性的丛林中独树一帜。

（一）提高人们对唐卡艺术传承重要性的认识

1. 培养唐卡艺术传承人的自觉意识传统

唐卡艺术传承的关键是后继有人，一个普通人是否能成为唐卡艺术的传承人的关键在于教育。作为非物质文化遗产的唐卡艺术传承具有延续性，人似乎不可能一直保持一个发展高度持续地向前发展。人的生活更多的是由于习性被消耗，在这种情况下，传承人的职责就是将其延续下去。唐卡艺术延续的关键是使传承人的自觉意识增强，让他们将唐卡艺术的传承视为一种信仰。教育必须有信仰，没有信仰最多只是教学的技术，而不能被视为教育。作为非物质文化遗产的唐卡艺术的忠诚传承人，应当自觉承担自己的责任和义务，主动培养传承人。同时，在传承人的认定、保护和考核的基础上，建立传承人的保护机制，增强其自觉传承的自觉意识。

2. 组织多种形式的宣传活动，提高全民传承意识

从某种角度来说，宣传即是一种保护。政府和有关部门应当组织多种样式的传承，为了更好地宣传唐卡艺术。如采用大型活动，通过与相关单位或企业等组织关于唐卡艺术的宣传活动。通过这些方式，对普通民众消除对唐卡艺术的陌生感十分有利，可以形成良好的宣传途径，从而促进当地唐卡艺术的发展。对于唐卡艺术的保护工作，不仅是政府或某个部门的事，而且是整个社会共同的责任。如果只有政府和相关部门，而没有普通群众的参加，也是无法完成的。我们应当从全方位的角度采取不同的方式和途径，如召开关于保护唐卡艺术的辩论会、听证会等，了解普通群众对于唐卡保护工作有何建设性的建议。通过这种方式，可以帮助政府及相关部门从完全不同的角度思考问题，同时也可以充分调动群众对保护唐卡艺术的积极性，提高全民的重视，并使这种意识逐步渗入人们的日常生活中，成为全民自觉的行动，全力在全社会形成一种积极保护和传承唐卡艺术的氛围。

（二）营造良好的唐卡文化传承氛围

1. 发挥公共文化机构的作用

针对唐卡艺术的特点，可以长期开展适合青年人尤其是少年儿童的民族艺术培训班。比如采取以下做法：一是初期以欣赏教学为主，让学生初步了解唐卡艺术的特点及审美价值，提高他们对唐卡艺术的保护意识；二是带领学生们参观民间艺人的唐卡制作技艺，加强学生们对于唐卡艺术的感性认识；三是将贴近学生的生活和能满足学生兴趣爱好的相关唐卡内容引进课堂，让全体学生参与学习。总之，应根据实际情况，选择和开发适合自己学校的课程资源，做成具有操作性的教学教案，并把它们在学校逐渐推广。

此外，可以组织唐卡艺术制作考试与比赛选拔优秀的唐卡艺人；规范唐卡的绘制流程标准。当前，唐卡艺术的工作人员要经常进行调研，对艺人起到监督作用，使其坚持原有的技艺传承。同时还要注重对于唐卡艺术专业设备的开发，坚决制止伪劣颜料的使用。

2. 实行科学有效的管理手段

（1）个人研究。民间对于唐卡艺术的研究主要是由唐卡画师担任，如全国工艺美术大师娘本在传绘画技法的研究，收集时间久远的精品唐卡及整理等方面做出了很多努力。

（2）传习所的建立。部分唐卡画师通过免费教授唐卡技艺，义卖唐卡作品来筹集资金建立传习所。

（3）生产性保护。当地的传习所和家庭虽各自为营，但又都是集学、产、销为一体的。因此在将唐卡作品转变为经济效益的同时，应注重资源的优化与整合，同时培养和吸收在艺术知识、消费心理和法律意识等方面具备专业素养的文化人，使唐卡的生产、销售标准化。同时，唐卡作为藏传佛教艺术，在生产性保护的同时也要避免过度商业化。

（三）丰富唐卡文化艺术的内容

唐卡的画工一直要求精细，每一幅唐卡作品都应是画师潜心制作的成果，画面中最细微的地方往往要用最细的画笔完成，这样可以使得烦琐之处不显沉闷。同时唐卡艺术又需多采用矿物质颜料，显得色彩艳丽、装饰性强。色块勾填、色彩晕染等技法的运用又让唐卡艺术的色彩具有统一感的同时又显多样化，使唐卡艺术在浓丽的色彩装饰中也不缺乏整体性。绘制唐卡传承的标志都应考虑这些典型的艺术特色。

（四）促进唐卡艺术传承方式的多元化

1. 注重地方高校唐卡艺术的传承

在文化传承的过程中，地方高校应当主动承担起服务于地方文化发展的重责。作为地方文化的代表，唐卡艺术具有一定的地域性。无论哪一类民间文化现象，都会受到一定地域的生活条件和地域关系的制约，都会不同程度地染上地方色彩。同时，地方高校在传承非物质文化遗产的过程中，不仅能体现出大学的灵魂所在，而且还能提高大学生的文化素养。地方高校可聘请著名的唐卡艺术传承人到校授课和举办讲座。唐卡艺术是一种"活文化"，传承人是它的"庇护神"。这样既有利于培养学生热爱家乡的情感和传承非物质文化遗产的兴趣，又对提升唐卡艺术传承人的地位十分有利。

  2. 发挥多种唐卡传承方式的优势

  （1）寺院传承重传统。学习唐卡绘画的天然学校的是寺院，历代的唐卡画师们几乎都是在寺院里拜师求学，唐卡的精佳制作也大多出自僧人之手。寺院传承在对唐卡艺术保护和发展方面起着至关重要的作用，必须保持唐卡作为宗教艺术所蕴含的文化价值。另外，寺院在培养传承人方面的作用也十分重大。寺院在培养僧人画师时要严格按照传统模式去培养，让唐卡精神信仰的文化内涵和精湛的绘画技艺在寺院和僧人画师中得以全面地传承，这才是使唐卡艺术经久不衰的根本策略。

  （2）家庭传承重技艺。现在制作唐卡的藏族村落变得越来越多。走进村落，很少看到闲人，家家都在埋头作画，呈现出"家家作画，人人从艺"的繁荣盛况。在家庭传承中，画师要突破传统的宗教情怀，维护自身劳动成果。同时，家庭传承在注重其产业化开发的基础上，更要充分利用好其处于唐卡之乡的优势地理位置，做好宣传和保护唐卡的工作。

  （3）学校传承重人才。当前，唐卡画师的培养有了专门的机构，在青海民族大学艺术系设有唐卡专业。由于专业学校的持续设立，寺院僧侣相传特别是以师徒相承的传承已不再多见，代替它的是许多现代观念的"学院派"画师的出现。在"学院派"传承中，绘画作品中有个人风格的现象是难以避免的，但就当地画师来说，他们还是更青睐于传统的绘画方式，所以学校在培养传承人应注重唐卡绘画技巧的同时，也要注重学生对藏族历史文化、社会风俗及宗教哲学等的学习，做到既有绘画风格的多元化又不失其原真性。

  （4）企业传承重文化。在当地政府鼓励发展经济的状况下，唐卡的需求日益扩大，企业传承的新模式也应需而生，其销售地区已不再局限于内地或港澳台地区，甚至已经开始走向欧美市场。由于审美习惯、地区气候的差异等原因，企业应不断生产出满足不同消费需求的新的装裱形式，如在气候潮湿的地区，可以用玻璃画框装裱。企业传承是生产性保护的重要环节，应运用产业化的方式来开发和保护唐卡，在寻求经济发展的同时也要积极承担社会责任，在销售唐卡带来经济效益时也应以传播唐卡精神文化内涵为己任，立足这一独特的民族艺术形成有特色的企业文化，致力成为发展和传承唐卡的新生力量。

参考文献

[1] 柏贵喜,王通.我国非物质文化遗产传承保护的标准体系构建[J].中南民族大学学报(人文社会科学版),2020,40(4):52—56.

[2] 曹芹.浅析中国世界遗产的类别[J].四川文物,2006(1):86—90.

[3] 曹如中,仓依林,郭华.文化创意产业跨界融合的理论认知与价值功能研究[J].丝绸,2019,56(10):40—49.

[4] 陈思琦.非物质文化遗产与文化创意产业融合发展路径研究[J].四川戏剧,2018(10):54—56.

[5] 贺学君.关于非物质文化遗产保护的理论思考[J].江西社会科学,2005(2):103—109.

[6] 胡晓鹏.文化创意产业的地区发展模式研究[J].中国地质大学学报(社会科学版),2010,10(1):25—30.

[7] 黄永林,纪明明.论非物质文化遗产资源在文化产业中的创造性转化和创新性发展[J].华中师范大学学报(人文社会科学版),2018,57(3):72—80.

[8] 简万宁.非物质文化遗产概念中"非物质形态"的讨论[J].东南文化,2014(1):12—16.

[9] 简万宁.科学建构非物质文化遗产理论体系——非物质文化遗产相关概念和若干专业问题的再思考[J].东南文化,2017(1):25—31.

[10] 金昱彤.非物质文化遗产保护的整体观[J].探索,2013(1):122—125,129.

[11] 李文贵.非物质文化遗产传承与保护面临的主要问题探析[J].中华文化论坛,2012(3):100—105.

[12] 李志雄.创意性保护:文化创意产业时代"非遗"保护的新模式[J].广西社会科学,2013(10):47—50.

[13] 梁明,楚国帅.中国文化创意产业发展刍议[J].广西社会科学,2019(6):157—159.

[14] 刘文良，邵煜涵."非遗+"文化创意产品创新开发策略研究[J].扬州大学学报（人文社会科学版），2020，24（5）：67—75.

[15] 刘晓春.非物质文化遗产传承人的若干理论与实践问题[J].思想战线，2012，38（6）：53—60.

[16] 刘学文，王铁军，鲍枫.文化创意产业发展现状及对策探析[J].云南民族大学学报（哲学社会科学版），2013，30（6）：20—23.

[17] 刘壮，牟延林.非物质文化遗产概念的比较与解读[J].西南大学学报（社会科学版），2008，34（5）：183—187.

[18] 娄芸鹤.非物质文化遗产的文化价值再造[J].东北大学学报（社会科学版），2014，16（1）：12—17.

[19] 卢涛，李玲.文化创意产业基础[M].武汉：武汉大学出版社，2014.

[20] 马骏.我国文化创意产业发展模式演变[J].学术交流，2016（6）：130—135.

[21] 任春华，隋顺天.文化创意产业发展中的集聚整合[J].学术交流，2013（8）：204—207.

[22] 宋俊华，王开桃.非物质文化遗产保护研究[M].广州：中山大学出版社，2013.

[23] 唐建军.关于文化创意产业的几点认识[J].东岳论丛，2006，27（3）：74—77.

[24] 滕海涛.非物质文化遗产的传承特点[J].东南文化，2009（1）：28—32.

[25] 王慧敏.文化创意产业发展的理论与实践探索[M].上海：上海社会科学院出版社，2018.

[26] 王杰.非物质文化遗产保护理念与方法[J].人民论坛，2015（29）：185—187.

[27] 王文章.非物质文化遗产概论（修订本）[M].北京：教育科学出版社，2013.

[28] 温峻巍.唐卡绘画的文化内涵探微[J].大舞台，2014（12）：255—256.

[29] 吴存东，吴琼.文化创意产业概论[M].北京：中国经济出版社，2010.

[30] 吴兴帜.对非物质文化遗产传承人制度设计的思考[J].中南民族大学学报（人文社会科学版），2017，37（2）：51—55.

[31] 吴玥.文化创意产业商业模式研究[J].生产力研究，2013（2）：153—156，192.

[32] 萧放.非物质文化遗产核心概念阐释与地方文化传统的重建[J].民族艺术，2009（1）：6—12.

[33] 杨亮，张纪群．非物质文化遗产的价值及价值结构问题——中国非物质文化遗产研究的方法论思考[J].理论导刊，2017（8）：89—92.

[34] 杨伟智．文化创意产业[J].党的文献，2012（1）：111—112.

[35] 杨智．论唐卡绘画的艺术特色[J].大舞台，2014（4）：38—39.

[36] 张举文．从实践概念"非物质文化遗产"到学科概念"文化遗产"的转向[J].民俗研究，2021（5）：14—20.